Susannah Clapp

MIT CHATWIN

Porträt eines Schriftstellers

Aus dem Englischen
von Anna Kamp

Carl Hanser Verlag

Die Originalausgabe erschien erstmals 1997 unter dem Titel
With Chatwin. Portrait of a Writer
bei Jonathan Cape in London.

1 2 3 4 5 02 01 00 99 98

ISBN 3-446-19480-0

Satz: Filmsatz Schröter GmbH, München
Druck und Bindung:
Bercker Graphischer Betrieb GmbH, Kevelaer
Printed in Germany

Meiner Mutter Marion King

Vorwort

Bruce Chatwin war ein Reisender, ein Geschichtenerzähler, und alles Fremdartige war ihm vertraut. Er war einer der wenigen Schriftsteller, die schon zu Lebzeiten berühmt werden. Als er im Januar 1989 im Alter von achtundvierzig Jahren starb, hatte er sechs Bücher geschrieben. Mit dem ersten, *In Patagonien*, wurde er bekannt; das vierte, *Traumpfade*, machte ihn zum Erfolgsautor. Sein Werk wurde in Doktorarbeiten untersucht, diente als Vorlage für den Comic strip *Swamp Thing* und führte zu der Wortschöpfung »chatwinesk« – ein Adjektiv, das gleichzeitig mit dem Begriff »thatcherite« Eingang in die englische Sprache fand.

Chatwins Persönlichkeit und sein Schreiben wirkten gleichermaßen anziehend. Man feierte ihn nicht nur wegen seiner Prosa, sondern auch wegen seines Aussehens und seiner Wortgewandtheit im Gespräch. Aber immer gab es auch Leute, die meinten, ein Schriftsteller müsse grimmiger blicken, als er es tat. Er war berühmt für sein temperamentvolles Auftreten. Und er war berühmt für seine Abwesenheit: in seinem Land – und in seinen Büchern. Mit der Zeit machte ihn auch seine Berühmtheit berühmt. Mancher Leser wäre gern Chatwin gewesen. Eine Therapeutin aus Oxford berichtet von Patienten, die aus seinem Werk Kraft geschöpft hatten. Als der Schauspieler Peter Eyre einen Nachruf auf seinen Freund veröffentlicht hatte, wurde er von einem Bewunderer Chatwins mit Briefen und Telefonanrufen bombardiert: auf die Todesnachricht hin sei er umgehend von einer Wolfsjagd im Irak zurückgekehrt. Und auf der peloponnesischen Insel Spétsai hatte ein Mann, der sich als Bruce Chatwin ausgab, ungeahnten Erfolg bei zahlreichen jungen Frauen. Unter ihnen war auch eine junge Holländerin, die am Ende ihrer magischen Liebessommerferien nach Hause zurückkehrte. Dort las sie in einer Zeitung, daß der Autor von *Traumpfade* seine Bücher in der Nähe signierte. Sie machte sich auf den Weg, um ihre alte Flamme zu begrüßen. Der echte Bruce mußte sich dann dem Vorwurf stellen, nicht er selbst zu sein.

Der Reisende war abwechselnd Kunstexperte, Archäologe und Journalist, der sich für Objekte begeisterte, sich aber auch von ihnen trennen konnte. Chatwin wirkte auch darum so anziehend, weil er scheinbare Widersprüche in sich vereinte und sie in seinen Büchern miteinander in Einklang brachte. Er liebte das Schlichte, trat selbst aber extravagant auf; er war ein Sammler, der gegen den Besitz von Kunstwerken wetterte; ein Mann, den Aristokraten und Stars faszinierten, der jedoch stets Labour wählte; ein Wanderer in Shorts und ein Müßiggänger im seidenen Morgenmantel. Er war ein scharfer Beobachter, und er war ein liebevoller Freund.

Ich begegnete Bruce Chatwin zum erstenmal 1976, als er seine Laufbahn als Schriftsteller begann. Diese Erinnerungen sollen die Ereignisse seines Lebens festhalten, eine Interpretation seiner Bücher geben und davon erzählen, wie es war, als Lektorin mit ihm zusammenzuarbeiten, ein Aspekt, über den selten geschrieben wird.

I
Chatwinesk

Ein Bruce Chatwin mit untersetzter Statur, kurzsichtig und mit spärlichem Haarwuchs, hätte einen anderen Lebensweg und ein anderes Image gehabt. Schilderungen seines Aussehens fließen immer wieder in die Erörterungen seines Werks mit ein. Die reichbebilderten Nachrufe enthalten bewundernde Äußerungen. Manche bleiben dabei sachlich und eher konventionell – »blondhaarig, hübsch« heißt es da –, und es schwingt die Verwunderung darin mit, daß ein Mann, der gut aussieht, zur Feder greift. Andere bringen das Schicksal ins Spiel: »aristokratisch gutes Aussehen« besagt mehr, als wenn man die vorteilhafte Beschaffenheit der Gesichtszüge allein als ein Ergebnis des Zufalls betrachtet, auch wenn sich schließlich nichts anderes als ein »groß und blond« dahinter verbirgt. »Ungewöhnlich gutes Aussehen« hat etwas Außerirdisches an sich.

Chatwin ist oft fotografiert worden. Als sonniger, pausbäckiger kleiner Junge; geschniegelt und schlaksig bei Sotheby's. Lord Snowdon, der für das *Sunday Times Magazine* fotografierte, als Bruce für diese Zeitschrift schrieb, zeigte den Oberkörper des Reisenden im Halbschatten: dünne Falten auf der Stirn, um den Hals, an den Schnürsenkeln zusammengeknotet, dickbesohlte Wanderstiefel; Jane Bowns Foto zeigt einen liebenswürdigeren, heitergelassenen Mann in einem Hemd mit offenem Kragen. Ein anderer Fotograf bildete das von starkem Licht angestrahlte verzerrte Gesicht Chatwins vor einem schwarzen Hintergrund ab: es war dieses Foto, das der *Independent on Sunday* für eine Zusammenstellung von Bildern verwendete, die trotz vieler gegenteiliger Beteuerungen letztlich an ein Verbrecheralbum von Künstlern denken ließ, die an Aids gestorben waren. Chatwin ähnelt auf diesem Bild Mephisto. Eines der Fotos seines Freundes, des Fotografen und Designers David King, zeigt Chatwin mit einem freimütigen, breiten Lächeln. Auf einem von Howard Hodgkin gemalten Porträt sah Chatwin sich selbst als »einen giftgrünen Schmierfleck«.

Es kam häufig vor, daß er jemand anders ähnlich sah. Mit seiner hohen Stirn, dem kantigen Kinn und den etwas hervorstehenden Augen glich er dem jungen Christopher Isherwood. Und er sah deutsch aus: als Teenager mußte er auf einer Reise durch Frankreich in den Restaurants gegenüber alten Widerstandskämpfern versichern, Engländer zu sein – erst dann wurde er bedient; eine mit ihm befreundete Jüdin bezeichnete ihn als »schönen Goi«. Ein Freund aus jungen Jahren meinte, er habe wie ein Seelsorger ausgesehen; Howard Hodgkin, der ihn um dieselbe Zeit kennenlernte, bemerkte, er habe »irgendwie ganz anders ausgesehen: sehr jung, sehr schön, nicht besonders sexy. Er hatte mehr Ähnlichkeit mit dem Kapitän eines Kricket-Topteams als mit einem Seelsorger – er war der typische blonde Public-School-Schüler, der in die Pubertät gekommen war und von nichts eine Ahnung hatte.« James Lees-Milne sagte, er sei »selten einem Menschen begegnet, der so viel Sexappeal und zugleich so wenig Liebenswürdigkeit ausstrahlt«. Freunde glauben, daß Bruce sich von dieser Bemerkung geschmeichelt gefühlt hätte.

Fast alle erwähnen seine Augen. Sie waren sehr blau, und sie strahlten. Für manche, die in den Bann einer fesselnden Chatwin-Geschichte gerieten, waren es die glitzernden Augen des »Alten Matrosen«; für andere waren es die Augen eines Menschen, der »das Auge« hatte, das jede Fälschung erkannte; Chatwin vermerkte in seinem Notizbuch, einer seiner Bekannten habe sie als »die VERRÜCKTEN VERRÜCKTEN Augen eines Entdeckungsreisenden aus dem neunzehnten Jahrhundert« bezeichnet. Für viele Leute symbolisierten sie eine Schönheit, die sich schwer beschreiben läßt. Für den Kunsthändler John Kasmin war er ein junger Mann, der »wirklich unwahrscheinlich gut aussah. Sein Aussehen war geradezu eine Beleidigung für andere.« Seine Augen und seine Redensweise waren so faszinierend, daß sein linkischer Gang nicht wahrgenommen wurde. Es war schwer, ihn sich anders als jung vorzustellen. Bis zu seiner Erkrankung Mitte Vierzig sah Chatwin nie älter als fünfunddreißig aus – wenn auch einer seiner Bekannten, der ihm an einem kleinen Tisch bei Fortnum and Mason gegenübersaß und Tee mit ihm trank, hinter seinem Lächeln plötzlich eine Menge Fältchen entdeckte und an Dorian Gray denken mußte. Chatwin, der selten an einem Schaufenster vorüberging, ohne sein Spiegelbild zu prüfen, und der bei noch so beschwerlichen Reisen auf seine Kleidung achtete, hatte jenes gewisse Gefallen an seinem Aussehen, das ein Gefühl des Wohlbehagens hervorruft. Gabriele Annan, die ihn in Griechenland erlebte, faßte ihren Eindruck so zusammen: »Ich glaube, daß es ihn interessierte, schön zu sein.« Weil er selbstgefällig war? »Nein. Weil er so strahlte.«

Er gab viel auf sein Äußeres; er liebte es, sich den Gelegenheiten entsprechend zu kleiden. Für Reisen waren die Khakishorts da, von seinen Freunden oft »Bruce' kleine Shorts« genannt, nicht so sehr, weil sie zu knapp waren, sondern weil sie ihm auf jungenhafte Weise fast zu gut standen. Und da gab es das khakifarbene Safarihemd mit Epauletten und Knopftaschen: ein auf einer Reise nach Afghanistan aufgenommenes Foto zeigt einen jungen, schelmisch lächelnden Chatwin in kompletter Khakiausrüstung, mit halbhohen Wanderstiefeln und ordentlich umgekrempelten hellbraunen Socken. In dieser Aufmachung begab er sich nach Afrika und in die walisischen Berge – der koloniale Touch amüsierte seine vornehmen Freunde in Indien. In seiner Zeit bei Sotheby's trug er dunkle Anzüge, Seidenkrawatten und rot-weiß gepunktete Tücher. Als Kunstexperte kleidete er sich nicht eben unkonventionell, und als er sich in den sechziger Jahren auf Jeans verlegte, waren einige seiner Bekannten bei Sotheby's ziemlich überrascht. Während eines Urlaubs in Osteuropa machten Chatwin und seine Frau Elizabeth einen Abstecher über die Grenze nach Wien und kauften sich Lodenmäntel: Bruce' weites dunkelgrünes Gewand wirbelte wie ein Cape – mehr als einmal wurde ihm zu Unrecht vorgeworfen, einen Poncho zu tragen. Unter den Freunden, die bei Howard Hodgkin und seiner Frau im Westen Englands erschienen, um beim Umbau einer alten Mühle und einer Scheune zu helfen, zeichneten sich die Chatwins durch ihre praktische Veranlagung aus: während die Londoner Ladys ihre Pumps abstreiften und winzige Mörtelstückchen aus den Mauern kratzten, legten Bruce und Elizabeth in adretten weißen Overalls kräftig Hand an.

Da waren die besonderen, weichen toffeebraunen Stiefel: »Du solltest dir *wirklich* ein paar anständige Stiefel besorgen, Redders«, riet Chatwin seinem Freund, dem Forscher Redmond O'Hanlon: »Bei der Russell Moccasin Company. Du brauchst nur zu sagen, daß du mein Freund bist.« Und da war der von einem Sattler in Cirencester nach Maß gefertigte weiche Rucksack aus dunkelbraunem Kalbsleder, bei dem jede Tasche sorgfältig zugeschnitten war, um einen bestimmten Gegenstand aufzunehmen: »Jean-Louis Barrault hat diesen Ranzen eigens für mich entwerfen lassen«, soll er einem Freund erklärt haben. Auf seiner Reise durch die Black Mountains enthielt dieser Rucksack ein Moleskin-Notizbuch, einen Montblanc-Füller, Aylmer Maudes Übersetzung von *Krieg und Frieden*, Strindbergs *Am offenen Meer* sowie ein schönes Fernglas (»Ein Geschenk von Werner Herzog«, sagte er O'Hanlon). Bei seinen Reisen ins Ausland verstaute Bruce, wie er erzählte, eine Dose Sardinen und eine halbe Flasche Krug darin, mit denen er sich, in einem Bach sitzend, stärkte, wenn etwas schiefgegangen war.

Blau war seine Farbe. Er mochte verwaschenes Baumwollblau und das Dunkelblau bretonischer Pullover: für die weitgereiste Schriftstellerin Sybille Bedford, eine Bewunderin Chatwins, sind dies die Blautöne des Auslands – sie meint, was Bruce sicher gefallen hätte, daß seine Brooks-Brothers-Hemden dieselbe Farbe hatten wie die Hemden der Gepäckträger in Calais und die amerikanischer Arbeiter. Doch es war auch das Blau seiner Augen und das allgegenwärtige Blau der sechziger Jahre. In Paris trug er 1961 einen blaßgrauen Anzug mit blauem Futter. David King erinnert sich an ein anderes Detail aus Bruce Chatwins Zeit bei der *Sun-*

day Times einige Jahre später: Als Bruce mit seinem gelben Haar und seinen blauen Augen in einer smaragdgrünen Weste auftauchte, »war es, als ob Blau und Gelb zu diesem Grün zusammengeflossen wären«.

Bruce selbst hatte, wie die von ihm beobachteten Gestalten, deutliche Konturen. Er hielt es nirgendwo lange aus – in einem Zimmer, in einer Stadt, in einem Land –, und man kann ihn sich nicht anders als in Bewegung vorstellen: gestikulierend, laut lachend, auf und ab schreitend. Seine Behendigkeit und die Lebhaftigkeit eines Derwischs verliehen ihm etwas Anmutiges, obwohl das keineswegs selbstverständlich war: sobald er zur Ruhe kam, war er physisch angespannt. Er ließ sich auf einem Stuhl nieder, die Hände auf den gespreizten Knien, als wollte er sich selbst verhören. Als man ihm einmal riet, Entspannungsübungen zu machen, war er dazu nicht imstande, weil seine Bewegungen zu unkoordiniert waren.

Ebenso selbstverständlich sieht man Bruce vor sich, wie er spricht: das tat er fast immer. In einem Bekanntenkreis nannte man ihn »Chatterbox« (Plappermaul), in einem anderen »Chatty Corner« (Schwatzecke). Er ist in Erinnerung, wie er, in Südspanien zum Lunch gebeten, um halb zwölf den Weg hochkam und bereits redete, obwohl niemand in seiner Nähe war. Er ist in Erinnerung, wie er mit großen Schritten auf einen walisischen Berg stieg und mit wechselnden Stimmen Geschichten von sich gab, während seine Begleiter keuchend hinter ihm hergingen. Wer ihn beherbergte oder bei ihm wohnte, mußte damit rechnen, am frühen Morgen von Bruce geweckt zu werden, der sich aufs Bett setzte und eine Anekdote oder eine Neuigkeit loswerden wollte. Noch der redseligste Freund lief Gefahr, verbal hinter ihm zurückzubleiben: »Ich muß den Meister in ihm anerkennen«, gibt George Melly zu.

Im Leben und in seinen Büchern war Bruce ein Mime. Im Gespräch imitierte er ständig jemanden: einen Verleger, der ein Buch hochlobte, einen Kunsthändler, der vor Begeisterung sabberte, oder den uralten französischen Kunsthändler, der darauf bestand, Chatwin in ein maßlos teures Restaurant einzuladen, und der die Bedenken seines Gastes mit den Worten beiseite schob: »Ach wissen Sie, in meinem Alter kann ich Kunst nicht mehr sehen, ich bin blind geworden, und von Sex ist keine Rede mehr. Es sind nur noch die Tafelfreuden geblieben.« Chatwin hielt hitzige, dramatische Monologe: einer davon offenbarte seine Abscheu gegenüber Pop-up-Büchern, auf die sein Verleger damals spezialisiert war. Er konnte sich einen ganzen Abend lang in träumerischen Betrachtungen ergehen, wie an dem Abend, den er mit der Romanschriftstellerin Shirley Hazzard in seinem Zimmer im Albany verbrachte, dem berühmten Apartmenthaus in Piccadilly: »Im schönen späten Licht sprach er über die Struktur von Sanskrit und über seine Wirkung, die es, einer Aura ähnlich, durch eine Art Suggestion erziele.« Und er erfand glaubwürdige Geschichten, die einige Zuhörer als Evangelium, andere hingegen als Spaß verstanden und die bei vielen den gleichen Eindruck erweckten wie die Lektüre seiner Bücher: zwischen Fakten und Fiktion zu schweben. Einen Freund ließ er glauben, er habe für das rosige Baby auf einer Dose Glaxo-Kindernahrung Modell gestanden. Auf einer Dinnerparty verbrachte er einen großen Teil des Abends damit, die Anwesenden davon zu überzeugen, daß ein Verwandter seiner Frau das Vorbild für den wankelmütigen Oberleutnant Pinkerton in Puccinis *Madame Butterfly* gewesen sei.

Auch hatte er Lieblingsmotive, Themen, die er über lange Zeiträume immer wieder aufgriff, wobei er seine Erzählungen erweiterte, ausfeilte und abänderte. Eins betraf die Farbe Rot. Warum war Rot die Farbe der Revolution? Rührte seine Bedeutung vom Blut oder vom Feuer her? Welche Rolle spielte diese Farbe in der Kirche? Warum lehnte eine Zivilisation in der Südsee diese Farbe ab? Er kam aus Rußland zurück und erklärte, alle Russen haßten sie; noch Jahre später spickte er seine Thesen mit Bruchstücken neuerworbener Kenntnisse. Als er bei einem Abendessen mit Rudolf Nurejew in Paris Hannah Rothschild kennenlernte, traktierte er sie sogleich mit seinen Theorien über die Farbe Rot und versuchte, sie zu einem Ausflug zu bewegen. Er hatte sie während des Essens ins Visier genommen, sie gefragt, was sie in der Stadt zu tun gedenke, und ihr seine Pläne für den nächsten Morgen verkündet: »Ich hole Sie um sechs in Ihrem Hotel ab.« Er kam um sieben – »Ist schon gut, wir nehmen die Metro« –, und während der halbstündigen Fahrt zum Ziel – ein Flohmarkt, wie sich herausstellte – redete er ununterbrochen. Auf dem Weg zur Metro hatte ihn der Anblick eines in eine rote Decke gehüllten Bettlers aus der Fassung gebracht. Er sprach über die politische Verwendung und die symbolische Bedeutung von Rot; er führte Faschisten, Marxisten, Stierkämpfer und uruguayische Schlächter, Garibaldi und die Rothemden sowie den *bonnet rouge* der Französischen Revolution an; als sie auf dem Flohmarkt waren, ereiferte er sich erneut über das Rot verschiedener Gegenstände, das an den Ständen aufblitzte – über das Karmesinrot einer buddhistischen Stola, das Scharlachrot einer kommunistischen Medaille.

Wie viele seiner Darbietungen war Bruce' Rede über die Farbe Rot, die er mit geringen Variationen einer Vielzahl von Zuhörern vortrug, anschaulich, spannend anzuhören und nicht ganz verständlich. Obwohl Bruce sie in eine These kleidete, besaß sie keine logische Entwicklung und führte zu keinem Schluß: eine Ansammlung von Beobachtungen, ein Kommentar, mit dem er überraschende Zusammenhänge herstellte von der Art, wie er sie mochte. Sie war auch eine darstellerische Leistung. Bruce war gleichermaßen Redner wie Schriftsteller: für manche Leute war das Reden seine starke Seite. Salman Rushdie bewundert sein Werk, aber er glaubt, in seinen Büchern sei Bruce nicht als »die ganze Person, die er war, wenn man ihm begegnete«, in Erscheinung getreten, er habe seine Gefühle zurückgehalten, und diese Zurückhaltung habe mit seinen Geheimnissen zu tun. Auch findet er es eigenartig, daß Bruce, in dessen Beisein viel gelacht wurde, nie ein wirklich komisches Buch geschrieben habe. Martin Amis hatte starke Einwände gegen Chatwin, bevor er ihn persönlich kennenlernte. Er hatte Chatwins Bericht über seine Festnahme bei dem Putsch in Dahomey gelesen und ungläubig auf den blasierten Ton reagiert – Greueltaten sind im Stil Noël Cowards beschrieben –, auch waren ihm zu viele Geschichten über Chatwins verbale Exzentrik zu Ohren gekommen. Als er einen Schlafsack sah, den der Reisende irgendwo zurückgelassen hatte, »einen sehr schmucken kleinen Schlafsack mit einem Club-Class-Etikett«, lautete sein Fazit: »Jetzt ist das Bild komplett.« Doch als er ihn kennenlernte, schmolz er dahin. Sie verbrachten einen Abend, an dem Bruce ganz besonders hinreißend war und über romantische Dichtung sprach (Bruce muß damals auch ganz besonders phantasievoll gewesen sein, da seine Kenntnisse in englischer Literatur äußerst lückenhaft waren), und Amis' Skepsis schwand. »Er führte einem vor«, sagte Amis mehr als sechs Jahre nach Chatwins Tod, »wie groß das Vergnügen an einem Gespräch sein kann.«

Die meisten dieser Gespräche können nicht rekonstruiert werden. »Er redete Ewigkeiten«, sagt ein Bekannter aus dem Verlagswesen. »Es war alles brillant, und ich kann mich an kein einziges Wort erinnern« – kein seltenes Schicksal brillanter Redner. Doch viel davon erschien im Druck. Bruce – dem die Sätze mit allen Verben am richtigen Platz über die Lippen kamen – erprobte, ordnete und perfektionierte in Gesprächen die Geschichten, die in seine Bücher eingingen. Dabei war er äußerst faszinierend und ebenso verletzlich. Er war anspruchsvoll in der Wahl seiner Wörter, und er ging verschwenderisch mit ihnen um: alle Leute wurden mit seinen Geschichten überschüttet, und manche mehr als einmal. Wenn Bruce in Fahrt kam, hatte man das Gefühl, mit einem Cinemascope im Zimmer zu sein.

Wann immer oder wie immer er einen Raum betrat – man konnte es nie voraussagen. Er tauchte gern unerwartet auf, und er wußte seine bemerkenswerten Auftritte und sein überraschendes Erscheinen geschickt in Szene zu setzen. Manchmal wirkte seine Ankunft, als wäre er mit dem Fallschirm abgesprungen oder auf wundersame Weise herbeigejettet. Er war plötzlich da, oft ohne vorherige Ankündigung und ohne überstürzt Vorkehrungen getroffen zu haben – wie ein Kind, das von zu Hause weggelaufen ist. Der Literaturagent Hilary Rubinstein stieß bei einem Cocktailempfang in Katmandu auf ihn: sie verabredeten sich zum Abendessen, doch zur vereinbarten Stunde war Chatwin bereits abgereist.

In Gloucestershire begleiteten ihn David King und die Malerin Judy Groves auf einem Spaziergang in der Nähe seines Hauses. Chatwin, in Shorts, ging ihnen »wie ein Pfadfinder« mit ausholenden Schritten voraus und ließ die beiden schweratmend zurück. Nach einer Weile hängte er sie ab und entschwand aus ihrem Blickfeld. King und Groves schlenderten weiter, bis bald darauf ein Geräusch aus der Höhe zu ihnen drang. Sie sahen hoch und entdeckten Chatwin, der von einem Berg auf sie herabblickte; er war mit einer Reithose, einer Reitjacke, Reitstiefeln und einem Reiterhelm bekleidet. Anfang der achtziger Jahre befand sich George Melly – Jazzsänger und Sammler surrealistischer Kunst – in Australien, wo er sich in einem karierten Anzug und mit Filzhut beim Jazz-Festival in Perth vergnügte. Während seines Aufenthalts dort begab sich Melly zusammen mit John Chilton's Feetwarmers tief in den Busch, an einen vierzig Meilen von der Stadt entfernten Ort, wo man ein Amphitheater um ein Stück sumpfiges Land erbaut hatte. Die Bühne stand auf Pfählen; auf der gegenüberliegenden Seite des Sees hockte das Publikum auf Sitzen, die in die Erde gehauen waren. Melly wartete auf seinen nächsten Auftritt, als einer der Ordner zu ihm kam: »Da ist ein Mann, der sagt, er kennt Sie. Sein Name ist Bruce Chatwin.«

Shirley Hazzard und ihr Ehemann Francis Steegmuller, der Übersetzer und Herausgeber Flauberts, begegneten Chatwin in den sechziger und siebziger Jahren mehrfach in New York. Das erstemal brachte ihn ein Mann, der mit Gemälden alter Meister handelte, in ihre Wohnung mit; Chatwin arbeitete damals noch bei Sotheby's und war Anfang Zwanzig – »so jung, wie er später immer aussah«. Die folgenden lebhaften Gespräche wurden auf einer Cocktailparty bei Dwight und Gloria Macdonald in den East 80's geführt, bei einem Abendessen, als Chatwin unbedingt Steegmullers soeben erschienenes Buch *Flaubert in Egypt* diskutieren wollte, und auf einer Party, mit der eins von Bruce' Büchern lanciert wurde. In den siebziger Jahren überraschte Chatwin die beiden damit, daß er die Freundschaft an einen anderen Ort verlagerte. Hazzard und ihr Mann pflegten einen Großteil des Jahres in Neapel – wo 1983 ein Motorraddieb Steegmullers Gesicht in eine »zerquetschte Kugel« verwandelt hatte – und auf Capri zu verbringen. Hier läutete am frühen Abend unerwartet die Türglocke. Es wurde geöffnet – man rate, wer vor der Tür stand.

Manchmal schien Bruce sich selbst zu überraschen, wenn er plötzlich auf seiner eigenen Londoner Türschwelle stand: »Hallo Darling, ich bin in *Islington*«, stellte er erstaunt und mit übertriebener Genauigkeit fest. Ich selbst traf ihn eines Morgens in Camden Town, als er um die Ecke von Parkway bog und in die High Street rannte. In Parkway, einer baumlosen abschüssigen Straße, die von Regent's Park – mit all dem Stuck und Grün – in das schmutzige Stadtzentrum führt, sollten zehn Jahre später ein Filofaxladen, ein japanisches Restaurant und da, wo eine Barclays Bank war, ein Jazzcafé aus dem Boden schießen. Doch Ende der siebziger Jahre herrschte in der Straße, in der es ein Jugendstil-Café und ein Nicht-Jugendstil-Café gab, ein Wäschegeschäft mit Schleuderpreisen und einen Buchladen, der das Ohrloch-Stechen im Angebot hatte, eine Atmosphäre der vierziger Jahre. Die Straße war ein Schauplatz für Schriftsteller, die hier mit ihrer Kleidung Furore machten: vor allen Angus Wilson mit seiner rosa Krawatte, die sich auf der Kropftaubenbrust ihres Besitzers prächtig ausmachte. Wilson hatte die Gewohnheit, mit seinem Gefährten am Ende der Straße zu pausieren und sein strahlendes Lächeln die graue Allee hinunterzuschicken, als wäre er im Begriff, eine vergoldete Treppe hinabzuschreiten; er gebärdete sich, als wollte er der Gegend mit seiner Person ein Geschenk machen. Chatwin, der in seiner hellgrünen Jacke durch die Straße sauste, schien die Gegend als Sportanlage zu benutzen.

Die Welt ist voller Orte, an denen Bruce gesehen wurde: wenige Menschen mögen so viel Zeit darauf verwendet haben, in so großer Entfernung von ihrem Wohnort aufzutauchen. Als ich für das *Dictionary of National Biography* einen Eintrag über sein Leben verfaßte, bat man mich, Einzelheiten über seine häuslichen Gepflogenheiten zu liefern. Ich befragte seine Frau Elizabeth, die lachte: »Nun, man könnte sagen, daß er kaum je zu Hause war.« Bruce mietete kleine Zimmer in der Stadt, um fern von den Landhäusern der Chatwins zu arbeiten – und dann floh er vor diesen Zimmern, um in den Häusern von Freunden zu schreiben. Die Ruhelosigkeit, die er zum Thema eines seiner Bücher machte, rieb ihn auf, und er hegte die bei Schriftstellern nicht ungewöhnliche Wunschvorstellung, daß es einen perfekten Ort zum Arbeiten gebe. Aber er war auch besessen von den Dingen, mit denen er sich umgab: auch wenn er noch so kurze Zeit an einem Ort verbrachte, machte er ihn sich zu eigen. Seine Bücher und seine Gesellschaft waren geprägt durch sein feines visuelles Gespür und durch seinen Redefluß. Dieses Gespür wurde an den Orten, wo er lebte, deutlich sichtbar: hinter seinem sicheren Geschmack stand ein entschlossener Wille.

Die erste Wohnung Chatwins, die ich kennenlernte, lag im Albany, einem weißen bienenstockähnlichen Apartmenthaus gegenüber von Fortnum and Mason. Auf die Attraktivität des Gebäudes im neunzehnten Jahrhundert wies Nikolaus Pevsner in seinem Piccadilly-Führer nachdrücklich hin: »Die Zimmer waren für Junggesellen geschaffen und galten bei der Öffentlichkeit als leicht verrucht und ganz und gar beneidenswert.« Byron lebte im Albany, ebenso George Canning. Sir Compton Mackenzie und Sir Arthur Pinero schrieben darüber. In einem dieser Junggesellenzimmer verfaßte Macaulay seine *History of England* – und Bruce Chatwin mühte sich hier mit der frühen Fassung von *Der Vizekönig von Ouidah* ab. Er schrieb in einer Mansarde, die dem Kunsthändler Christopher Gibbs gehörte und die ursprünglich für Dienstmädchen vorgesehen war.

Draußen gab es den langen überdachten Gang, der als »Ropewalk« bekannt war. Kein Ort, um sich zu begrüßen und sich zu unterhalten: einige Bewohner behaupten, es sei Brauch, jemanden, dem man auf dem »Ropewalk« begegnet, nicht zur Kenntnis zu nehmen, ihm (gewöhnlich ist es ein Er und keine Sie im Albany) anschließend jedoch ein Billett mit einer Einladung zum Abendessen zu schicken. Diese stille Übereinkunft wurde – wissentlich oder nicht – von Chatwin verletzt, als er an einen seiner Nachbarn, den Schauspieler Terence Stamp, herantrat und ihm von einem Buch erzählte, das er über Patagonien veröffentlicht hatte. Stamp glaubte damals, Chatwin wolle damit sagen, er habe »jemanden gefunden, der ihm fünfzig Exemplare druckte«, und wurde später ein Fan von Chatwins Büchern, obwohl er Vorbehalte gegen *Was mache ich hier* hatte – weil das Buch einem nicht sage, was er dort gemacht habe. Bei dieser Begegnung auf dem »Ropewalk« »sprachen sie miteinander wie berühmte Leute, die einander nicht vorgestellt worden sind«. Chatwin, der erst noch berühmt werden mußte, unterhielt sich manchmal so.

Drinnen gab es ein kleines weißes Zimmer mit einem blauweißen indischen Teppich auf dem Boden, eine Kochnische, die einer Schiffskombüse glich, ein Telefon, das selten funktionierte, und das gewaltige Manuskript von Chatwins aufgegebenem Nomadenbuch, das von einem Regal herabzufallen drohte. Gibbs erinnert sich an »Hüllen überall: verhüllte Bilder, verhüllte Bücher, verhüllte Kleidungsstücke«. Das Albany hat etwas Inselähnliches, Abgeschottetes an sich. Chatwins Schulfreund David Nash verglich es mit einem Schlafsaal für Jungen: »Aber das sagte Bruce zu. Er mochte diesen besonderen Aspekt. Ihm gefiel es, daß Fahrräder am Geländer angekettet waren.« Chatwin selbst beschrieb seine Unterkunft in einem Brief an Steegmuller und Hazzard wie ein Katalogbearbeiter und mit schuljungenhaftem Stolz:

L6, Albany (letzter Stock)
W1
21. März 1980

Lieber Francis,

natürlich kannst Du das Obengenannte *leihen*, nicht mieten, doch ich habe das Gefühl, Dich auf die Nachteile hinweisen zu müssen. Es ist *kein* Apartment im englischen Sinne des Wortes, sondern eine Ein-Zimmer-*garçonnière*, wie man sie im fünften Arrondissement findet. Auch lebe ich ziemlich spartanisch. Es hat eine Art Küche, eine winzige Dusche und ein Waschbecken, die Toilette ist allerdings draußen auf dem Treppenabsatz. Es gibt ein bemaltes Directoire-Bett, ein Meter zehn breit – das eindeutig für Francis allein bestimmt ist: Ich rate davon ab, es *mit wem auch immer* zu teilen. Es gibt ein stählernes Feldbett, ebenfalls Directoire und noch kleiner, aus dem man ein

Bett machen kann, obwohl es als Sofa dient. Darauf müßte Shirley schlafen. *Ich* habe es gelegentlich getan und fand es schmal, aber zumutbar.

Ansonsten gibt es einen Jacob-Stuhl, einen Régence-Stuhl, einen Tisch, ein Telefon, ein Bettlaken des Königs von Hawaii mit einem Fischmuster (gerahmt), ein Sieneser Kreuz und eine Mogul-Miniatur.

Ihr werdet Euch sehr beengt fühlen.

Das Bettlaken des Königs von Hawaii hört sich nach einer Chatwinschen Erfindung an, war aber echt – und eins von Bruce' Objekten und Erwerbungen, über die am häufigsten gesprochen wurde. Es sah wie ein Matisse aus und tauchte in den sechziger Jahren auf einer Auktion bei Christie's auf. Chatwin erschien mit seinem Fahrrad und kaufte es, zusammen mit drei weiteren Laken, die die Garnitur vervollständigten, sowie einen kleinen Stein, den die Chatwins »das Aspirin« nannten; er gehörte zu einem hawaiischen Spiel. Dieses ungewöhnliche Stück Stoff ist wunderschön: aprikosenfarben und mit einem springenden Fischschwarm gemustert. Chatwin mochte es wahrscheinlich auch wegen der Geschichten, die sich darum rankten. Es war ein Tapastoff, ein längliches Tuch aus biegsamer Rinde, das mit einem Hammer bearbeitet und eingeölt worden war, um es geschmeidiger zu machen. Frühen Berichten über Captain Cooks Reisen zufolge war eins der ersten Geräusche, die von den Inseln zum Schiffsdeck gelangten, eine durch Schlagen erzeugte Musik: der Klang von Walroßzähnen, mit denen auf die Tapas eingehämmert wurde. Tapas dienten zur Unterteilung ozeanischer Pfahlbauten, die vielköpfige Familien beherbergten; im achtzehnten Jahrhundert wurden Krinolinen mit hochsitzenden Taillen für die Bewohnerinnen der pazifischen Inseln aus dem Rindentuch hergestellt.

König Kamehamehas Bettlaken zierte nacheinander mehrere weiße Zimmer Chatwins. Meistens schaffte er es, eine Bleibe in London zu finden, oft in einer recht vornehmen Gegend, und immer spezifisch eingerichtet. Als er zum erstenmal in der Stadt arbeitete, bei Sotheby's, hatte er eine Wohnung in Belgravia, in den seit langem abgerissenen Grosvenor Crescent Mews, eine Gegend mit Stalltüren und Theaterleuten hinter dem damaligen St. George's Hospital, das heute ein Hotel ist. Um zu Chatwin zu kommen, mußten seine Besucher den Hintereingang des Krankenhauses benutzen, wo sich vor einem Fenster im ersten Stock Gläser mit verschiedenen Präparaten in Formalin stapelten. Das Apartment ließ klar erkennen, wohin sich Chatwins Stil entwikkelte. In dem kleinen achteckigen Raum stand ein runder Tisch, auf dem der Gastgeber winzige Portionen köstlicher Speisen servierte. Da waren zwei bemalte schwedische Stühle, die mit blauweißen Satteldecken aus dem achtzehnten Jahrhundert bezogen waren; ein zweiter Tisch mit einer Marmorplatte, die von zwei Böcken getragen wurde, und da war der japanische Wandschirm, der einmal Sir Ian Horobin gehörte, einem in einen homosexuellen Skandal verwickelten Politiker. Der Wandschirm wurde später von Howard Hodgkin auf seinem Porträt Chatwins mit abgebildet. Ein ausgeschnittener Fries mit hüpfenden Matisse-Figuren war an einer weißen Wand angebracht, neben einem Aquarell von Max Beerbohm, das in der Erinnerung von Christopher Gibbs »einen bleichsüchtigen, ungesund aussehenden Ästheten, der irgend jemanden anglotzte«, darstellte. Marmorfragmente lagen verstreut herum, und eine Truhe enthielt verschiedene wertvolle Objekte, darunter alte Lackarbeiten, die in seidene Stoffreste gewickelt und mit Lederstreifen zusammengebunden waren. Eine Zeichnung war laut Chatwin nicht von Watteau, sondern von Watteaus Tante.

Für Howard Hodgkin war das Schlafzimmer das Erstaunlichste an der Wohnung: »Es war eindeutig als eine Art Zimmer gedacht, das der Verführung dienen sollte.« Auf dem Boden lag ein Futon mit einem weißen Federbett – eine Einrichtung, die Bruce auch in anderen Wohnungen bevorzugen sollte. An der Wand hing ein ovales Basrelief von einem Adligen mit einer Lockenperücke à la Louis XV. in einem bemalten Holzrahmen, der wie grauer Marmor wirkte (Chatwin hatte es ohne den Rahmen gekauft). Es wurde von einem winzigen Licht angestrahlt. Hodgkin erinnert sich an diese Art der Beleuchtung: »Einer meiner Studenten, ein äußerst rüder Australier, nannte sie Päderastenlicht; Bodenlichter hießen Schwulenlicht, und Bruce' Apartment war voll davon. Sie waren überall, wohin man auch blickte.« Manches in dieser Wohnung hatte einen Anflug von jugendlicher Prahlerei: sein blaues Briefpapier, das auf einem Tisch ausgebreitet lag, so daß das tief eingravierte »Bruce Chatwin, Bruce Chatwin« zu sehen war, tauchte in den Wohnungen des älteren, selbstsichereren Bruce nicht mehr auf. Andere Dinge – der Futon und der Tisch auf Böcken – waren in den frühen sechziger Jahren etwas Ausgefallenes. Sie überraschten Howard Hodgkin bei seinem ersten Besuch in Grosvenor Crescent Mews; ein anderer Gast bei dieser Gelegenheit – ein älterer Multimillionär, dessen Augen dem Maler zufolge »vor Lust bebten« – war geradezu überwältigt: »Ein erstaunlicher junger Mann«, flüsterte er, als der Gastgeber das Zimmer verlassen hatte. Gloria Birkett, damals für einige Zeit Chatwins Freundin, amüsierte sich über die Art und Weise, wie diese Schlichtheit zustande kam: von Zeit zu Zeit wurden gewisse Dinge ganz einfach hinausgeworfen.

Hell und schmucklos war Chatwins Devise. Es waren Zimmer von großer Klarheit, in denen auch gründliche Überlegungen angestellt wurden. Als Bruce mit mir erörterte, ob ich ein paar von seinen Kissenbezügen brauchen könnte – er machte gern Geschenke –, sagte er, es sei wichtig, daß sie zu meiner Einrichtung paßten: die Bezüge, erklärte er, seien schlicht und weiß. Hin und wieder war jemand ungehalten über diese Sorgfalt: »Es gab keinen einzigen Mißton, es gab nichts, was einen zu stark angerührt oder zu viel Aufmerksamkeit auf sich gelenkt hätte«, sagt Howard Hodgkin, der versuchte, den Freund mit Hänseleien von seiner Behutsamkeit abzubringen. (Der Freund zahlte ihm diese Hänseleien heim, als er in einem Text über Hodgkins Haus auf »Anzeichen für jene gewollte Vulgarität« hinwies, »mit der Menschen mit einem tadellosen Geschmack sich vor tadellosem Geschmack schützen«.)

In einem Zimmer im Haus der Chatwins in Gloucestershire befand sich das wunderschöne Fragment eines Athener Reliefs aus dem ersten Jahrhundert vor Christus; es war in ein grau bemaltes Stück Holz eingelassen, und der Rest des Zimmers war nach Bruce' Plänen dazu passend eingerichtet. Da war ein Teppich von der Farbe ausgeblichener Jeans mit hellbeigen Streifen, dazu Stühle mit einem französischen Würfelmuster in verwaschenem Bläulichgrau. »Es war alles so schick wie nur möglich, aber es war eine Einrichtung, wie man sie bei einer betagten New Yorker Lady erwarten würde, die in ihrem kleinen Schwarzen, mit einer Menge Diamanten behängt, vorsichtig auf der Stuhlkante sitzt«, sagte mir Hodgkin. Bruce wunderte sich ständig, warum das Zimmer im Winter soviel besser aussah. Möglicherweise liege es daran, gab ihm der Maler mit einem prüfenden Blick auf die neutralen Töne des Mobiliars zu verstehen, »daß bei einem grauen Himmel alle Farbe im Zimmer ist«. In Bruce' winziger Wohnung in der Mount Street gegenüber dem Connaught Hotel, damals Zentrum der Londoner Kunsthändler, rächte sich Hodgkin auf handfestere Weise am Geschmack seines Freundes – und an dessen Hang, als Störenfried aufzutreten. Es war, sagte er, »das einzige Mal, daß ich das Gefühl hatte, es ihm mit gleicher Münze heimzuzahlen«. Chatwin war eines Tages in sein Atelier geplatzt und hatte erklärt, er suche eine Farbe für sein Badezimmer: »Es sieht so aus, als hättest du mehrere Farben vorrätig«, sagte er und griff sich eine Tube. Hodgkin hat nicht gern Besucher in seinem Atelier, daher geleitete er seinen Freund hinaus; anschließend drückte er ein bißchen pures Kadmiumgelb auf eine Postkarte und brachte sie zu Chatwin nach unten. »Das ist die richtige Farbe für ein Badezimmer«, sagte er. »Sie paßt wunderbar zu menschlicher Haut.« Und er fügte hinzu, daß die Wände schimmern müßten – »Emailfarbe, dann Firnis.« Chatwin nahm ihn beim Wort – was ihn die damals schmerzliche Summe von hundertfünfundzwanzig Pfund kostete. Kadmiumgelb schmeichelt dem Teint keineswegs: laut Chatwin war es »ein bißchen so, als lebte man im Innern eines Eis«.

In der Mount Street stand ein Ming-Altartisch aus weißem Lack – eher schmutzigweiß wie das Parthenon statt glänzend –, und an der Wand darüber hing ein persischer Stoff, ein Stück Seide mit einem geometrischen Muster in ganz blaßblauen und beigefarbenen Tönen; es gab einen kleinen Bambushocker und einen Tisch mit einer Glasplatte. Man sah kaum rein dekorative Gegenstände: Ornamente und Durcheinander machten Chatwin nervös; er mochte Dinge, die einen Zweck und eine Geschichte hatten und nicht eindeutig künstlerisch waren. Er selbst stellte Bilder her, indem er aus dem Katalog eines Pinsel- und Bürstenfabrikanten bunte Bilder eines anonymen Zeichners ausschnitt. Da waren Reihen mit rosaroten und weißen Zahnbürsten, die eine Doppelbürste oder ein einziges Borstenbüschel, schräge oder keulenförmige Enden, gerade oder gebogene Griffe hatten. Sie waren präzise und mit leichter Hand gezeichnet – elegant und witzig.

Ich sah diese Zahnbürstenreihen zum erstenmal in Chatwins letzter Londoner Wohnung. Dieses Apartment im obersten Stock eines hohen stuckverzierten Hauses am Eaton Place ließ Chatwins hochentwickelten, also auf das mindeste reduzierten Geschmack erkennen. Eaton Place war hell und kompakt und makellos geplant. John Pawson hatte es nach Chatwins präzisen Angaben entworfen. »Ich sagte ihm, ich wünschte eine Mischung aus Zelle und Schiffskajüte. Meine Bücher wollte ich auf einem Flur unterbringen, und ich wollte viele Schränke.« Und es funktionierte wie eine Origami-Arbeit: ein um sich selbst gefalteter kleiner Bereich mit getrennten winzigen Zwischenräumen. Es gab ein Wohnzimmer mit grauweißen Jalousien, einem Tisch und einem blaßgrauen Sofa, eine quadratische Küche und ein würfelförmiges Schlafzimmer mit einer Matratze auf einem niedrigen Unterbau und einem weißen Federbett. Das Wohnzimmer enthielt auch einen weiteren berühmten Fund Chatwins. An einer Wand hing ein großes Dessin mit leuchtenden türkisfarbenen und gelben Rechtecken, das wie das Werk eines abstrakten Malers des zwanzigsten Jahrhunderts aussah, der es verstanden hatte, seiner Arbeit einen besonderen pelzähnlichen Glanz zu verleihen; in Wirklichkeit war es ein aus Federn gefertigtes Dessin aus dem alten Peru.

Bruce mochte das Apartment nicht nur wegen all der Dinge, die es zur Schau stellte, sondern auch wegen all dem, was es verbarg. Es sah immer ordentlich und aufgeräumt aus, weil jedes seiner »Fächer«, obwohl kaum voneinander getrennt, eine klar umrissene Funktion hatte: sie griffen nicht ineinander über. Es lagen keine Nachschlagewerke neben dem grauen Sofa, doch links von der Eingangstür befand sich eine weiße, dem Wohnraum abgetrotzte kleine Kammer, die mit Büchern gefüllt war – eine Art Geheimbibliothek. Dem Schriftsteller gefiel diese Lösung, weil sie dem Rest seiner Wohnung zugute kam. Er sah sich in seinem Wohnraum um und strahlte: »Nirgendwo ein Buch.«

Wie viele von Bruce' Verheimlichungen war auch diese partiell: er war glücklich, seine Bücher woanders zur Schau zu stellen und über sie zu sprechen: »Es gibt Bücher, die man aus Vergnügen liest, und solche, die man plündert«, erklärte er und parodierte mit spöttischem Gesicht die Erwerbssucht bei Sotheby's: »Jeder Schriftsteller ist ein Taschendieb.« Einige dieser Plünderungen hat er in seinen Büchern gestanden: in der Bibliographie zu *In Patagonien*, in einem Motto von Jeremy Taylor und in den Zitaten aus seinen Moleskin-Notizbüchern, die er in *Traumpfade* verwendete. Sobald er ein Buch abgeschlossen hatte, trennte er sich von vielen Büchern, die er zu Nachforschungen herangezogen hatte, so daß seine Quellen in der Bibliothek, die seine Frau bewahrt hat, schwer auszumachen sind. Alan Mooreheads Bericht über *Darwin and the ›Beagle‹* hat er bei der Arbeit an *In Patagonien* konsultiert, und Gilbert Freyres *The Master and the Slaves: A Study in the Development of Brazilian Civilisation*, als er den *Vizekönig von Ouidah* schrieb. Andere Bücher in diesen Regalen stammen von seinen Lieblingsautoren: Nabokov, Borges, Poe, Zwetajewa, Kilverts *Tagebücher*, Doughtys *Reisen in Arabia Deserta* und *Wanderungen in der Arabischen Wüste*, Tolstois *Tagebücher*, Dante, viel von Hemingway; Gorki, Robert Frost, Turgenjew, viel von Edmund Wilson; Donne, Nadeshda Mandelstams Erzählungen über ihren Mann und die stalinistischen Säuberungen. Neben einer Anzahl europäischer Wörterbücher stehen ein persisches Lexikon, *Teach yourself Arabic* und ein Buch über Sanskrit.

Während unserer gemeinsamen Arbeit schenkte er mir Heinrich von Kleists *Die Marquise von O.* in der Penguin-Classics-Ausgabe. Er wirkte eher frostig, wenn die englischen Klassiker zur Sprache kamen – als wären sie für ihn das literarische Äquivalent zum braunen englischen Mobiliar, das er nicht mochte; wenn er von seinen frühen Leseerfahrungen sprach, vergaß oder mißbilligte er seine eigenen Public-School-Aufsätze, zu denen ein Essay über *Stolz und Vorurteil* gehörte: »Die großen englischen Romane habe ich nicht gelesen, aber ich hörte sie, hörte sie oft – *Oliver Twist, Sturmhöhen, Stolz und Vorurteil* – auf Schallplatten, vorgetragen von wohltönenden englischen Stimmen.« Er beschrieb sich als einen Jungen, der über Atlanten gebeugt saß, und einmal sagte er mir etwas überspitzt, bis zum Alter von Zwanzig habe er nur Enzyklopädien und Kunstbücher gelesen.

An anderer Stelle beschrieb er seine jugendlichen Lesegewohnheiten: »Das erste Buch für Erwachsene, das ich von A bis Z gelesen habe, war Kapitän Joshua Slocums *Sailing Alone around the World*. Danach kam John V. Voss' *The Venturesome Voyages of Captain Voss*, dann Melvilles *Omu* und *Taipi*, dann Richard Henry Dana und Jack London. Vielleicht vermittelten mir diese Schriftsteller den Geschmack am schlichten Yankeestil? Jules Verne hat mir nie gefallen, weil ich glaube, daß das Wirkliche stets phantastischer ist als das Phantastische.« Danach zitierte er weitere Einflüsse und Schreibstile, die alles andere als schlicht waren. Aus Edith Sitwells Anthologie *Planet and Glow-Worm* holte »ich mir einen Teil meines literarischen Inventars – Baudelaire, Nerval und Rimbaud, Li Po und andere chinesische ›Wanderer‹, Blake und Mad Kit Smart, die Kurzbiographien John Aubreys und die Prosamusik Jeremy Taylors und Sir Thomas Brownes aus dem siebzehnten Jahrhundert«. Aus Smarts *Jubilate Agno* wählte er den Absatz, der mit »Denn ich werde meinen Kater Jeoffry achten« beginnt, um ihn an einem Wochenende auf dem Lande seinen Freunden vorzulesen. Von einer Großtante, die auf Capri gelebt und nackte Knaben gemalt hatte, hörte das Kind Bruce Gerard Manley Hopkins' ekstatisches Gedicht »The Windhover« –

> Mein Herz im Verborgenen
> rührte sich für einen Vogel –

und Walt Whitmans »Gesang von mir selbst«:

Die Bärte der jungen Männer glitzerten vom Naß, es rann
von dem langen Haar.
Kleine Ströme glitten über ihre Glieder.
Eine ungesehene Hand glitt auch über ihre Glieder,
Strich zitternd an ihren Schläfen und Rippen hinab.

Diese Tante las ihm auch ein Buch über Marie Curie von Eleanor Doorly, einer entfernten Verwandten, vor: »Die Geschichte, wie Madame Curie sich selbst mit Radium Verbrennungen zufügte, machte mir tiefen Eindruck.« Die Tante »las unermüdlich moderne Erzähler. Eines Tages sah sie von ihrem Buch auf und sagte: ›Was für ein wunderbares Wort ist doch ›Arsch!‹ – in dem Zusammenhang hörte ich den Namen Ernest Hemingway zum erstenmal.«

Chatwins Geschmack war tonangebend in den Häusern, die er mit seiner Frau bewohnte – im Ozleworth-Tal in Gloucestershire und später in den Chiltern Hills (deren Nähe zu Henley-on-Thames er schwer erträglich fand). Elizabeth Chatwin behauptet, in Homer End in den Chiltern Hills seien ihre dekorativen Anregungen in den ersten Stock verbannt worden (nicht so ihre ständig wechselnde Truppe von Katzen und Jack-Russell-Terriern). Im Erdgeschoß brachte ihr Ehemann seine Lieblingsobjekte unter. Da waren die Vorhänge, aus einem Ballen ungebleichter Baumwolle gefertigt, den der Reisende aus Italien mitgebracht hatte, und der lange malachitfarbene Tisch im italienischen Stil, den der Student, der sich dafür die (um achtzig Pfund heruntergehandelten) 270 Pfund lieh, in einem Edinburgher Antiquitätenladen aufgetrieben hatte. Da war ein rotes japanisches Lacktablett aus dem fünfzehnten Jahrhundert, das Chatwin vor seiner Schwiegermutter in Sicherheit brachte, die es zum Servieren von Tee benutzen wollte. Da war ein spanisches Votivbild mit der Darstellung eines zu Unrecht eingekerkerten Mannes, der zur Jungfrau Maria betet, die seine Begnadigung erlangt: Chatwin hatte das Bild in Barcelona gekauft und flog später zurück, um es abzuholen. Da war der rosarote Glasfaserbogen des zeitgenössischen Künstlers John Duff, den Bruce, der sich im allgemeinen wenig für zeitgenössische Malerei interessierte, sehr schätzte. Und da war ein kompaktes Tongefäß mit einem traurigen Gesicht an der Vorderseite – eine indianische Aschenurne. Da waren der Astronomenstuhl, den er in Pimlico gekauft hatte, der goldene Wandschirm mit sechs Paneelen, der zierliche Elfenbeinhammer, den Chatwin bei Sotheby's Antiquitätenauktionen benutzt hatte. Und da war die große Landkarte von Patagonien – schwarz auf braungelbem Hintergrund –, die die irische Designerin und Architektin Eileen Gray als Gouache übermalt hatte.

Eileen Gray übte eine natürliche Faszination auf Chatwin aus. Als er sie Anfang der siebziger Jahre in Paris besuchte, war sie dreiundneunzig und hielt, wie er berichtete, immer noch einen vierzehnstündigen Arbeitstag durch. Sie gehörte zu einer Reihe starker alter Frauen – Nadeshda Mandelstam, Penelope Betjeman, Maria Reiche und Madeleine Vionnet –, die er bewunderte, mit denen er sich anfreundete und die er rühmte. Sie gehörte auch zu einer Reihe von Talenten, die britischen Augen verborgen geblieben waren und über die Chatwin mit Eifer schrieb. In der Sowjetunion lobte er die Gemäldesammlung von George Costakis, dem größten privaten Kunstsammler des Landes, der als der »verrückte Grieche, der scheußliche Bilder kauft« bekannt war, und schrieb in diesem Zusammenhang über die Geschichte der russischen Avantgarde. Den Konstruktivisten Rodtschenko rühmte er Jahre vor dessen erster Werkausstellung in Großbritannien; auch würdigte er die Architektur Konstantin Melnikows. In Peru untersuchte er geometrische Formen, Tiere, Vögel und Pflanzen, die vor etwa zweitausend Jahren in die Wüstenoberfläche eingezeichnet wurden und die sich wie »das Werk eines sehr sensiblen und sehr teuren abstrakten Malers ausnehmen«.

Eileen Grays Lebensgeschichte enthielt die scheinbar klaren Umrisse und das übersteigerte Selbstbewußtsein von Menschen im Exil, über die Chatwin gern schrieb. Als sie Mitte Zwanzig war und ihr Studium an der Slade School of Fine Art abgeschlossen hatte, zog sie nach Paris, wo sie ihre edwardianischen Rüschen und Volants und ihre Haarkrause durch eine maßgeschneiderte Jacke, ein Herrenhemd und einen Bubikopf ersetzte. Sie stieß zu einer Gruppe von Künstlerinnen – darunter die auffallend saphischen Romaine Brooks und Natalie Barney – und hatte selbst eine intime Beziehung zu einer Sängerin mit dunklen Brauen namens Damia. Sie ging auf intelligente, unbeirrbare Weise ihrer Leidenschaft nach, Dinge herzustellen. Anfangs hatte sie sich für Lackarbeiten begeistert und eine Reihe exotischer Möbel entworfen: einen kleinen roten Lacktisch, der mit schwarzen Silhouetten von Wagenlenkern und Pferden verziert war; eine Chaiselongue in Form eines Kanus aus gemasertem braunem Lack und Blattsilber; Paneele und Wandschirme in purpurblauen und mattgrauen Tönen, auf denen Lotusblüten, abstrakte Wirbel und eindrucksvolle allegorische Gestalten dargestellt waren. In ihren Vierzigern wechselte sie die Richtung: von Dekoration zu Funktion, vom Luxus zum Praktischen, vom Design zur Architektur. Sie plante und baute in der Nähe von Monte Carlo ein Haus ganz im Stil der Moderne, das sie mit eigenen Kreationen ausstattete: Stahlrohrstühle mit dicken Sitzpolstern, Tische, die sich wie eine Posaune vertikal oder horizontal ausziehen ließen, ein Kleiderschrank aus Aluminium mit Drehschubladen, Glasregale, die auch zur Unterteilung eines Raums dienten. Über dem Eingang war der Hinweis *Défense de rire* schabloniert.

Chatwins überaus bildhaftes Werk hat ein Äquivalent in Grays Entwürfen, sowohl in der dunklen Politur der Lackarbeiten als auch in der klaren Sachlichkeit der späteren Arbeiten. Es verband sie eine ähnliche Persönlichkeit und Philosophie. Beide hatten sich für einen funktionalen, ökonomischen Lebensstil entschieden. Beide interessierten sich für den Begriff von Transparenz. Beiden mißfiel der Gedanke an Überladenheit und Dekoration – im Fall Grays wurde dieses Mißfallen im Laufe der Zeit größer. Beide lehnten den Gedanken an Besitz ab, obwohl sie ein starkes Interesse an Objekten hatten. Und beide hatten den Wunsch, nach Patagonien zu gehen. Die Landkarte in Chatwins Haus Homer End ist eine von zweien, die Gray, die oft Landkarten als Bilduntergrund verwendete, bemalt hatte. Chatwin sah diese Landkarte zum erstenmal, als er Gray mit dem Gedanken, einen Artikel über sie zu schreiben, in ihrer Wohnung in der rue Bonaparte aufsuchte. Er erzählte ihr, er habe immer nach Patagonien gehen wollen. Gray sagte, auch sie habe immer den Wunsch gehabt, dorthin zu gehen, sei jetzt aber zu alt: »Gehen Sie für mich hin.«

2
In Patagonien

Als ich Bruce Chatwin kennenlernte, war er in Patagonien gewesen und hatte beschrieben, was er dort vorgefunden hatte. Dadurch trug er dazu bei, daß sich die Vorstellung wandelte, was Reiseliteratur sein konnte. Das von ihm verfaßte Buch – im Manuskript *Am Ende: Eine Reise nach Patagonien* betitelt – zeichnete sich durch Eigenschaften aus, die alle seine Bücher kennzeichnen sollten. Es war anregend geschrieben, und es schwelgte in Paradoxen. Es schwebte spielerisch zwischen Fakten und Fiktion. Es enthielt keine privaten Enthüllungen, jedoch viel autobiographisches Material. Sogar sein zentrales Thema enthielt einen Widerspruch: die Patagonier waren, wie sich herausstellte, keine Nation, sondern eine multinationale Ansammlung von Auswanderern und Verbannten, von denen viele sich erst dann wie zu Hause fühlten, wenn sie im Ausland waren. Chatwin konnte dieses Gefühl nachempfinden: in dieser und in anderer Hinsicht war sein erstes Buch ein Glaubensbekenntnis.

Das maschinenschriftliche Manuskript dessen, was *In Patagonien* werden sollte, wurde im Dürresommer 1976 an Tom Maschler geschickt, den Geschäftsführer des Verlagshauses Jonathan Cape. Chatwin war sechsunddreißig, älter als die meisten Schriftsteller am Beginn ihrer Laufbahn – doch es war nicht der erste seiner Texte, der Cape erreichte. Sieben Jahre zuvor hatte die Literaturagentin Deborah Rogers an Maschler geschrieben und eine Kopie von Chatwins Essay über Nomaden dazugelegt: »Kann er Sie besuchen? Ich bin sicher, er verdient es, daß Sie eine halbe Stunde mit ihm verbringen. Ich habe einen guten Eindruck von ihm.« Kasmin – der mit Chatwin auf Reisen ging und seine Vorliebe für Antiquitäten teilte – hatte ihn mit der Agentin und mit dem Verleger in der Hoffnung bekannt gemacht, seinem Freund zu helfen, ein paar fixe Ideen loszuwerden, bevor sie ihn wahnsinnig machten: er glaubte, daß Chatwin damals Gefahr lief, ein schwärmerischer Kauz des neunzehnten Jahrhunderts zu werden, indem er sich einer einzigen, allumfassenden Idee verschrieb. Die Idee, die dem achtundzwanzigjährigen Chatwin durch den Kopf schwirrte, war die menschliche Ruhelosigkeit: er wollte die Frage »Warum wandern Menschen, statt stillzusitzen?« beantworten – und die Antwort sollte ihm eine Erklärung für sein eigenes Verhalten geben. Es wurde vertraglich vereinbart, ein Buch mit dem Titel »Die nomadische Alternative« zu publizieren; es folgte ein Austausch von Briefen, die sich gegenseitig an Begeisterung überboten (Maschler an Rogers: »Wie ich schon sagte, habe ich so ein Vorgefühl; wie Sie schon sagten, haben Sie so ein Vorgefühl«); ein Berg von Manuskriptseiten häufte sich an. In einem Lektoratsgutachten von 1970 wurde ein Kapitel des Buches zwiespältig beurteilt: es sei »lebendig« und »kontrovers«, seine »wilden Ausschweifungen« und »ungeheuerlichen Aussagen« seien ihm jedoch abträglich. Als Chatwin das Manuskript schließlich vorlegte, war seine Begeisterung verflogen: Cape lehnte das Buch ab.

Diese Seiten sind nie als Ganzes veröffentlicht worden, doch ihr Einfluß macht sich in allen Büchern Chatwins bemerkbar; in *Traumpfade* wurden Fragmente aufgenommen. Sie blieben als Chatwins alternatives Werk erhalten: ein Projekt, das nie ganz aufgegeben, aber auch nie erneut in Angriff genommen wurde und das vielleicht zu umfassend und zu vielseitig war, um je realisiert zu werden. Das Scheitern kam einer Befreiung gleich: jetzt, wo sein großangelegter Spekulationsversuch verschoben war, tat Chatwin das, was er am besten konnte – beschreiben, was er um sich herum sah und hörte, ohne das Gefühl zu haben, höheren Ernst herbeizitieren zu müssen. Das tat er nie lebendiger und sprühender als in seinem Patagonienbuch. Trotzdem klang das Gutachten eines anderen Lektors über dieses Manuskript besorgt:

11.8.76
Am Ende: Eine Reise nach Patagonien, Bruce Chatwin. Maschinenschriftliches Manuskript, von Deborah Rogers vorgelegt

Dieses Manuskript ist tatsächlich sehr außergewöhnlich – und möglicherweise ein Problem. Im wesentlichen ist es eine collageähnliche Sammlung von Eindrücken, Erinnerungen, Historien und Geschichten über Patagonien, die durch eine intermittierende Erzählung in der ersten Person locker zusammengehalten werden, meistens jedoch mehr oder weniger autonom funktionieren. Berichte elisabethanischer Seereisen stehen Seite an Seite mit Erinnerungen an Butch Cassidy; die Farmen walisischer Patagonier sind in allen Einzelheiten beschrieben – ebenso revolutionäre Aufstände und die Jagd auf Indianer. Es wird eine mögliche Quelle für den »Alten Matrosen« angegeben, und es werden Nachforschungen über das Riesenfaultier angestellt.

An dieser Mischung aus Fakten, Phantasie und Folklore beeindruckt die sehr hohe literarische Qualität am meisten. Es gibt Seiten mit hervorragender Prosa – und ein paar wunderschönen Beschreibungen. Das Problem ist, daß man es weitgehend von Seite zu Seite liest: beim Lesen beeindruckte mich alles, was ich las, aber ich verspürte nicht den Drang, alle rund 350 Seiten nacheinander zu lesen. Obwohl ich glaube, daß der beträchtliche Umfang für die Konzeption des Autors von zentraler Bedeutung ist, würden Kürzungen sicher helfen. Auch dann wäre es kein leichtes Vorhaben – und würde mich die Kombination von Informationen und intelligenter Beschreibung nicht so beeindrucken, würde ich eine traurige Absage erteilen. So wie die Dinge liegen, sehe ich mich außerstande, es abzulehnen – vor allem weil das hieße, jemanden zu verabschieden, von dem noch manch gutes Buch kommen kann. Aber so, wie das Manuskript jetzt vorliegt, geht es meines Erachtens nicht. Ich denke, es sollte noch von anderen gelesen werden, und eventuell sind ein Gespräch mit Deborah Rogers und Erkundigungen über den Standpunkt des Autors erforderlich.

Dieses Gutachten stammte von mir. Und nach der wöchentlichen Lektoratssitzung, auf der beschlossen wurde, daß das Projekt weiterverfolgt und bearbeitet werden sollte, wurde ich seine Lektorin. Im Spätsommer 1976 stürmte Bruce zum erstenmal in mein Büro bei Jonathan Cape. Er trug seinen Rucksack, der die französische Taschenbuchausgabe von Blaise Cendrars' *Gold*, eine World's-Classics-Ausgabe der Briefe von Sydney Smith und ein Manuskript von *In Patagonien* enthielt. Er redete sofort drauflos. Es war ein sehr kleines Büro neben der Damentoilette im Erdgeschoß von Bedford Square Nr. 30. Der Kontrast zur majestätischen Pracht von Tom Maschlers Büro im ersten Stock war gewaltig – was jeder Autor, der die Treppen hinauf- oder hinunterging, deutlich spüren sollte. Im ersten Stock gab es Stuckplafonds, die Wände waren mit Archivexemplaren von Cape-Büchern bedeckt, es gab einen breiten Tisch und große Trenntüren zum angrenzenden Büro – die bei Partys zurückgeschoben wurden und hohe Fenster sehen ließen, die auf die Platanen am Bedford Square hinausgingen. Mein Büro einen Stock tiefer hatte drei an der Wand befestigte Metallregale mit Stapeln von Manuskripten, die darauf warteten, von den Verlagslektoren gelesen zu werden. In den siebziger Jahren waren die Lektoren immer Halbtagsbeschäftigte, und es waren fast immer Frauen – schließlich mußte literarisches Urteilsvermögen mit bescheidenen Gehaltsansprüchen in Einklang gebracht werden. Ich hatte einen Schreibtisch, einen kleinen Tisch mit einer Schreibmaschine, auf der ich Gutachten tippte, ein Holzregal mit olivgrünen oder rosaroten Korrekturfahnen, die das Cape-Signet mit der weißen Urne trugen; es gab einen (von mir mitgebrachten) länglichen Spiegel, ein Fenster mit Blick auf einen dumpfen Lichtschacht und einen hübschen Blumenkasten, der von einem künftigen Abgeordneten der Liberalen betreut wurde. Zu zweit wurde es in diesem Zimmer eng.

Nach und nach nahm Bruce den Verlag immer mehr in Beschlag. Den Aufenthaltsraum, wo Archivexemplare standen, benutzte er als seine Leihbibliothek; er beschwatzte die Telefonistin, Anrufe aus – und vielleicht auch nach – Australien durchzustellen; später sollte er seine australischen Geschichten bei Maggie

Traugott loswerden, einer jungen Frau, die den Cape-Katalog zusammenstellte und die glaubte, daß Bruce, wenn er auf ihrer Schwelle stand und seine Wange wie eine Katze am Türpfosten rieb, flirten und sich bei ihr einschmeicheln wollte, »indem er beschrieb, wovon *Traumpfade* handeln würde«.

Da bei Cape Platzmangel herrschte, beschlossen wir, unsere Arbeitszeit zwischen meinem Büro und einem Apartment aufzuteilen, das Kasmin gehörte, bei dem Bruce damals wohnte. Dieses aus dem Erdgeschoß und dem ersten Stock eines Hauses bestehende Apartment lag an der Nordseite von Regent's Park, nahe beim Zoo und der Dänischen Kirche. Unten sah man von einem geräumigen hellen Zimmer mit weißen Linoleumfliesen direkt auf den Park: meistens las Bruce hier, und wie in allen Häusern, in denen er sich aufhielt, ging er beim Lesen gern auf und ab. Oben waren aus einem einstigen Ballsaal zwei Zimmer entstanden. In dem großen Wohnraum mit einem weißen Marmorkamin und zwei hohen Schiebefenstern arbeiteten Bruce und ich.

Bruce war einer der einfühlsamsten und verständnisvollsten Menschen, mit denen ich je gearbeitet habe – und einer der wenigen Autoren, die den Vorgang des Lektorierens tatsächlich zu genießen schienen. Es machte ihm Spaß, seine Texte zum Gegenstand eines Gesprächs zu machen, und beim Reden kamen ihm neue Ideen. Er entschied schnell und strich, dabei nicht übertrieben nachgiebig, ganze Abschnitte, ohne auch nur eine Sekunde zu zögern. Auch war er imstande, über Nacht einen neuen Abschnitt zu schreiben: sein Rucksack war gefüllt mit Seiten, die er eben erst verfaßt hatte.

Das Manuskript stellte uns vor eine beträchtliche Aufgabe. Es war riesig, und es hatte keine klare Richtung; es wucherte aus, und gelegentlich stockte der Fluß. Natürlich sollte sich das Buch nach wie vor aus Nebenwegen zusammensetzen: daß der Text abwich, in der Zeit vor- und zurücksprang, von Beschreibung zu Spekulation, von Historie zu Erinnerung überging, war Absicht. Genauso war Bruce im Gespräch – so arbeitete sein Hirn –, und der Text spiegelte auch einige der Seltsamkeiten und Eigenheiten des von ihm beschriebenen Landes wider. Die Exkursionen und

Extravaganzen sollten keineswegs gestrichen werden – man mußte den Lesern die Möglichkeit geben, damit umzugehen. Das Buch sollte kein Abenteuerroman sein, aber auch keine Ansammlung literarischer Kameen.

Die erste Änderung, die am Typoskript vorgenommen wurde, war strategischer Art, aber unkompliziert. Die veröffentlichte Fassung von *In Patagonien* besteht aus siebenundneunzig numerierten Abschnitten – zu kurz, um sie Kapitel zu nennen –, die annähernd chronologisch angeordnet sind, aber umfangreiche Abstecher enthalten. In den ersten Versionen waren diese Abschnitte nicht numeriert, sondern betitelt: »Ein Stück Brontosaurus und andere frühe Interessen«, »Einführung in ein Land von Exilanten«, »Säugetiere im Exil«, »Kurs auf Süden«, »Der Schotte«, »Am Río Negro«, »Der Mann, der König war, und die weitergehende Geschichte eines Throns im Exil«. Diese Überschriften waren altmodisch wie in einem viktorianischen Handbuch. Sie ließen das Buch wie eine Enzyklopädie aussehen, und sie hielten den Gang der Erzählung auf. Kaum hatten wir beschlossen, sie abzuschaffen, standen wir vor der Frage, was als Abschnitt gelten sollte. Warum begann oder endete ein Text hier und nicht dort? Wie viele Episoden oder Porträts sollte jeder enthalten? Manchmal waren zusätzliche Informationen nötig, um zu erklären, was der Titel eines Abschnitts deutlich gemacht hätte; meistens wurden diese Informationen am Anfang oder am Ende einer Episode eingeflochten. Die farblosesten Zeilen des Buches wurden zu diesem Zeitpunkt geschrieben: »Ich verließ den Río Negro und reiste weiter südwärts nach Puerto Madryn.« »Anselmo riet mir, dem Dichter einen Besuch abzustatten.« »Zwei Kilometer außerhalb der Siedlung lebte noch jemand im Exil.« »Ich verließ die Sopranistin und ging weiter zu den Deutschen.« Diese Sätze sollten nicht nur das Geschehen erklären, sondern auch die Handlung vorantreiben: sie trugen auf unauffällige, aber bezeichnende Weise dazu bei, dem Buch einen anderen Rhythmus zu geben. Doch es hat nie den Versuch gegeben, etwas hinzuzufügen, was von Anfang an eindeutig fehlte: einen fortlaufenden Kommentar.

Bruce sprach einmal davon, er habe mit *In Patagonien* ein »kubistisches« Bild von diesem Land erstellen wollen – eine Beschreibung, die auf Struktur und Eigenart des Buches zutrifft: auf seine winklige Beschaffenheit, seine vielen kleinen Szenen und Oberflächen, die auseinanderstreben. Schon die erste Fassung war so beschaffen, und im Laufe der Bearbeitung, bei der manche Abschnitte bis zu vier Stadien durchliefen, wurde das Buch noch verwinkelter. Vor unserer ersten Zusammenkunft hatte ich die Stellen gekennzeichnet, von denen ich glaubte, daß sie mißglückt oder konfus waren. Bei unserer letzten Zusammenkunft war an einigen dieser Stellen Text entfernt, an anderen waren neue Abschnitte eingefügt worden. Was als dickes Buch mit knappem Stil begonnen hatte, war am Ende in jeder Hinsicht knapp: knappe Sätze, knappe Absätze, knappe Kapitel. In mehreren Versionen des Manuskripts hatte Bruce Zahlen an den Rand gekritzelt, wenn er herausfinden wollte, wieviel gestrichen worden war: 548 x 200 = 109600; 300 x 200 = 60000. Nach meinen damaligen Berechnungen hatten wir den Umfang auf ein Viertel bis zu einem Drittel des Originals reduziert. Wenig später kam mir zu Ohren, ein alter Freund von Bruce beschwere sich, daß die Lektorin bei Cape alle guten Sachen aus dem Buch gestrichen habe.

Bruce war durchaus imstande, die guten Sachen selbst zu streichen. Er warf ein Adjektiv mit demselben großen Vergnügen aus seinem Manuskript, mit dem er ein Ornament aus seiner Wohnung verbannte. Er wollte die Reaktionen des Autors als eines empfindsamen Reisenden aus der Erzählung fernhalten – es sollte ein Buch sein über das, was er gesehen, nicht über das, was er gefühlt hatte –, doch hatte seine Vehemenz in diesem Punkt kaum Folgen für das Manuskript: auch wenn Bruce darauf bestand, alles hinauszuwerfen, was einen Anflug von Träumerei, Trübsal oder Erregung verriet, so war von alldem von Anfang an sehr wenig vorhanden. Auch wollte er alle unnötigen Übergänge von einem Absatz zum anderen, von einer Szene zur anderen abschaffen, etwa so sonderbare Sätze wie: »Ich wurde gebeten, mich zu ihnen zu gesellen.« Doch es gab ohnehin nicht viele von diesen Übergängen, die Paul Theroux später vermißte, als er in seiner wohlwollenden Besprechung des Buches für die *Times* anmerkte, der

Schriftsteller äußere sich selten über die Schwierigkeiten oder andere Aspekte seiner Reise. Bruce' erste Fassung war locker geschrieben und wirkte manchmal kraftlos: »Man stelle sich meine Erregung beim Anblick eines grünen Baums vor ...« Seine Korrekturen im Manuskript, das er von unseren Arbeitssitzungen mitnahm – und das er mir beim nächsten Treffen manchmal mit handschriftlichen Berichtigungen, manchmal neu getippt zurückgab –, sollten das beseitigen. Vor allem strich er Sätze, die ihm lächerlich, platt oder überflüssig vorkamen.

Die erste Fassung enthielt kaum längere Passagen, die durchgehend schwach waren. Die umfangreichen Kürzungen, die wir vornahmen, waren nicht dazu gedacht, dummes Zeug zu beseitigen, sondern sie sollten die Form des Buches straffen, das Tempo beschleunigen und den Inhalt präzisieren. Hin und wieder fiel das Streichen leicht. Bruce, der in seinem ersten Buch möglichst viele Geschichten unterbringen wollte, wartete mit einigen wenig plausiblen Kandidaten auf. Auf der Rückseite einer Fassung der Anfangsszene skizzierte er seine Begegnung in einem Zug mit dem Sohn eines Rabbis, der »so schüchtern war, daß er es unmöglich fand, sich in Gegenwart eines anderen im Abteil auszuziehen«. Dieser Mann und sein Vater, die 1941 vor den Nazis aus Rumänien geflohen waren und viele Jahre später von einer christlichen Dienstmagd, die ihnen zur Flucht verholfen hatte, in Wien ausfindig gemacht wurden, wollten jetzt nach Rumänien zurückkehren. Diese Geschichte wurde schließlich in einer leicht abgewandelten Ich-Erzählung in *Traumpfade* veröffentlicht: ihr Schauplatz, ein Zug in Europa, wäre ohnehin eine unwahrscheinliche Episode für *In Patagonien* gewesen. Die meisten Kürzungen machten uns mehr Kopfzerbrechen.

Auch wenn feststand, daß ein Abschnitt zu lang war und Bruce darin abschweifte, fiel uns die Entscheidung, worauf verzichtet werden sollte, nicht immer leicht. Bruce und ich saßen über ein Manuskript gebeugt, manchmal auch über zwei Exemplaren; Bruce stand oft auf und ging hin und her, häufig las er einzelne Teile laut vor – was es uns nur schwerer machte, weil sich alles gleichermaßen amüsant anhörte. Die Seiten, die ich mit Fragezeichen versehen hatte, nahm er mit nach Hause und gab sie mit seinen Fragen und Anmerkungen an mich zurück: »Streichen?« – »Eventuell ersetzen.« Für manche Entscheidungen bedurfte es mehrerer Anläufe. In einem Buch, das nichts als Anekdoten und Bilder enthielt, war die Grenze zwischen anschaulichem Beispiel und überflüssigem Text oft schwer zu ziehen.

Bruce' Erinnerungen an die Ungeheuer seiner Kindheit wurden Grenzen gesetzt. In einer Fassung hat das Tier der Eingangsszene eine ausführlichere Geschichte: ein lebendiges Stück Prosa, das jedoch den Moment hinauszögert, an dem das Buch nach Patagonien gelangt:

> Ich hatte bereits ein Museum, eine Vitrine mit römischem Glas, ein Miniaturfedermesser, einen zaristischen Rubel, einen Real und den Schädel einer Feldmaus, der nur auf seine Prämierung wartete. Doch meine Mutter und andere Verwandte waren über das Haus der Toten hergefallen, hatten die Kostbarkeiten erbeutet und das Stück Brontosaurus weggeworfen. Ich habe ihnen verziehen, aber nicht vergessen. Denn ich bin ein Mann, der noch immer die Erde auf und ab wandert auf der Suche nach einem verlorenen Stück Brontosaurus.
>
> Jeder Junge erfindet sich legendäre Geographien in entlegenen Ländern. Als ich zehn war, hatte ich meine eigene Version der Brontosaurus-Geschichte hergestellt, die auf Fehlinformation, Phantasie und ein bißchen Wissen aus Enzyklopädien, Atlanten und Evolutionstabellen basierte. Der Brontosaurus war das größte Tier der Welt. Er hatte ein sehr kleines Hirn und einen riesigen buckligen Leib. Er war ein friedliches Tier und fraß jeden Tag Tonnen von Seepflanzen, während Flugechsen in der Luft über ihm kämpften. Er starb viele Jahre vor Christi Geburt aus, weil Noah in seiner Arche keinen Platz für ihn und noch weniger für ein fortpflanzungsfähiges Paar hatte. Mein eigener, spezieller Brontosaurus lebte auf einer Insel am Ende der Welt, die Tierra del Fuego, Land des Feuers, hieß. Dort blieb er in einem Gletscher stecken, möglicherweise, als die Sintflut zu Eis gefror. Gefangen in einem Schoß aus blauem Eis reiste der

> tiefgefrorene Brontosaurus Tausende von Jahren im Innern des Gletschers. Schließlich tauchte er wunderbar erhalten am Erdboden auf, wo ihn der Cousin meiner Großmutter, Charley Milward der Seemann, fand.

Nicht nur diese eine Tiergeschichte wurde aus dem endgültigen Manuskript gestrichen: 1976 waren Einzelheiten über den jungen Chatwin noch nicht so begehrt. Zwanzig Jahre nach der Veröffentlichung seines ersten Buchs ist die erhebliche biographische Bedeutung einiger dieser nicht ins Buch aufgenommenen Geschichten einleuchtender.

»Ich habe einmal das Experiment gemacht, die Lügen in meinem Buch über Patagonien zu zählen«, behauptete sein Autor. »Es war eigentlich gar nicht so schlimm.« Hier schildert er in einer frühen Version, wie sein Brontosaurus der Prüfung standhielt:

> Als ich diese heroische Geschichte in der Schule erzählte, wurde ich des Lügens bezichtigt. Ein Lehrer sagte, ich hätte sie mit der Geschichte des sibirischen Mammuts verwechselt. Jahre später sah ich im Museum an der Newa das Beresowska-Mammut, das wie ein bettelnder Hund aufrecht saß, ganz so, wie es mit den Hinterbeinen zuerst in eine Grube gefallen war. Ich las über Pallas' Entdeckung des wolligen Rhinozeros. Ich befühlte ein paar kümmerliche Überreste trockener, tätowierter Haut. Und im Kellergeschoß der Eremitage erzählte mir der Kurator für Archäologie eine Geschichte über den erfrorenen Mann von Pazyryk – die womöglich genauso apokryph war, sich jedoch vertraut anhörte –, um die Unbeugsamkeit sowjetischer Bürokraten zu illustrieren. 1933 fand der Archäologe V. I. Rudenko unter einem gewölbten Steinhaufen (der als Refraktionslinse diente) das gefrorene Grab eines altaischen Nomadenhäuptlings. Seine Frau hatte ihn ins Grab begleitet, zusammen mit ihrer wunderbaren persönlichen Habe aus Seidenstoffen und Filzen, einem Zelt zum Inhalieren von Schwaden indischen Hanfs sowie zwölf warmblütigen Pferden von der besten nahöstlichen Rasse. Ein Bestiarium von Tätowierungen

bedeckte den Leib des Mannes, ein Katzenfisch das Bein bis zur Wade. Seine Eingeweide waren voll mit indischem Hanf, der noch immer grün war. Rudenko schickte den Mann, die Frau und die Pferde mit einem Güterzug nach Leningrad und hoffte auf kühles Wetter. Die Eremitage hatte keinen Kühlraum und leitete die Fracht zur städtischen Fleischlagerhalle um. Der diensthabende Beamte sagte »Njet« zu dem menschlichen Paar und leitete sie an das Leichenschauhaus weiter. Der Beamte im Leichenschauhaus wollte die Geburtsurkunden sehen, und als er hörte, der Mann sei vor zweitausendvierhundert Jahren gestorben, sagte er auch »Njet«. Keine Leiche im Leningrader Leichenschauhaus ohne Sterbeurkunde. Darum muß man sich mit ein paar kümmerlichen Hautfragmenten in einer Schublade im Kellergeschoß der Eremitage begnügen.

In Patagonien war Bruce' Debüt als Autor – und sein Fundus. Das Buch berührte Themen und Gedanken, die Chatwin in den folgenden zwölf Jahren immer wieder aufgriff und erweiterte. Es ist ein Buch über Leben und Wandern in der Fremde, und es ist – wie alle Bücher Chatwins – in klar umrissene Episoden aufgeteilt. Chatwin bekundet sein Interesse an der Kultur einer aus der Heimat vertriebenen Waliser Gemeinde, so wie er, fünf Jahre später, in *Auf dem Schwarzen Berg* sein Interesse für eine einheimische Waliser Gemeinde bekunden sollte; und er erzählt von einer Passion für prähistorische Tiere, die in einer düsteren Form in *Traumpfade* wiederauftauchte. Chatwin hat, wie in *Utz*, viel über Sammler, Archäologen und Osteuropa zu sagen.

Diese Vorwegnahme bestimmter Themen tritt in den Entwürfen deutlicher zutage als in der veröffentlichten Fassung. Ein Abschnitt in einem frühen Entwurf, in dem rivalisierende Archäologinnen beschrieben werden, hat den Titel »Die Sammlerinnen«. In demselben Manuskript sind Passagen über die Waliser Gemeinde in Chubut mit Notizen über frühe keltische Naturlyrik durchsetzt: »Das durch die Pappeln flackernde Licht, das auf einer Manuskriptseite flackernde Licht … der liebenswürdige Hollunder, die melodische Birke … eher wie japanische Haikus, doch anrührender, weil weniger ausgeklügelt und künstlich.« Mit diesen Versen beschäftigte er sich, als er *Auf dem Schwarzen Berg* schrieb. Und eine lange Passage, die aus dem Manuskript des Patagonienbuchs gestrichen wurde, weil sie das Tempo des Eröffnungskapitels verlangsamte, ging später als Fiktion in den Roman ein:

> In meiner Kindheit gab es zwei wichtige Wege. Zwei Wege treten aus der chaotischen Abfolge von Bewegungen deutlich hervor, zwei Pfade, zwei Wege, wie zwei Orte, an denen ich immer noch bauen könnte. Einer führte hinauf ins Moor von Derbyshire, vorbei an dem Cottage, das kaum mehr als eine Hütte und früher einmal ein Tabakladen gewesen war und in dem wir wohnten, als mein Bruder geboren wurde. »Mein Pfad« führte zwischen Steinmauern hinauf durch einen Wald mit windgestutzten Eichen, vorbei an einer Reihe weißer Hagedornbüsche, einem verwilderten Obstgarten, von rosafarbenen Wildrosen und goldenem Liguster überwuchert, Berge von rotem Sauerampfer, weiße Margeriten. Feldlerchen im Wind. Im fernen Tal ein großes Haus in einem Park. An der letzten Mauer entlang, wo die Schafe das Gras kahlfraßen. Langsam voran durch eine Allee aus Adlerfarnstengeln und weiter hinauf über eine lineare granitene Böschung, bis wir zum Moor kamen. Ein keltisches Kreuz zum Andenken an den Herzog von Wellington. Da war ein Stein, Adlerstein genannt, mit einem erodierten Fundament; er stand im braunen Moor, wo weiße Wollgrasfasern im Wind wehten, und man spürte die Endlosigkeit des sanft gewellten Horizonts. Es ist eine Landschaft, die ich in Afrika wiedergefunden habe. Wenn ich anderen Spaziergängern auf meinem Pfad begegnete, wurde ich sehr böse und sagte ihnen, sie sollten verschwinden. Ich glaube nicht, daß ich gegenüber Fremden in unserem Haus so empfand. Bei einem Haus habe ich nie so empfunden.
>
> Der zweite Pfad führte am südlichen Ufer des Avon unterhalb von Stratford entlang, wo ich bei meinen Großtanten Janie und Gracie, zwei alten Jungfern, lebte. Gracie war eine herzliche, mütterliche Person, die Schulaufseherin gewesen war. Sie

war ziemlich schwerhörig, und man sprach zu ihr durch einen kleinen schwarzen Kasten, den sie wie eine Handtasche bei sich trug. Die andere Tante war eine Malerin, die sich nur nach Italien und der Sonne sehnte. Als junges Mädchen hatte sie in Paris den Maler van Dongen kennengelernt. In den Tagen Lenins und Maxim Gorkis hatte sie auf Capri gelebt und Aquarelle von nackten Knaben gemalt. Jetzt kopierte sie die großen Meister. Sie malte Pollaiuolos heiligen Sebastian vor einem hellen, kobaltblauen Himmel. Ich wollte wissen, warum der schöne junge Mann ganz von Pfeilen durchbohrt war und dennoch aufrecht dastand. In ihrem Garten war eine Statue, das Werk meiner Tante, ein schöner griechischer Gott, der sein Spiegelbild in einem Vogelbad betrachtete.

Um auf meinem anderen Pfad zu gehen, mußte man den Fluß auf einem Steg in der Nähe des Getreidesilos überqueren, das uns allen den Blick auf die Kirche verdarb. Man ging unter der Eisenbahnbrücke auf zwei oder drei Felder hinaus, mit gekappten Weiden auf einer Insel mitten im Fluß. Man folgte dem Pfad, wie er in einen Wald eintauchte, Haselnußsträucher, Dorngestrüpp, der aufgeweichte Pfad ging immer weiter, Anemonen im Frühling, auch Veilchen, im Sommer große gelbe Nachtröschen, die mir sehr exotisch vorkamen. Er sah aus wie ein Dschungelpfad: wenn man nach rechts blickte, war das bräunliche Flußwasser zu sehen, das Äste und Schilfgrasmatten umstrudelte, manchmal gab es Moorhühner und Enten, manchmal einen Reiher und eine Wasserratte. Ich liebte diesen Pfad sehr. Meine Tanten sagten, es sei genau dieser Pfad an diesem Ufer, an den Shakespeare dachte, als er von der Sandbank schrieb, auf der man Quendel pflückte – doch obwohl ich Schlüsselblumen und Veilchen fand, habe ich doch nie Quendel gefunden, und ich kam zu dem traurigen Schluß, daß Shakespeare an einen anderen Platz gedacht hatte. Auf dem Rückweg sahen wir kurz in die Kirche hinein, und wenn dort irgendwelche G. T. s oder andere wichtige Besucher waren, zeigte ich ihnen Mr. Shakespeares Grab. Manchmal schenkten sie mir ein Six-Pence-Stück, das mir meine Tanten abnahmen und zur

> Kollekte taten. Ich mochte diesen Pfad sehr gern, aber ich liebte ihn nicht so sehr wie den Pfad durchs Moor. Manchmal lasen mir meine Tanten Gedichte vor aus einem grünen Buch mit dem Titel *The Open Road*, und am besten gefiel mir das Gedicht über eine Zigeunerin, die im Moor lebte und die niemandem zugetan war. Sie hieß Meg Merrilies, und ich stellte mir vor, wie schön es wäre, allein zu leben, die ganze Zeit, draußen auf dem Moor.

Diese Passage war stark von Proust beeinflußt, den Bruce in seinem Patagonienbuch zitieren wollte. Ich hatte dagegen argumentiert, weil es mir anmaßend erschien, doch in dem gestrichenen Absatz kann man den Proust von *Swanns Welt* mit seinen Gängen, seinen Tanten und Erinnerungen finden:

> Wir kehrten immer frühzeitig genug von unsern Spaziergängen heim, um meiner Tante Léonie vor dem Abendessen noch einen Besuch zu machen … es gab in der Umgebung von Combray zwei »Seiten« für Spaziergänge, die einander so entgegengesetzt waren, daß wir nicht einmal durch die gleiche Pforte aufbrachen, wenn wir nach der einen oder anderen Seite gehen wollten.

Bruce war von seinen Erinnerungen und Ideen begeistert und besessen: er formte sie um, recycelte und verpflanzte sie. Einige dieser autobiographischen Angaben brachte er in journalistischen Arbeiten unter, doch die Idee von den zwei kontrastierenden Gängen gelangte auf einem anderen Weg in ein Buch. In *Auf dem Schwarzen Berg* heißt es: »… die Zwillinge liebten die Spaziergänge mit ihrem Großvater, und zwei davon hatten sie besonders gern – einen ›walisischen Gang‹ den Berg hinauf und einen ›englischen Gang‹ zum Park von Lurkenhope.« Die aus *In Patagonien* entfernte Kindheitserinnerung fand Eingang in diesen Roman, wo sie gut zu den anderen Paarungen und Entzweiungen des Buchs paßte. Viele Einzelheiten blieben unverändert. In der autobiographischen und in der fiktionalen Version gibt es einen farnbestandenen steilen Weg und einen sanfteren, von üppigen Blumen gerahmten Weg; in beiden Versionen wird ein Großvater namens Sam mit dem Gedanken an Wandern assoziiert, taucht ein Herrenhaus zwischen Bäumen in einem Park auf und protestieren kleine Jungen gegen alle, die ihre Wege beschreiten; in beiden Versionen gibt es einen alten Stein – im Roman als Menhir bezeichnet –, der »Adlerstein« genannt wird. Das Buch über Patagonien hatte einen weiteren Effekt auf Chatwins walisische Fiktion. Seine Schilderung des wilden Naturkinds, das in The Rock wohnt, dem Bauernhaus im Moor, ist dem Leben, der Person einer Freundin nachgezeichnet. Doch er zog auch John Keats' Zigeunergedicht heran, das seine Tanten ihm vorgelesen hatten, als er ein kleiner Junge war – und über Keats auch Walter Scott. Er schuf eine Gestalt, die sich wie Keats' Meg Merrilies meist im Freien aufhält, einen schäbigen Hut und alte Kleider trägt, Blumengewinde anfertigt und sich den Bäumen verwandt fühlt. Und als es soweit war, ihr einen Namen zu geben, nannte er sie Meg.

Trotz Bruce' Bewunderung für Flaubert und trotz seiner Bemühungen, sich Flauberts unpersönlichen Stil anzueignen, enthalten seine Bücher eine Fülle von Geschichten über ihn selbst. Im persönlichen Umgang wirkte er oft zurückhaltend, es schien ihm unangenehm zu sein, wenn man ihn umarmen wollte, doch er redete geradezu zwanghaft über alles, was ihm zugestoßen war. Auf dem Papier enthielt er sich persönlicher Kommentare, doch er beschrieb – mehr oder weniger freimütig –, was er getan hatte. Ich hörte einmal, wie jemand aus seinem Bekanntenkreis sagte, Bruce sei während seiner Gefangenschaft in Dahomey in den siebziger Jahren vergewaltigt worden und habe ein zu starkes Trauma erlitten, um je darüber sprechen zu können. Dazu bemerkte Francis Wyndham: »Wenn das der Fall wäre, hatte er darüber gesprochen.« Doch es gab Dinge, über die Bruce nicht gern sprach, und seiner Frau hatte er anvertraut, daß um etwa dieselbe Zeit etwas Ähnliches in der Elfenbeinküste vorgefallen war.

Auch auf seinen Reisen geschahen Dinge, über die er nicht schrieb, und nur wenige Autoren mögen so getadelt worden sein für das, was sie nicht erwähnten. Paul Theroux, dessen *Old Patagonian Express* zwei Jahre nach Chatwins Patagonienbuch veröffentlicht wurde, hat sich über die Auslassungen seines Freundes Gedanken gemacht – in seiner Besprechung von Bruce' erstem Buch in der *Times* und, fünfzehn Jahre später, in einem Text, der als Vorwort zur amerikanischen Ausgabe von *Wiedersehen mit Patagonien* erschien, einem schmalen Band, der einen gemeinsamen Vortrag Chatwins und Theroux' vor der Royal Geographical Society enthält. Hier bezeichnet Theroux den verblümten Stil von *In Patagonien* als symptomatisch für die Ausflüchte des Autors. Das Buch sei »originell, mutig und lebendig geschrieben«, heißt es, jedoch –

> voller Lücken. Wie war er von hier nach dort gereist? Wie war er dieser oder jener Person begegnet? Das Leben war nie so eindeutig, wie Bruce glauben machen wollte. Was war mit den anderen, den kleinen, sprechenden Einzelheiten, die in meinen Augen einem Buch Realität verleihen?
>
> Ich suchte nach den Verbindungen zwischen den Kapiteln, zwischen zwei Gesprächen oder geographischen Beschreibungen. Warum hatte er sie ausgelassen?
>
> »Warum hältst du das für wichtig?« fragte er mich.
>
> »Weil es interessant ist«, sagte ich. »Und weil ich glaube, man sollte mit der Wahrheit herausrücken, wenn man ein Reisebuch schreibt.«
>
> Daraufhin lachte er, und dann sagte er etwas, was ich immer für einen Ausspruch gehalten habe, der seine Devise hätte sein können. Er sagte – er kreischte: »Ich halte nichts davon, mit der Wahrheit herauszurücken.«

Bruce' Ausspruch, mit oder ohne Kreischen, war eine Art, mit der Wahrheit herauszurücken: jedenfalls stimmte es, was er sagte. Er hatte keinen Hang zu vertraulichen oder unbesonnenen Mitteilungen, weder im Leben noch in seinen Büchern – auch wenn seine Diskretion manchmal hinter der Flut von Geschichten, die aus ihm heraussprudelte, verschwand: der Vorwurf, er geize mit

Einzelheiten, ist sicher einzigartig. Die Lücken, die Theroux im Patagonienbuch bemängelte, beziehen sich anscheinend auf Erklärungen und Zusammenhänge, die Bruce meist bewußt wegließ, weil er sie »langweilig« fand, und auf das Verzichten auf Dinge, die zwar nicht langweilig waren, seine Erzählung jedoch völlig verändert hätten. Es gab keinen Hinweis auf seine Frau, seinen Beruf und seinen Hintergrund: ganz so, als ob zwischen seiner Kindheit und dem Augenblick, als er seinen Rucksack schulterte und nach Südamerika aufbrach, nichts geschehen wäre.

In Patagonien kam es zu Begegnungen, die mit keinem Wort erwähnt werden – während viele andere Dinge beibehalten wurden. Im Buch *In Patagonien* wird ein erstaunliches Gemälde des französischen Malers Raymond Monvoisin lobend erwähnt, das einen liegenden Gaucho, der »katzenähnlich und von passiver Erotik« ist, darstellt: Es schildert die enge, stürmische Freundschaft zwischen einem Farmer und seinem Peon. Es weist hin auf die Beziehung zwischen zwei Männern vom Bahai-Institut in Trevelin:

> »Wie gefällt Ihnen mein Freund?« wollte Ali wissen.
>
> »Er gefällt mir gut. Er ist ein netter Freund.«
>
> »Er ist *mein Freund.*«
>
> »Ich zweifle nicht daran.«
>
> »Er ist mein allerbester Freund.« Er schob sein Gesicht nah an meines heran. »Und dies ist *unser* Zimmer.« Er öffnete eine Tür. Es stand ein Doppelbett darin, und am Kopfkissen lehnte eine ausgestopfte Puppe. An der Wand hing eine große, stählerne Machete an einem Lederriemen. Ali nahm sie herunter und fuchtelte damit vor meinem Gesicht herum.

Es ist ein Buch, das für homosexuelle Gefühle und weibliche Schönheit aufgeschlossen ist; der Schriftsteller selbst tritt mit seinen sexuellen Empfindungen jedoch nie in Erscheinung. Beinahe wäre es soweit gekommen. Ein Abschnitt einer frühen Fassung beginnt mit der Erzählung eines Jungen von einem Priester, der »scharf auf Knaben« war. Chatwin leitet dann über zu der Episode, wie er von einem LKW-Fahrer mitgenommen wurde, der zunächst etwas mißtrauisch war und später »ein bißchen zu freundlich« wurde. Diesen Satz strich Bruce: wahrscheinlich kam er ihm zu geziert vor. Eine andere Episode war nie für die Veröffentlichung vorgesehen. Als ein langjähriger Freund an Chatwin schrieb und dessen erstes Buch lobte, bezog er sich vor allem auf die Passage mit einem jungen Pianisten – halb Deutscher, halb Italiener, den die walisischen Patagonier unter ihre Fittiche genommen hatten –, der seinen Gast über Wagner und Liszt ausfragt und ihm Beethoven und Chopin vorspielt. Chatwin schrieb zurück:

> Der Pianist! Ah, der Pianist! E. Hemingway, der von ein oder zwei Dingen eine Ahnung hatte, obwohl es Mode ist, ihn zu diskreditieren, sagte einmal, es sei immer zu erkennen, wenn aus einem Text etwas *heraus*geworfen wurde. Ich warf aus dieser Geschichte *heraus*, daß der Pianist am Ende der Mazurka den Kopf in den Nacken legte, automatisch und ohne jede vorherige Andeutung, und daß ich ihn vom Klavierhocker hochhob und ins Schlafzimmer trug.

Chatwin, der mit Fünfundzwanzig heiratete und männliche und weibliche Geliebte hatte, ließ sich in Gesprächen wenig über seine Partner aus, in seinen Veröffentlichungen nie. In einem Buch, das sich mit einem Land beschäftigte, konnte das auch kaum von ihm verlangt werden. Dennoch wird seit seinem Tod zuweilen behauptet, die Tatsache, daß er nicht aus der Schule geplaudert hatte, komme einer Verheimlichung gleich. Kein Leser kann je erwartet haben, daß *In Patagonien* die ganze Wahrheit enthüllte: es ist eindeutig parteiisch und idiosynkratisch. Und ebenso eindeutig ist es kompositorisch kontrolliert. Francis Wyndham schrieb über seinen Freund: »Bei der Lektüre Chatwins wird einem die *Kontrolliertheit* des Autors deutlich bewußt – und zugleich auf berauschende Weise die verlockende Gefahr, daß er die Kontrolle *verlieren* könnte und die Dinge nicht mehr überblickt.« Das sagt etwas über Bruce selbst aus: seine genaue Sprache lag im Widerstreit mit der Verve seines Vortrags, mit seinem Lachen und seinen Grimassen.

In Patagonien enthält zahlreiche Lebensgeschichten auf engem Raum. Jede Begegnung wird wie eine Kurzgeschichte behandelt: sie wird geformt, gewendet oder verdreht. Daß Fakten dabei zu Fiktion wurden, hat nicht allen der von ihm beschriebenen Patagonier gefallen. Einige dieser Männer und Frauen haben sich beschwert, daß sie selbst, ihre Freunde oder Verwandten, die in dem Buch oft hinter der durchschaubaren Maske geänderter Namen auftauchen, netter oder weniger exzentrisch seien, als Bruce sie dargestellt habe. Der Engländer John Pilkington, der ebenfalls Patagonien bereiste, hat in ihrem Namen zur Feder gegriffen und ein Buch geschrieben, in dem er Chatwin sträflichen Übermut auf Kosten der Wahrheit vorwirft. »Ich bin überzeugt«, verrät Pilkington, »daß Bruce Chatwin bei seinen Wanderungen durch Patagonien im Frühjahr 1975 sehr genau wußte, daß er die Bewohner keinem fairen Verhör unterziehen würde. Da er sie nur oberflächlich kannte, hat er wahrscheinlich Angst gehabt, zu tief zu graben, weil er sie im Verdacht hatte, im Grunde ziemlich langweilig zu sein. Um die Erzählung von *In Patagonien* lebendiger zu gestalten, konzentrierte er seine Aufmerksamkeit auf eine Schar überlebensgroßer Charaktere – die zwar Patagonier, aber außergewöhnlich waren –, und wenn ihm Einzelheiten fehlten, erfand er sie.«

In Wirklichkeit lag Bruce nichts daran, Leute der Langweiligkeit zu verdächtigen. Er neigte eher zum Gegenteil: er wollte fasziniert, verführt, amüsiert werden. Sicher ging er mit seiner Begeisterung gelegentlich zu weit, wenn er ein paar verschlagene Typen für bemerkenswert hielt, doch es sollte jeden erzürnten Patagonier trösten, daß die Menschen in Chatwins Buch interessant sind: Bruce' Enthusiasmus kann Leser dazu bringen, mit seinen Augen sehen zu wollen. Die von Pilkington monierte Erfindung von Einzelheiten richtet keinen großen Schaden an: Pilkington traf mehrere Patagonier, denen ihr Herkunftsland weniger wichtig war, als Chatwin annahm; eine Frau wollte auf Verleumdung klagen, weil ihr Schwiegervater unvorteilhaft dargestellt sei; als Pilkington einen Patagonier aufsuchte, fand er, anders als Chatwin, keinen Pfefferminzschößling auf der Theke seines Restaurants vor.

Es stimmt natürlich, daß Bruce übertrieb, daß er wie alle Schriftsteller wählerisch mit Einzelheiten umging und daß er sich manchmal irrte. Kein Leser von *In Patagonien* dürfte das Buch für den Versuch halten, eine ausführliche oder ausgewogene Beschreibung der Einwohner geben zu wollen. Es ist eine Ansammlung schnell aufeinanderfolgender impressionistischer Porträts, geschrieben von jemandem, der eine deutliche Vorliebe für Unerwartetes, Widersprüchliches und Scharfzüngiges hat – und der eine Geschichte gern auf engem Raum unterbringt. Chatwin hatte sich in dieser Art des Erzählens geübt, als er für das *Sunday Times Magazine* Artikel schrieb, die den einzelnen Szenen seines ersten Buchs in Länge und Struktur ähnelten.

Eins seiner Vorbilder für die Prägnanz, die er anstrebte, war ein Schriftsteller, dessen *Brief Lives* Chatwin als einen Pfeiler seiner Bibliothek bezeichnete. Der im siebzehnten Jahrhundert lebende Biograph und Altertumsforscher John Aubrey – ein ideenreicher Mann und gelehrter Archäologe – hatte auf Chatwin einen ebenso weitreichenden Einfluß wie die Autoren der Reise-, Geschichts- oder Abenteuerbücher, die – wie eher zu erwarten – in der Bibliographie von *In Patagonien* aufgeführt sind. Aubrey liebte Essen und Trinken und Klatsch: er hatte seinen schmalen Band *Brief Lives* über Dichter, Philosophen, Kleriker, Reisende, Gelehrte und Theoretiker Hals über Kopf geschrieben, oft nach einer durchzechten Nacht; er war zugänglich, lebhaft und freimütig. »Ein besseres Beispiel für einen prüden, unhöflichen, böswilligen, anmaßenden und stolzen Zeitgenossen kann wohl kaum gefunden werden«, schrieb Aubrey über den Sekretär des Grafen von Oxford. »Keine Vernunft wird ihm gerecht, doch er denkt zu hoch von sich, und seine saure Miene würde die Milch in der Brust einer schönen Dame gerinnen lassen.« Chatwin geht mit seinen Sujets weniger ungezwungen um, und er formuliert sorgfältiger. Aubrey behauptete, daß er »alles übereilt niederschrieb, als wäre es aus einem Sack gepurzelt«. Gleichwohl ist *In Patagonien* von Aubreys biographischer Kürze geprägt: Lebendigkeit und Würze werden mehr geschätzt als Ausführlichkeit; es gibt keine Moralpredigten und viel Humor; wichtige Ereignisse und Nebensächlichkeiten, persönliche Ticks und politische Programme werden in einem Atemzug erörtert, Anekdoten und Beobachtungen aus erster Hand haben den Vorrang vor Dokumentarischem.

Einen deutlicheren Einfluß übten Spezialisten für kurze Sätze und knappe Äußerungen auf Bruce aus. Er setzte oft Punkte, um Weitschweifigkeit und Qualifizierungen vorzubeugen, und sprach im Zusammenhang mit seinem Stil öfter von Hemingway. Bewundernd, manchmal überschwenglich, sprach er auch von Noël Coward: »Autoren, die Dialoge schreiben wollen, kann ich nichts Besseres empfehlen als die Frühstücksszene in *Private Lives*.« Cowards leise Wehmut und seine schonungslosen, witzigen Understatements sind in Chatwins Prosa wiederzuerkennen, gelegentlich auch Hemingways Schroffheit. Doch sein Vokabular war selten komprimiert. Als Bruce seinen Stil als »karg und ausgefeilt« beschrieb, sagte er nur die halbe Wahrheit. Seine Syntax mochte verknappt sein, seine Wörter waren nicht – oder nicht nur – schlicht. Er liebte die vielfältigen Spezialbegriffe von Flora und Fauna. In seinem ersten Buch kommen »das Toxodon, das Astrapotherium, das Su, der Wassertiger und das Yemische, ›eine Art Ghul‹«, vor; bei dem Versuch, den Albatros zu identifizieren, der von dem »Alten Matrosen« erschossen wird, erwähnt er, daß einer der Kandidaten, der »Rußige Albatros«, auch »Prophet« oder »Stinkpot« genannt wird, während der andere, der »Schwarzbraune Albatros«, manchmal als »Mollymauk« auftritt. Und Bruce verfügte über eine ungeheure Farbenpalette. Für *In Patagonien* wählt er Kobaltblau und Türkis, Stahlblau und Saphirblau, Porzellanweiß und Papierweiß, Silbergrau und Graugrün, Weinrot, Blutrot und Scharlachrot; ein siebenzeiliger Absatz enthält Purpurrot, Orangerot, Zitronengrün, Lila und Rosarot. Seine Prosa ist zugleich nüchtern und aufwendig: ihre Vielseitigkeit und ihre Widersprüche führten ihm Leser zu, die sich mit seinem Stil und mit dem, was er ihnen von seinem Leben vermittelte, identifizierten. Die Wege einiger dieser Leser haben sich mit Chatwins Weg gekreuzt und Zufälle herbeigeführt, die er für einen Roman hätte verwenden können.

Da gibt es zum Beispiel die Geschichte eines jungen Mannes

namens Nicholas Rankin. Wenige Tage nach der Invasion auf den Falkland-Inseln am 7. April 1982 recherchierte Rankin in der geräumigen Bibliothek von Canning House in Belgravia – einem Zentrum für Britisch-Lateinamerikanische Gesellschaften – die Hintergründe des Krieges. In der Abteilung Patagonien/Argentinien entdeckte Rankin, der später eine Biographie über Robert Louis Stevenson schreiben sollte, mehrere Bücher über Patagonien – einem Hinweis zufolge eine »Schenkung Bruce Chatwins an Canning House«. Bruce trennte sich leicht von seinen Büchern. Als Rankin da saß und las, hörte er, wie Chatwin sich im unteren Stockwerk vorstellte und erklärte, er müsse für einen Vortrag beim BBC World Service (für den Rankin heute arbeitet) Nachforschungen anstellen. Er fragte, ob er die Bibliothek benutzen könne. Rankin, ein Argentinien-Kenner und Fan von *In Patagonien*, ging hinunter und stellte sich ihm vor. Bruce trug seinen Lodenmantel, Jeans und Laufschuhe. Er setzte sich an einen Tisch, murmelte vor sich hin und spitzte ununterbrochen seine Bleistifte. Später, im Pub The Star um die Ecke von Canning House, ließ er wie üblich eine Flut von Geschichten vom Stapel: in diesem Fall ging es größtenteils um Leichen. Rankin beobachtete, daß Chatwin, wenn er besonders angeregt war, die Gewohnheit hatte, sich am Schenkel zu reiben. Bruce erzählte von John Brown, dem Privatsekretär von Königin Victoria, dessen Leiche exhumiert worden war, und behauptete, einer von Browns Vorfahren sei Geistlicher von Ballater Kirk gewesen. Aber anders als sonst sagte er nicht, daß die Ausgrabung von Edward VII. angeordnet wurde, der nach seiner Thronbesteigung die Knochen des Dieners über den Zaun werfen ließ. Er erzählte Geschichten über Wilfred Thesiger und die Samburu-Krieger, bei denen Thesiger lebte, und er berichtete von einem Mann von der Lloyds Bank, der in Argentinien entführt worden war: die Person, die seine Freilassung aushandeln sollte, wurde von den Entführern auf eine Rundreise durch die Schwulenbars von Buenos Aires geschickt. Insbesondere sprach Bruce über ein Sujet, für das er sich in Patagonien vorrangig interessiert hatte: Butch Cassidy, den Outlaw des Westens, dessen Umtriebe um die Jahrhundertwende zu einem Film verarbeitet wurden und der Bruce zu mehreren seiner Leichen verhalf. Er berichtete über den bolivianischen Präsidenten René Barrientos, der ein übermächtiges Interesse an Cowboys und Indianern hatte und der das Grab von Butch Cassidy ausheben ließ – die Leiche war, wie sich herausstellte, die eines Schweden. Rankin, der sich mit dem Gedanken an einen Roman über Butch Cassidy trug, nahm später erneut Kontakt mit Chatwin auf, um sich weitere Geschichten erzählen zu lassen, von denen sich nicht alle als wahr herausstellten. Da gab es zum Beispiel die unglaubliche Geschichte eines Detektivs der Pinkerton-Agentur, der Sundance Kid in seinem Schlupfwinkel in Cholila aufsuchte und von diesem getötet und verscharrt wurde. Kurze Zeit später tauchte ein weiterer Kundschafter dort auf und wurde von einem Hund mit der Hand des toten Agenten im Maul empfangen – diese Szene stammt aus Kurosawas Film *Yojimbo – Der Leibwächter*. Bruce ließ Rankin auch ein Foto von sich sehen, das er später in eine Postkarte mit Büttenrand verwandelte und seinen Freunden schickte. Es zeigt ihn mit schwarzgefärbtem Haar und einem schwarzen Schnurrbart; er sagte, diese Aufmachung habe ihm als Verkleidung gedient, als er in Brasilien Recherchen für den *Vizekönig von Ouidah* anstellte.

Wenig später rief Rankin in der Wohnung am Eaton Place an. Es meldete sich eine »ziemlich tuntige« Stimme, die ihn wissen ließ, Chatwin sei nicht zu Hause. »Es geht um Butch Cassidy«, sagte Rankin. »Butch Cassidy?« antwortete die Stimme. »Ist der in London?«

Trotz Chatwins Geheimniskrämerei enthalten seine Schriften eine Fülle von Details aus seinem Leben. Hin und wieder überschneiden sie sich mit dem Leben eines anderen. Als er über Robert Louis Stevenson schrieb, ließ er ihn eigene Züge annehmen. Gegen Ende seines Lebens sprach er mit düsterer innerer Erregung von Rimbaud, über den er ein Stück schreiben wollte. Eine frühe Fassung von *In Patagonien* enthält ein anderes Porträt eines Bruce-ähnlichen Mannes in Gestalt eines Anthropologen, der auf der Flucht vor Gemäldesammlungen ist und der von Nomaden, fremden Ländern und den australischen Aborigines fasziniert ist. An den Rand dieser Absätze hatte Bruce »Streichen?« geschrieben, was ich – irrigerweise, wie es heute scheint – bejahte. Hier sind die Absätze, die sich an Chatwins Bericht über den jungen Feuerländer anschlossen, der 1830 auf der HMS *Beagle* nach England gebracht wurde; von der Schiffsmannschaft wurde er »Jemmy Button« genannt:

An dieser Meerenge sterben
Als ich in einem Bücherschrank einer englischen Estancia zwischen unberührten Ausgaben von Scott und Bulwer-Lytton und Leitfaden zur körperlichen Ertüchtigung aus der Zeit Edwards VII. stöberte, stieß ich auf ein Exemplar von *Spencer's Last Journey*.

Baldwin Spencer, auf Fotografien ein adretter junger Mann und Athlet, studierte in den achtziger Jahren des letzten Jahrhunderts Biologie in Oxford. Er nahm an Debatten über Darwins Ideen teil und hielt vor der Royal Society eine Rede über das Scheitelauge von Echsen. Er wurde zum Professor für Biologie in Melbourne ernannt und fühlte sich zu den australischen Wüsten hingezogen. Mit der Hilfe seines Freundes F. J. Gillen gewann er das Vertrauen der australischen Eingeborenen. Vierzig Jahre lang zog er durch die dornigen Einöden, von der Großen Australischen Bucht bis zum Carpentaria-Golf, und zeichnete das Leben von Steinzeitmenschen auf. Seine Entdeckungen lieferten Sir James Frazer das Rohmaterial für seine Theorie des Totemismus. Er beriet die australische Regierung bei der Ansiedlung dieser primitiven Nomaden, doch er selbst konnte nicht seßhaft werden.

Mit neunundsechzig Jahren sah Baldwin Spencer aus, wie ein englischer Anthropologe aussehen sollte – sonnenverbrannt, mit silbrigem Haar, sensiblen Händen und Tweedanzügen. Doch etwas in ihm rebellierte gegen seine akademischen Auszeichnungen, seine Ritterwürde, die Sorge seiner Familie um seine Gesundheit, seine eigene Gemäldesammlung und die staubigen Museen. Er hatte den Ruf des fernen Südens gehört.

Er schiffte sich mit seiner Sekretärin nach Punta Arenas ein.

Es war sein Ehrgeiz, Darwins Spuren zu folgen. Als Vorwand diente ihm, die letzten von Jemmy Buttons Volk mit den australischen Aborigines vergleichen zu wollen, und seine eigentliche Absicht war es, in ihrer Mitte zu sterben.

Es war Winter, als sie die Meerenge von Murray erreichten. Eingeschneit in einer Hütte auf Hoste Island, wohin er sich begeben hatte, um eine Schamanin zu interviewen, verbrachte er die letzten Tage seines Lebens damit, die Flügelmuskeln einer Dampferente zu sezieren und seinen geliebten Charles Lamb zu lesen. Sein Tagebuch überliefert in sorgfältiger Prosa die Verwandtschaftsbeziehungen der Yaghan, die lateinischen Namen der einheimischen wilden Tiere und Pflanzen, Landschaftsbeschreibungen von der Art eines Aquarellisten und den Ausbruch seiner Krankheit: »Den ganzen Tag und die Nacht lang nichts als farblose, geruchlose, schleimige Flüssigkeit ausgeschieden.«

Sir Baldwin Spencer starb am 14. Juni 1929 um 12.30 Uhr in der Hütte an Angina pectoris. Seine Leiche überstand einen fürchterlichen Sturm auf See und wurde auf dem Britischen Friedhof in der Nähe von Charlie Milward beigesetzt.

Auch unmittelbar autobiographische Bruchstücke wurden aus frühen Fassungen von *In Patagonien* entfernt. Die ursprüngliche Version des Eröffnungskapitels enthielt so viele Anekdoten und Beschreibungen, daß schwer zu erkennen war, was das Buch dem Leser sagen wollte: es war eine Folge von lebendigen Augenblicken. Als Bruce und ich die Seiten durchkämmten, stellten wir eine gründlich durchdachte Liste von allem auf, was beibehalten werden mußte. Vom Eröffnungsteil blieb im wesentlichen nur die Geschichte von einem Jungen, einem Brontosaurus und einem fernen Land. Bruce' fesselnder Bericht über seine Kindheit wurde fast ganz gestrichen.

3
Schulzeit

Das Haus meiner Großmutter in einem Vorort von Birmingham stand abseits von der Straße hinter einer gelbgesprenkelten Lorbeerhecke. Es war aus dunkelroten Backsteinen, hatte hohe Schornsteine und dunkelgrün gestrichene spitze Giebel. Es war im Garten, inmitten blutroter Rosen, wo ich erfuhr, daß mein Vater, der gelegentliche Besucher in Dunkelblau und Gold, wieder einmal meine Banane nicht mitgebracht hatte aus dem Land, wo die schwarzen Menschen wohnten. Er hatte schon einmal versucht, mir eine Banane mitzubringen. Dieses Mal hatte er ein Büschel grüner Bananen in einem wasserdichten Behälter hinter seinem Schiff hergezogen. Wieder waren sie verfault. Ich hatte Gipsbananen in Läden gesehen, in denen ein paar verschrumpelte Kriegsäpfel verkauft wurden. Nachts stellte ich mir vor, wie Bananen wirklich schmeckten. Ich beneidete die schwarzen Menschen, die den ganzen Tag lang Bananen aßen. Als nach dem Krieg die ersten Bananen eintrafen, versuchte ich, eine zu essen, und mußte mich übergeben. Ich erinnere mich an den Hauch von Anglikanismus in dem düsteren Haus. Ich erinnere mich an Schiffsmodelle, an unverwüstlich immergrüne Pflanzen, an Fotografien von *Aireymouse*, dem Zweimaster der Familie, der seinen Klipperbug in eine ruhige See tauchte, und an ein Gemälde mit blauen Sturzwellen, die sich an einem Strand brachen. Meine Großmutter saß unbeweglich in einem breiten Lehnstuhl. Die Möbel um sie herum schienen für Riesen gemacht worden zu sein.

So begann *In Patagonien* in einem von Bruce' Entwürfen. Teile dieser Beschreibung erschienen in der veröffentlichten Version, über den ersten Abschnitt verteilt und leicht umformuliert. Andere Teile wurden von einem Entwurf zum andern entfernt, zusammen mit weiteren Anekdoten über seine Familie und Kindheit. Bruce war von seiner eigenen Kindheit und seinen Vorfahren fasziniert; sein Wunsch, England hin und wieder den Rücken zu kehren und einer vertrauten Umgebung zu entkommen, wurde begleitet, vielleicht sogar hervorgerufen von der Beschäftigung mit seiner Herkunft, die er selbst einmal als »morbid« bezeichnete. Er fand eine Metapher für seine widersprüchlichen Passionen in seinem Familiennamen, den er auf ein angelsächsisches Wort mit der Bedeutung »ein sich schlängelnder Aufstieg« (»ein sich schlängelnder Pfad«, laut Chatwin) zurückführte, eine Ableitung, die ihm eine Zukunft als Reisender verhieß und auch Schlüsse auf seinen späteren Schreibstil zuließ. Solche Koinzidenzen oder Resonanzen schienen Bruce immer in den Schoß zu fallen. Wie konnte jemand, der so redselig war und sich so stark für eineiige Zwillinge interessierte, einen so treffenden Namen haben? Wie war es möglich, daß das letzte Haus, in dem der odysseische Schriftsteller lebte, Homer End hieß?

Bruce' imaginäre Welt war von Entsprechungen und Überschneidungen, von magischen Wechselbeziehungen geprägt. Es war eine Welt, in der die Dinge, die er beobachtete und über die er schreiben wollte, einen tieferen Sinn hatten, in der, wie seine Frau es ausdrückte, »alle seine Gänse Schwäne waren«. Wenn er über seine Vorfahren sprach, wählte er bewußt jene aus, die ein ausgesprochen abenteuerliches oder schreckliches Leben hatten: Onkel und andere Verwandte, die die Wüste durchquert, Schiffbruch erlitten oder in Bigamie gelebt hatten. Gelegentlich wurden diese Lebensgeschichten von Bruce ausgeschmückt. Aus der Familie seines Vaters, Knöpfemacher in der Mitte des neunzehnten Jahrhunderts, gingen eine Reihe von Anwälten und Architekten hervor, »Birminghamer Honoratioren«, wie Bruce gern prahlte. Ein unprätentiöser Bericht über das Leben seines Urgroßvaters J. A. Chatwin, geschrieben von dessen Sohn und auf

Privatkosten gedruckt, schildert die Laufbahn eines Architekten, der sich dem Entwurf von Birminghamer Kirchen, Birminghamer Banken, Birminghamer Tunnelbauten und Birminghamer Brücken verschrieben und einen Glaspalast für einen Maharadscha gebaut hatte. Als junger Mann war J. A. Chatwin bei Sir Charles Barry in die Lehre gegangen, nach dessen Entwürfen damals der Westminsterpalast gebaut wurde. In Philip Chatwins kurzem Buch wird auch beschrieben, wie sein Vater einen in dichtem Londoner Nebel verirrten Polizisten und eine angestaute Menschenmenge aus ihrer konfusen Lage erlöste, indem er sich in der Regent's Street an den Häuserfassaden entlangtastete, bis seine Fingerspitzen die vertrauten Kehlungen an der Vorderseite eines von Barry entworfenen Clubs identifizierten.

Diese Geschichte muß Bruce gefallen haben, obwohl er sie in der verwegeneren Lebensbeschreibung seines Urgroßvaters, die er mir in den achtziger Jahren gab, nicht erwähnte. Laut Bruce war J. A. Chatwin Knöpfemacher und mit William Morris befreundet: zusammen mit Morris hatte er an der Vergrößerung dessen, was der Birminghamer Dom werden sollte, gearbeitet – und auch mit ihm darüber korrespondiert –, doch die Knöpfehersteller waren der Vater und Bruder dieses Chatwin gewesen. Laut Bruce wanderte sein Urgroßvater zu Fuß von Birmingham zum Londoner Büro von Sir Charles Barry, wo er mit der schlichten Erklärung: »Ich kann zeichnen« um Arbeit bat. Philip Chatwins Buch zitiert einen Brief Barrys, in dem dieser Chatwins Anstellung auf Probe akzeptiert. Von einer Fußwanderung ist jedoch nicht die Rede. Laut Bruce war er dank der Jahre, in denen er komplizierte Muster auf Perlmuttknöpfe zeichnete, imstande, die kunstvollen Zinnen des Oberhauses zu skizzieren: seine Entwürfe lösten ein nachdenkliches, bewunderndes Gemurmel bei John Betjeman aus: »Ah, Chatwin ...«

Bruce schmückte seine Schilderungen, wie sein Bruder Hugh sagt, mit ein »paar zusätzlichen Pauken und Trompeten« aus, die er seinen Geschichten anhängte, und oft hatten sie etwas von der Schwülstigkeit eines Auktionators an sich, der einem Kunstgegenstand eine interessante Herkunft bescheinigen möchte. Hugh selbst wurde in den Erzählungen seines Bruders mit solchen Pauken und Trompeten bedacht: »Er will Großwildjäger werden«, verriet Bruce; an anderer Stelle beschrieb er Hugh phantasievoll als jemand, der zusammen mit einem irischen Arbeiter zurückgezogen in einem überwucherten Cottage im Londoner East End lebte. Der echte Hugh Chatwin ist ein nüchterner Kopfarbeiter – dunkler, rundlicher und mit einem Blazer sportlicher gekleidet als sein Bruder, doch er hat eine verwirrend ähnliche Stimme und einen kühnen Geist. Als Michael Ignatieff auf einer PEN-Veranstaltung im Gedenken an Bruce seinem Freund liberale Skepsis unterstellen wollte, stand Hugh auf, um ihm zu widersprechen.

Bruce schrieb seinem Urgroßvater das eigene wache Auge und die Fähigkeit zu ausgedehnten Wanderungen zu; wenn er von seiner Großmutter mütterlicherseits sprach, hob er ihre Wesensverwandtschaft mit Zigeunern hervor, die sich in ihrer Liebe zu Wahrsagern und zu Pferden, in ihrer dunklen Haut, ihrer langen Nase und den großen Ohrringen ausdrückte. Ein liebevolles Porträt dieser Großmutter und ihres Ehemanns gehörte zu den Passagen, die aus einem Entwurf von *In Patagonien* entfernt wurden:

> Meine Großmutter mütterlicherseits war sehr schottisch, aber sie gehörte zu der verschwörerischen Gemeinschaft von Kicherern. Manchmal kicherten sie und meine Mutter so laut und so stark, daß sie beinahe umfielen. Sie verfügte über eine erstaunliche Skala von Metaphern. Furzen war »Schmeißfliegenduft«. Wenn ihr jemand mißfiel, sagte sie: »Diese Frau hat ein Gesicht wie ein Bullenhintern, aber keinen Schwanz, um es zu verstecken.« Ich gab ihre Bonmots im Kindergarten wieder und fand das sehr komisch. Gewöhnlich trug sie einen Cairngorm, einen gelblichen Edelstein, den ihr Vater getragen hatte, als er im Alter von zweiundsiebzig Jahren bei den Braemar-Spielen im Baumstammwerfen gewonnen hatte und einem Schlaganfall erlag... Mein Großvater, Sam Turnell, war ein dünner Mann mit unendlich traurigen Augen. Seine Mutter hatte ihn dazu erzogen, nutzlos zu sein, was so lange möglich war, bis er von der Wirtschaftskrise ruiniert wurde.

Diese Vignetten über seine Kindheit enthielten keinerlei Angaben, wie sie biographische Lexika verlangen: Tag und Ort seiner Geburt (13. Mai 1940 in Sheffield) fehlten, ebenso der Beruf seines Vaters (Anwalt), der Mädchenname seiner berufslosen Mutter (Margharita Turnell), seine Stellung innerhalb der Familie (er war der um vier Jahre ältere von zwei Brüdern) und seine schulische Laufbahn: verschiedene Kindergärten, dann eine vorbereitende Schule – Old Hall in Wellington, Salop – im Alter von sieben Jahren, und das Marlborough College. Wenn er seine ersten Lebensjahre wachrief – in *Traumpfade*, in *In Patagonien*, in journalistischen Arbeiten, in Gesprächen –, verweilte er bei seinen Erinnerungen an die Kriegszeit, als sein Vater bei der Marine war. Er beschrieb die Frauen, die für den Jungen sorgten und ihm die Zeit vertrieben: seine Mutter und seine Großmutter, die Großtante, die mit so anhaltendem Entzücken den heiligen Sebastian gemalt hatte, sowie die entfernt mit ihm verwandte irische Lehrerin Eleanor Doorly (»meine Leidenschaft«, laut Bruce), die Lehrbücher schrieb – *The Microbe Man, The Ragamuffin King, The Insect Man* – und liberale Lehrmethoden anwandte, wenn sie ihre mit Mützen und Handschuhen bekleideten Internatsschüler aufforderte: »Geht und betet unter einem Baum zu Gott.« Eine andere Großtante löste in ihrem jungen Neffen einen mächtigen Traum aus, der einen Freudianer in Ekstase versetzt hätte: »Eines Abends, als ich mich im Badezimmer danebenbenahm, rief sie: ›Hör auf damit, sonst holt dich Boney!‹, und dann zeichnete sie einen schrecklichen schwarzen Zweispitz auf ein Stück Papier. Einige Zeit später begegnete mir in einem Alptraum der Hut außerhalb von Hall's Croft, dem Haus von Shakespeares Tochter, öffnete sich wie eine pelzige Muschel und verschlang mich.«

Bruce beschrieb auch, was ihm als sein ständiges Hin und Her mit der Mutter in seinen ersten Lebensjahren in Erinnerung war. Der folgende Absatz aus einer Version von *In Patagonien* unterscheidet sich wenig von Bruce' anderen Beschreibungen dieser Erfahrung, ist jedoch ungewöhnlich für ihn, weil der erste Satz die Worte eines anderen Schriftstellers nachahmt – Wilfred Owens »Mein Thema ist der Krieg und das Elend des Krieges«:

Meine frühe Kindheit war Krieg, und das Gefühl von Krieg. Wir waren heimatlos und dem Schicksal preisgegeben. Mein Vater war auf See, meine Mutter und ich zogen von Ort zu Ort, reisten kreuz und quer durch das England der Kriegsjahre und wohnten bei Verwandten und Freunden. Unsere provisorischen Aufenthaltsorte sind mir nicht so deutlich in Erinnerung wie die Reisen dazwischen. Die Häuser sind unwirklich. Ich habe noch immer einen Schrecken vor dem Zuhause. Die wirklichen Dinge sind das Zuschlagen von Zugtüren, das behagliche Poltern von Eisenbahnwagen, die mokettbezogenen, nach abgestandenem Rauch riechenden Sitze, Segeltuchseesäcke, die durch Fenster geworfen werden, oder das weiße Lächeln eines schwarzen G. I.s von der anderen Seite eines schlechtbeleuchteten Bahnhofs her. Meine Welt bestand aus Panzertruppen, Suchlichtern in einem Nachthimmel, Kantinen mit dampfenden Teekannen, Büchsenfleisch und Zuckerbrötchen. Ich erinnere mich an einen Kommandoraum mit Landkarten, Flugzeugmodellen und uniformierten Frauen, aus deren Nacken Telefone hervorragten. Ich glaube mich auch zu erinnern, daß die Worte »Wir haben einen großen Sieg errungen« aus einem braunen Plastikradio auf der linken Seite eines verdunkelten Zimmers drangen und daß ich mich an Großmutters Beine klammerte, als sie und meine Mutter tanzten. Aber das war lange vor meinem dritten Geburtstag. Mit Sicherheit erinnere ich mich an die Flotte, eine Reihe von silbergrauen Schiffen und Sperrballons, die am Horizont entlangzogen, und ich weiß noch, wie ich am Strand saß, als ein deutsches Jagdflugzeug aus der Sonne auftauchte.

Wenige Jahre nach seinem Tod interpretierte der *Evening Standard* eine von Bruce' Kindheitserinnerungen – »Ich lebte in NAAFI-Kantinen und wurde wie eine Teekanne herumgereicht« – hämisch als ein Eingeständnis sexueller Promiskuität.

Natürlich gab es nicht nur Bewegung in Bruce' ersten Lebensjahren, doch es war das Umherziehen, an das er sich erinnerte und das sein Gefühl prägte für das, was er einmal werden sollte. Diese

Jahre waren vom Vokabular der Kriegszeit gezeichnet. Als er vor der Geburt seines Bruders zum erstenmal einen Kindergarten besuchte, wurde er von einem imaginären kleinen Freund namens Tommy begleitet, über den er oft sprach, wobei er seiner Mutter »ausgefallene Dinge« erzählte. Die private Kleinkinderschule, die er in Crescent Hill, Filey, besuchte – deren Blazer für dreizehn Shilling und einen Sixpence und Mützen für eine halbe Krone gekauft werden konnten –, hieß »Blue Bird School«. Hier, in »dem herrlich gelegenen« Haus und Garten, wurden Chatwin und seine Altersgenossen in der Bibel und in Arithmetik, in Geographie und Naturkunde, in der Schauspielkunst und im Handwerk unterrichtet, wobei sie »mit Hilfe attraktiver moderner Lehrmethoden besondere Aufmerksamkeit und eine sorgfältige Erziehung« erhielten. Die Schule war ebenfalls stolz auf ihren »ausgezeichneten Luftschutzraum«. Als der kleine Bruce die Banner bewunderte, die zur Begrüßung heimkehrender Soldaten über den Türen aufgehängt waren, befestigte seine Mutter zwischen zwei Bäumen ein Badehandtuch und beklebte es mit Buchstaben, die der kleine Odysseus buchstabieren mußte: »Willkommen zu Hause, Bruce.«

Bei seinem ersten Urlaub von der Kriegsmarine fand Charles Chatwin in Birmingham ein Haus für seine Familie, wo sie drei Jahre lebte. 1947 zog sie rund zwölf Meilen südlich der Stadt aufs Land, an einen Ort mit dem verwirrenden Namen »Brown's Green«. Hier, auf einem großen Anwesen, im Schatten eines Herrenhauses, das angeblich für jeden Tag des Jahres ein Fenster hatte, bewohnten die Chatwins einen kleinen Bauernhof, wo sie Schweine und Geflügel, Katzen und vorübergehend auch eine Staffordshire-Bulldogge hielten, und sie sagten gern, daß sie »in einer Lichtung im Wald von Arden« lebten. Hier verbrachte Bruce in den vierziger Jahren eine Kindheit auf dem Land und am Wasser: er ging angeln, dämmte Bäche ein und nahm auf einem nahegelegenen Stausee an Segelwettbewerben teil. Er radelte mit seinem Bruder durch die Gegend, sie trugen Pfarrbroschüren aus, wanderten mit der Sau, die dem Käufer geliefert werden mußte, die Straße entlang und entwarfen und bauten Katamaran-Modelle. Bruce, der »Das Walroß und der Zimmermann« seit langem auswendig kannte, fand Gefallen an der »Blumenfeen«-Reihe, jener hübschen Taschenbuchkollektion mit illustrierten Gedichten, in der ein wasserfarbener Elf, dessen Gesicht aus einem Kreis von Blüten und Blättern herausragt, über die Eigenschaften von Blumen spricht:

Scilla, Scilla, sag mir genau,
warum bist du nur so blau?

Es gab die Blumenfeen aus der Waldung, aus dem Garten, aus den Bergen und den Tälern.

Für Bruce war die Arden-Idylle vorbei, als er in ein vorbereitendes Internat geschickt wurde. Es gibt zwei stark voneinander abweichende Versionen über sein Verhalten, als er sein Zuhause zum erstenmal verließ. In der Erinnerung seiner Mutter war er unbeschwert, und einer der ersten Briefe ihres Sohns aus seiner neuen Schule Old Hall hört sich quietschvergnügt an:

Liebe Mama, lieber Papa,

mir gefällt es hier ausgesprochen gut, und ich gewöhne mich leicht ein ... Ich habe bereits ein paar neue Freunde. Mit Edwards komme ich sehr gut aus. Ich habe auch einen Freund, der Ghalib heißt und einen Türken zum Vater hat. Das Essen in der Schule ist ausgezeichnet, und ich mußte noch nicht in meine Schachtel mit den Süßigkeiten greifen. Gebt Euch keine Mühe, die Hosenklammern nachzuschicken, denn wir radeln in Shorts ... Würdet Ihr mir bitte ein paar Bücher schicken, denn wir müssen jeden Abend eine Stunde lang lesen ... Die meisten Jungen hier spielen Posaune. Aber ich glaube nicht, daß ich genügend Zeit dafür haben werde ...

Doch vierzig Jahre später sollte Bruce in fiktiver Form auf eine viel düsterere Weise beschreiben, was es für ihn bedeutete, das zu verlassen, was er, wie er gern behauptete, immer ad acta legen wollte – sein Zuhause. Im Frühjahr 1988 besuchte ich ihn in seinem Haus in den Chiltern Hills. Er war krank und bettlägerig, aber er schrieb eine Fülle von Artikeln und Kurzgeschichten. Eine handelte von einem Jungen, der ein Internat besucht. Er hatte den Text mit der Hand auf einen der amerikanischen Kanzleiblöcke – hellgelbes Aktenpapier mit grünen Linien – geschrieben, die er immer für seine Entwürfe benutzte. Eines Morgens las er die Geschichte mir und Kevin Volans vor, einem südafrikanischen Komponisten, der sich bei Bruce und Elizabeth aufhielt und dem die Geschichte gewidmet ist. Volans brachte ein paar Einwände gegen den Text vor. Für ihn war zuviel von Hämorrhoiden die Rede, worauf Bruce sofort einen oder zwei Sätze strich. Auch war Volans der Ansicht, daß ein Satz umgestellt werden sollte, und Bruce stellte ihn bereitwillig um, erfreut, daß ein musikalisches Ohr seiner Prosa Gehör schenkte. Dann sagte er, er würde mir die Geschichte zur Veröffentlichung in der *London Review of Books* geben, für die ich damals arbeitete. Das kam einem Geschenk gleich. Ich hatte ihn gedrängt, einen weiteren Artikel für die Zeitschrift zu schreiben, doch das Buch, das er am liebsten besprechen wollte – Anna Achmatowas Briefe –, sollte erst in einem Jahr erscheinen. Ich schickte mich an, die Geschichte auf Bruce' Schreibmaschine abzutippen, die auf dem kleinen Tisch neben seinem Bett stand. Dort lag auch das riesige Manuskript eines anspruchsvollen jungen Romanciers, das Chatwin beurteilen sollte. (»Ich habe es nicht gelesen, er glaubt, ich wäre im Ausland. Sage ihm nichts, wenn du ihn siehst.«) Als ich die Schreibmaschine zu mir heranzog, fiel ein kleines Gemälde, das einen indischen Musiker mit lohfarbenem Hemd und orangeroten Hosen darstellte, auf die goldgerahmte Vorderseite; es hatte wie eine Postkarte an der Schreibmaschine gelehnt. »Tu es woandershin«, sagte Chatwin. »Es ist dreißigtausend Pfund wert.«

»Der siebte Tag« erschien in der Ausgabe vom 2. Juni 1988. Anders als zahlreiche Geschichten, die er damals schrieb, wurde sie nicht in *Was mache ich hier* aufgenommen – eine Sammlung von Texten, die unter Chatwins Aufsicht zusammengestellt und im Mai 1989, vier Monate nach seinem Tod, veröffentlicht wurde –, und sie ist nie in einem Buch erschienen. Es ist eine düstere, quälende Erzählung, in der die Erfahrungen eines Jungen apokalyptische Dimensionen annehmen und in der Skatologie zu Eschatologie wird. Der Titel beruft sich auf die letzten Zeilen, in denen eine Krise auf biblische Weise dargestellt ist. Der kleine Junge, der an Verstopfung leidet, läßt sich von seinen Klassenkameraden überzeugen, daß er, wie schon ein anderer Junge vor ihm, in sieben Tagen sterben wird. Wie im 1. Buch Mose wird für jeden vergangenen Tag ein Tribut gefordert. Doch der größte Teil dieser kurzen Erzählung – knapp 1100 Wörter – handelt vom Alltagsleben des Jungen, der keinen Namen hat. Er ist acht Jahre alt, hat blondes Haar, ist dünn und kommt aus Birmingham. Sein Vater war während des Krieges auf einem Minensuchboot, und danach bessert er seine Einkünfte mit der Zucht von ein paar Schweinen auf. Der Junge wird von Ängsten heimgesucht; er fürchtet sich vor der Rückkehr ins Internat und wird krank, um ihm fernbleiben zu können:

> Er haßte die Schule, weil ihn dort niemand in Ruhe ließ. Weil er so dünn war, haßte er es, vom Direktor zur Schlafenszeit gekitzelt zu werden. Er haßte den Jungen, der seine Murmeln gestohlen hatte, und er haßte den Jungen, der ihm mit seiner Haarbürste die Brust rieb. Kaum war das Licht gelöscht, flüsterten sich die anderen Jungen ihre Zukunftspläne zu. Sie wollten Frauen und Kinder haben. Er versteckte sich unter dem Bettlaken und sah sich als einzigen Überlebenden nach der Bombe. Er sah sich, in weiße Kleider gehüllt, durch eine verkohlte Landschaft wandern.

In der Erzählung werden zwei düstere Landschaften beschrieben: die Kühltürme und Schornsteine und der Rauch des Black Country, die der Junge als tröstlich empfindet, und der öde, geschwärzte, von Bomben dem Erdboden gleichgemachte Ort seiner Alpträume, wo er eine Frau sucht, aber nur eine zusammengeschrumpfte Person findet, »die eine dicke braune Flüssigkeit in einem Topf« umrührt.

Hinter der Fiktion von »Der siebte Tag« tritt Autobiographisches deutlich hervor. Bruce beschreibt darin nicht nur die wirklichen Ereignisse seiner Kindheit, sondern auch Vorfälle, die für ihn von Bedeutung waren und auf die er sich oft berief. Der Junge bekommt vom Postboten zu Hause ein Buch geschenkt, »einen Bericht über die Missionstätigkeit Sir Wilfred Grenfells in Labrador«. Der kleine Bruce erhielt ein Buch zum selben Thema von seinem Postboten, als er in Filey lebte. Es hieß *The Fisherman's Saint*. Der Junge ist entsetzt über den Guy-Fawkes-Abend an seiner Schule, an dem aus Kürbissen gefertigte Konterfeis auf einem Feuer verbrannt werden: »Ein Konterfei war Mrs. Attlee mit einem Vogelscheuchenhut. Mr. Attlee hatte Hitlers Schnurrbart. Er haßte die Lehrer, weil sie die Jungen aufwiegelten. Er zog sich in die Dunkelheit zurück und weinte um Mr. Attlee.« Bruce sagte immer, dieses Aufhetzen der Jungen gegen die Labourpartei sei für seine politische Einstellung entscheidend gewesen. Seit er um Mr. Attlee geweint habe, fühle er sich »moralisch verpflichtet – es *mußte* sein –, Labour zu wählen ... Und nie, nicht einmal in meiner kapitalistischen Phase, war ich imstande, die Konservativen zu wählen.«

Die düstere Stimmung dieser grausamen Geschichte läßt sich nur zum Teil auf Chatwins frühe Erinnerungen an die Schule zurückführen. Der Text entstand in den letzten zwölf Monaten seines Lebens und ist von den Ängsten dieser Zeit gezeichnet. Bruce setzte sich damals mit religiösen Fragen auseinander, wie er es eine Zeitlang während seiner Schuljahre getan hatte. Er litt infolge der Krankheit an Verdauungsstörungen. Er sprach davon, zum Sterben in die Wüste zu gehen, und er diskutierte seine Ideen über Paarung, Heirat und Alleinsein. Er wurde angegriffen, weil er sich nicht zu seiner Krankheit bekannte oder weil er nicht über sie berichtete. Er haßte die Aufmerksamkeit, die er auf sich zog. Das Ende von »Der siebte Tag« macht seinen damaligen Geisteszustand deutlich: sowohl ängstlich als auch hoffnungsvoll. Der Junge weiß nicht, was mit ihm los ist, er verabscheut seine Schulkameraden, die zusehen, wie er kämpft. Schließlich wird er gerettet: von einer übermächtigen Aufseherin und – so scheint es – dank seiner eigenen Verschwiegenheit: »Er sagte kein Wort über die blutrote Schwellung, und bald darauf ging sie zurück.«

Doch wie sehr »Der siebte Tag« auch von den Umständen überschattet sein mag, unter denen Bruce diese Geschichte schrieb – sie wirft auch ein Licht auf seine Einstellung zur Schule. Die Heiterkeit seiner Briefe war vielleicht nicht gespielt, doch sie war keineswegs ohne dunkle Seiten. Sein artiges Verhalten in der Freizeit – als Bruce das vorbereitende Internat besuchte, stickte er Blumen auf eine Garnitur runder weißer Untersätze, die seine Eltern noch nach vierzig Jahren benutzen – war Schwankungen unterworfen. Einige seiner Selbstbeobachtungen wurden vielleicht durch den Religionsunterricht ausgelöst, auf den in der High Church Old Hall großen Wert gelegt wurde. Sein Bruder, der im Bibelexamen gut abschnitt, erinnert sich an gesungene Glaubensbekenntnisse, unzählige Gottesdienste und Bibelstunden und an das ständige Vorhalten der Erbsünde. Einige seiner Verstörungen mögen dadurch entstanden sein, daß er keinen angeborenen Mannschaftsgeist besaß – auch wenn es ihm keineswegs gefiel, den Außenseiter zu spielen. Während seiner ganzen Schulzeit zog er sich in Abständen immer wieder zurück.

Chatwin war für das Marlborough College vorgemerkt worden, als er sieben Jahre alt war. Seine Mitschüler haben die Schule mehr oder weniger begeistert als einen spartanischen Ort mit strengen Sitten in Erinnerung: eiskalte Handtücher am Morgen, ein nahrhaftes Frühstück aus Haferbrei und Heringen, eine Menge Prügel, von Vertrauensschülern verabreicht, und den tagtäglichen Besuch der Kapelle – es gab kaum Katholiken oder Juden. David Nash, später Experte bei Sotheby's, erinnert sich an den »macho-masochistischen Stolz« jener, die, wie Chatwin, in Räumen um den engen, zentralen Schacht der Schule untergebracht waren, wo die Einrichtung »ein wenig unfreundlicher und der Speisesaal noch unangenehmer, unbequemer und einem Trog noch ähnlicher war«. Er erinnert sich auch an die präzis vorgeschriebene Anstaltskleidung: graue Flanellhosen, ein weißes Hemd mit abtrennbarem Kragen, eine giftgrüne Jacke (und ein sehr kratziger grüner Sonntagsanzug), Dufflecoats: »Wenn man es zum Vertrauensschüler gebracht hatte, durfte man eine Weste tragen. Es gab eine genaue Hierarchie von Dingen, die man tragen durfte. Manchmal waren bunte Socken erlaubt, dann wieder durfte man einen Schirm bei sich haben – was als echtes Statussymbol galt.«

»Wenn man wollte, konnte man ein Rugbyfan sein, aber man war nicht dazu gezwungen«, sagt Hugh Chatwin. Sein Bruder verzichtete darauf. Michael Cannon, ein begeisterter Hockeyspieler und künftiger Südamerikaexperte, hatte in einer Schule, die hauptsächlich von Jungen aus dem Süden des Landes besucht wurde, mit Chatwin die Herkunft aus den Midlands gemein. Sie machten zusammen Radtouren: zu den schönen grauen Steinen von Avebury, die laut John Aubrey »das so berühmte Stonehenge an Größe übertreffen, wie eine Kathedrale eine Pfarrkirche«, zu einem mysteriösen prähistorischen Steinbrocken, der Silbury Hill hieß, und nach Stonehenge in einer Mittsommernacht. Sie beteiligten sich an Geländeläufen über flaches Land und durch den Wald von Savernake, deren Ziel ein neolithischer Stein mit dem Namen »Teufelshöhle« war. Der Archäologie wurde in der Schule besonderes Interesse entgegengebracht, vor allem im Haus des Kaplans Perceval Hayman, in dem die weniger beherzten Jungen Zuflucht vor der Härte des Gemeinschaftslebens fanden: die Tochter des Kaplans erinnert sich, wie Chatwin in das elegante Speisezimmer geschlendert kam und versuchte, Elvis Presleys Stirnrunzeln nachzuahmen.

In der Oberprima, als sie sich auf das Abitur vorbereiteten, wurde Cannon und Chatwin ein gemeinsames Studierzimmer bewilligt, das in Chatwins Berichten als dekoratives Detail auftauchen sollte. Es hatte eine Tapete mit grünen und weißen Streifen, purpurrote Vorhänge und italienische Ölgemälde, und es enthielt eine Chaiselongue und einen großen Sessel, den Chatwin aus einem lokalen Trödlerladen abgeschleppt hatte. Dieses Studierzimmer war wie gemacht für einen Jungen, den seine Eltern als einen Leser Edith Sitwells inmitten zahlreicher Nevil-Shute-Bewunderer in Erinnerung haben. Chatwin selbst wußte noch, daß er vom Inhaber des Buchladens von Marlborough zu seinem siebzehnten Geburtstag Sitwells Anthologie *Planet and Glow-Worm* geschenkt bekam. »Was ist ein ornamentaler Einsiedler?« fragte er seinen Lehrer in einer Freistunde, die der Lektüre vorbehalten war.

Einige Erinnerungen an die Schule – »Ich versuchte Latein und Griechisch zu lernen und war immer der Letzte der Klasse« – sind von eindringlicher Klarheit, was in seinen Zeugnissen aber nicht wortwörtlich bestätigt wird. Darin wird er als ein Träumer beschrieben, der sich nicht besonders anstrengt, »ein fröhlicher Student«, der in einer Klasse von dreizehn Schülern den elften Platz einnimmt. Er war kein eifriger Schüler. Keine Eskapaden, sondern Zerstreuungen prägen die Erinnerung an seine Schulzeit: »Es gab jedoch eine ausgezeichnete Schulbücherei, und im nachhinein betrachtet, habe ich mir während dieser Zeit doch einiges an Lektüre einverleibt. Ich liebte alles, was französisch war – Malerei, Möbel, Geschichte, Essen –, und natürlich faszinierte mich der Lebensweg Paul Gauguins.« Von einem seiner Lehrer ermutigt, begann er, Möbel zu sammeln, als er ein Geschäft im nahen Ramsbury besuchte, das zur Hälfte Trödel und zur Hälfte Antiquitäten auf Lager hatte. Er beförderte die Gegenstände auf seinem Fahrrad. Ein selbstsicherer Brief an seine Eltern – mit ein paar Rechtschreibfehlern – bezeugt den Einfluß des Französischen:

> Habt recht herzlichen Dank für die wunderbare Überraschung. Es ist wirklich ein wunderbares Buch, und wenn man es sich genauer ansieht, scheint es noch besser zu sein. Wie viele französische Bücher ist es ausgesprochen intelligent, weil es sich nicht ausschließlich mit den fabelhaften Raritäten befasst, die in Museen hinter Glas verschloßen sind und daher eher langweilig wirken ... Es ist mir in mehreren Punkten zur Hilfe gekommen. Erstens ist es erlaubt, französische Möbel komplett aufzupolieren, und zweitens sind die beiden Stühle eindeutig echt (obwohl ich mit dem Tisch nicht ganz glücklich bin, doch hundert Jahre alte gute Kopien sind heute fast genauso wertvoll). Der zweite Stuhl scheint eine Seltenheit zu sein. Es besteht eine starke Nachfrage nach Louis-XVI-Lehnsesseln mit einer qadratischen Rückenlehne und Schnitzarbeiten von dieser

Qualität und den gewundenen Beinen, und selbst in diesem Buch sind nur wenige so elegant wie meiner.

Dieser Brief deutet auch auf eine mögliche spätere Berufswahl hin. Wenige seiner anderen Freizeitbeschäftigungen ließen einen solchen Schluß zu. Wenn er zu Hause war, stellte der Teenager Blumenarrangements zusammen, und mit sechzehn Jahren gewann er den zweiten Preis des Royal-Lemington-Spa-Gartenbauvereins für eine »effektvoll arrangierte Schale mit Blumen und Laub«. In der Schule spezialisierte er sich darauf, in einem seidenen Morgenmantel und mit schmachtender Stimme Lieder von Noël Coward vorzutragen. In seiner Marlborough-Zeit mochte er weniger den Rock 'n' Roll seiner Altersgenossen als die Lieder, mit denen seine Mutter aufgewachsen war – Fats Waller und Jack Buchanan und auch Coward. Diese Lieder hatten großen Einfluß auf ihn – »His Master's voice« war selbst in seiner Diktion zu erkennen.

»Ist das Lord Chatwins Bruder?« Hugh Chatwin, vier Jahre jünger als Bruce, erinnert sich, diese Frage bei seiner Ankunft in Marlborough gehört zu haben. Diese Äußerung hätte weder Chatwin noch den meisten jungen Aspiranten mißfallen – wenn ihm sein früh entwickeltes aristokratisches Auftreten auch nicht immer dienlich war. Aus einem seiner Schulzeugnisse geht hervor, daß sich ein Direktor über die mangelnde Kontaktfähigkeit seines Schülers Sorgen machte. Mit elf war er »ehrlich und aufgeschlossen, voll des guten Willens. Ich bin von seiner Anständigkeit und Zuverlässigkeit überzeugt. Aber gegenwärtig ist er bei seinen Kameraden nicht beliebt, die ihn offenbar für eingebildet halten.« Der Direktor war zuversichtlich: »Es dürfte nicht schwer für ihn sein, das zu korrigieren, und ich hoffe, daß er es tun wird. Ich habe seinen Kampfgeist beim Boxen sehr bewundert. Er hätte beinahe den Junior Cup gewonnen und wurde nur knapp von einem geschickteren Gegner ausgepunktet, aber es war schön zu sehen, daß er ›zum Äußersten entschlossen‹ war.« Es hat den Eindruck, daß Chatwin, wenn er zum Äußersten entschlossen war, an Popularität gewann. In Wirklichkeit scheint es ihm nicht leichtgefallen zu sein, sich aus dieser Ecke herauszuboxen. Im darauffolgenden Semesterzeugnis heißt es: »Er scheint bei den anderen Jungen etwas unbeliebt zu sein; sie halten ihn für einen Prahler und Wichtigtuer.« Ein Jahr später werfen ihm seine Kameraden »Eigendünkel« vor, anders als seine Lehrer, die »seine fröhliche Natur und seine freimütige, aufgeschlossene Persönlichkeit« loben.

Es sieht so aus, als wäre der wunderbare Knabe Bruce diesem Problem mit strahlendem Lächeln begegnet: für seine teilnahmsvollen Eltern war er während der Schulzeit immer glücklich. Die Fotos zeigen einen heiteren blonden Jungen. Doch es gab immer jene, denen Lord Chatwin, als Erwachsener und als Kind, auf eine zu goldige Art selbstgefällig war. Er war weder ein offen rebellischer Schüler noch ein überempfindlicher Abstinenzler: bei den militärischen Übungen der Combined Cadet Force »leistete er Hervorragendes«. Aber er hielt sich abseits – was einige irritierte, auf andere jedoch anziehend wirkte. Als ich ihn in den achtziger Jahren interviewte und fragte, was er von der Schule gehalten habe, sagte er, er hätte sie »weitgehend ignoriert«. Was seinen Schuldirektor anging, so wurde jedes Problem auf eine für die Public School typische, praktische Weise beseitigt: man übertrug ihm eine Verantwortung, bei der er sich wichtig vorkommen konnte: »Im nächsten Semester werde ich ihm die Aufsicht über einen Schlafsaal geben.«

Manchmal gefiel es ihm, sich abzusondern; es gefiel ihm nicht, von der Bildfläche zu verschwinden. Als Schüler war er ein bemerkenswerter Schauspieler. In Szenen aus dem *Sommernachtstraum* gab man ihm die – seinem Typ überhaupt nicht entsprechende – Rolle des Bottom; in *Was ihr wollt* kehrte er zu seinem Typ zurück: Herzog Orsino war mit ihm treffend besetzt. In *Das weiße Schaf der Familie* trat er als »James Winter, Friedensrichter« auf, und er inszenierte die Farce *Tonnenweise Geld*. Noch heute hängt ein Ölbild mit üppigem purpurrotem und gelbem Laub, das er für die Aufführung malte (»Die Farben gehörten nicht mir, deshalb benutzte ich eine Menge davon«), in der Küche seines Elternhauses. Doch seinen größten Erfolg auf den Brettern hatte er im Alter von vierzehn Jahren in *Die Lästerschule*. Der Kritiker des

Wiltshire Herald and Advertiser schrieb, alle Schauspieler hätten gut gespielt, »möglicherweise mit der Ausnahme Rowleys, der dazu neigte, seine Sätze zu verpatzen, und Crabtrees, der nicht überzeugte und etwas hatte, was man nicht anders als ein fieses Gesicht bezeichnen kann«. Chatwin, der in Sheridans Stück die Busenfreundin von Lady Sneerwell und Sir Benjamin Backbite spielte, erhielt schwärmerisches Lob: »Trotz der ziemlich tiefen Stimme kamen ihre Äußerungen gut über die Rampe, und sie schwebte und wirbelte auf wunderbare Weise über die Bühne. Tatsächlich war es manchmal schwer zu glauben, daß die Rolle von einem Jungen gespielt wurde.« Die Schlagzeile des *Herald* verkündete: »Chatwins Mrs. Candour ein persönlicher Triumph!«

Dem Housemaster gelang es, einige dieser Erfolge mit geschickten Worten gegen seinen Schüler auszuspielen: »Der unumstrittene Erfolg, den er auf der Bühne hatte, zeigt ..., daß er ausgesprochen fähig ist, andere anzuleiten, wohingegen die unumstritten unbefriedigenden Zeugnisse in seiner Akte beweisen, daß er nicht besonders fähig ist, sich selbst anzuleiten.« Doch ein Mitschüler hatte keine Zweifel an Chatwins Fähigkeiten. Nach dessen Tod schrieb Anthony Ellis im *Independant:* »Die Erinnerung an seine Darstellung des Stadthauptmanns in Gogols *Revisor* mit sechzehn Jahren bereitet noch heute heftiges Vergnügen.« Ellis erinnert sich, daß Chatwin – den er für erstaunlich belesen hielt und der »mehr als eine Spur Ähnlichkeit mit Rupert Brooke hatte« – auch Sekretär der Shakespeare-Gesellschaft der Schule war: »Schrecklich exklusiv, die Mitgliedschaft gab es nur auf Einladung (sie anzufordern war tabu).« Ende 1957 legte der Sekretär über die Aktivitäten der Gesellschaft Rechenschaft ab und ließ dabei etwas von der Leichtigkeit erkennen, die ihm von seinen Lehrern vorgeworfen wurde:

> Wir lasen den *Sommernachtstraum* am Ufer des Kennet. Ursprünglich sollten die Mitglieder ihre Rollen auf Bäumen sitzend oder in einem auf dem Fluß treibenden Boot rezitieren. Das konnte nur zum Teil realisiert werden, und es war bedauerlich, daß die Erde ziemlich aufgeweicht war. Doch es war eine höchst

erfreuliche Veranstaltung: die Feen mit ihren tiefen Baßstimmen sangen so bezaubernd, daß selbst die Moorhühner auf dem Fluß den Wunsch verspürten, in den Gesang einzustimmen.

Zu Chatwins Aufgaben im Englischunterricht des humanistischen Zweigs der Unterprima in Marlborough – Durchschnittsalter sechzehn Jahre und elf Monate – gehörten das Verfassen eines Sonetts über den Frühling im Stile Shakespeares, eines Stücks mit dem Titel »Cars and Character« und knappe eineinhalb Seiten über die »Komödiendichterin« Jane Austen. »Sie war auf ungewöhnliche Weise mit ihrem eigenen Geschlecht beschäftigt«, schrieb Chatwin kühn über das von ihm beobachtete eigenartige Phänomen, »denn in *Stolz und Vorurteil* gibt es keine einzige Szene ohne Frauen.« In den fünfziger Jahren waren die Schüler von Marlborough männlich, stammten aus dem Süden des Landes und aus akademischen Kreisen. »Während der Besitzer eines schwarzen – oder, das lassen wir gerade noch durchgehen, mitternachtsblauen oder olivgrünen – Rolls-Royce einen klaren Hinweis auf seine oder ihre gesellschaftliche Respektabilität gibt, ist das bei dem Besitzer eines roten oder weißen Rolls-Royce keineswegs der Fall; höchstwahrscheinlich ist er Grundstücksspekulant in Birmingham«, schrieb der aus Birmingham stammende Schüler. Und Marlborough war traditionell und dem klassischen Studium verpflichtet: ein Ort, an dem Tin Pan Alley zu Gin Lane wurde. »Eine effektvolle Arbeit, von einem ausgeprägten Sinn für Schrecken durchdrungen«, lautete der Kommentar eines Lehrers zu Chatwins löblich aristokratischem Gedicht über einen Arbeiterjungen, für das er die Note Zwei plus erhielt:

Der Halbstarke

Gin war billig, die Sünde allerorten,
das Bettzeug schmutzig und zerfetzt.
Die Mutter starb mit vierzehn Jahren,
kaum war er in die Welt gesetzt.

Die Augen hohl, Schnürsenkel als Krawatt',
das Grinsen scheel, gemein.
So tauchte in Kinos und in Kneipen
tief in die Sünde er ein.

Der schlechte, verlorne Erdensohn,
ein Schurke, dess' Willen aufgeweicht.
Nicht anders kann er als fluchen und trinken,
bis das Verderben ihn erreicht.

Der arme Tor! Der Jüngste Tag
für einen wie ihn mußt' kommen.
Er spürte das Messer in seinem Rücken,
und brach auf der Erde zusammen.

Viele von Chatwins erhaltenen Schulaufsätzen sind routiniert und konventionell. Doch hin und wieder macht sich eine Spur von Originalität bemerkbar. Ein Essay mit dem Titel »Unterwasserschwimmen im Mittelmeer« ist mit seinen Beschreibungen und vagen Exklamationen eher kitschig – »Das Blau war ein Blau, das die Skala einer Malerpalette übertraf... Die Landschaft hatte etwas von einer Vorstellung vom Leben auf einem anderen Planeten« –, jedoch erfüllt von einer trunkenen Freude an Ähren, Korallen, Blumenblättern und Schwämmen, an grünen, orangeroten und rosagrauen Farben. Sein Text »Das Zeitalter Wrens« hat einen Anstrich von jugendlichem Hochmut – Chatwin erwog eine Zeitlang, in die Fußstapfen der Architekten seiner Familie zu treten, aber er hätte die Mathematik nie hinreichend gemeistert. Doch nichts davon läßt auf Nachahmung schließen. Bemerkenswerter ist sein Essay über den holländischen Maler Kees van Dongen. Es war ein Sujet, das ihm lag, auch weil es einen biographischen Zusammenhang gab, der ganz nach seinem Geschmack war: Jahre später, als er die Heldentaten seiner verwegenen Großtante beschrieb, erwähnte er neben ihren verschiedenen bohemehaften Abenteuern auch den Besuch einer Party in Kees van Dongens Pariser Atelier. Die Lebensgeschichte des Malers lieferte ihm auch

Themen, auf die er später immer wieder zurückkommen sollte: Fremdsein, Exil, der Kontrast zwischen Reich und Arm, die Freude an kräftigen Farben, Absurdität, Interesse für Damenmode, Flucht. Trotz seines belehrenden Tons und verschwommener Details kündigt dieses Porträt van Dongens *In Patagonien* an.

> Seine Bilder von politischen Persönlichkeiten sind ein erbarmungsloses Zeugnis, mit dem eine Zeit und eine Klasse verurteilt werden. Mit seinen Bildern schuf er einen Typ von Frau, die diese Zeit denkwürdig macht – die Königin des Boudoirs mit ihrem übertrieben dünnen Körper, in durchsichtigen Tüll gehüllt, mit glitzernden Juwelen behangen und von einer Blässe, die nur durch die klaffende Wunde eines leuchtenden Lippenstifts unterbrochen ist.
>
> Es war seine Kühnheit, mit der er die Zuneigung dieser Menschen gewann, seine kühne Intelligenz, die Sujets seiner Malerei und seine Art, Farben zu verwenden. Einmal mußte er eine Frau malen, gegen die er starke Vorbehalte hatte. Sie bestand darauf, daß er ihr geliebtes Schoßhündchen in das Porträt aufnahm, einen kläffenden kleinen Köter, den van Dongen verabscheute. Er malte ihn grün. Die Frau war wütend und fragte, warum er ihn in einer so abscheulichen Farbe gemalt habe. »Hunde sind von Natur aus nicht grün«, erklärte sie. Er erwiderte: »Warum sollte ich ihn anders malen? Auch Ihr Haar ist von Natur aus nicht violett.« Er wurde zusehends reicher und zog von einem Atelier ins andere; alle strömten zu seinen Partys. Urplötzlich sagte er sich von der feinen Gesellschaft los, kaufte ein Bauernhaus in der Provence und malt seitdem, was er malen will. Keins dieser Bilder ist je ausgestellt worden, und er beteuert, das werde sich bis zu seinem Tod nicht ändern; dieser wird wohl noch viele Jahre auf sich warten lassen, so viel Lebenskraft besitzt er in seinem hohen Alter.

Als diese Essays geschrieben wurden, hatte ihn ein anderes Erlebnis überwältigt. Dem Zauber des Auslands wurde Chatwin Hals über Kopf ausgesetzt, als er gerade dreizehn war. Nachbarn seiner

Eltern hatten zwischen ihrem Sohn und einem schwedischen Jungen einen Schüleraustausch vereinbart, doch als ihr Sohn an der Reihe war, wollte er nicht verreisen. Chatwin sprang für ihn ein und reiste auf einem Schiff, das *Patricia* hieß. Als Geschenk hatte er Likörpralinen bei sich, die seine Mutter von einer Freundin bekommen hatte. Seinen Eltern zufolge »kam er einen Monat später um ein Jahr älter zurück«.

Schweden übte verschiedenartige Reize auf ihn aus. Chatwin lebte bei der Familie des Politikers Ivan Bratt, dem Schweden die strengen Gesetze zur Restriktion des Alkoholkonsums verdankte. Hugh Chatwin beschreibt ihn als »einen sozialistischen Baron von der wohlhabendsten Art«; seine Mutter freute sich immer wieder beim Anblick eines Fotos, das den älteren Sohn in Begleitung seiner Gastgeber zeigte; es war in einer schwedischen Zeitschrift à la *Tatler* mit der Unterschrift erschienen: »Graf und Gräfin Bratt mit einem durchreisenden Gast.« Die Familie besaß ein Sommerhaus in Nyköping, und gemeinsam besuchten sie Stockholm und Dänemark. Er freundete sich nicht mit dem gleichaltrigen Teenager an, der wie alle Teenager in den fünfziger Jahren jazzte und Kriminalromane las, sondern mit dessen Onkel, der sich in Möbeln und in den schönen Künsten auskannte. Nach seiner Rückkehr nach England schickte ihm Chatwin Exemplare von *Country Life*. Sein Bruder sagt, daß er dort einen Vorgeschmack vom »guten Leben« bekommen habe und »voller Ideen heimkam«. Chatwins eigener Bericht über dieses Abenteuer war vom Licht und vom Müßiggang eines *Kirschgartens* unserer Zeit erfüllt:

> Mit dreizehn fuhr ich im Sommer allein nach Schweden, um mit einem gleichaltrigen Jungen Englisch zu sprechen, dessen Familie in einem schönen Haus aus dem achtzehnten Jahrhundert an einem See wohnte. Der Junge und ich hatten nichts miteinander gemein, aber sein Onkel Percival war ein reizender alter Herr, der stets einen weißen Kittel und einen Sonnenhut trug, und mit ihm spazierte ich durch den Birkenwald, sammelte Pilze oder ruderte zu einer Insel, um die nistenden Fischadler zu beobachten. Er lebte in einer von Lüstern be-

> leuchteten Blockhütte. Er hatte das zaristische Rußland bereist. Er gab mir Tschechow in der Übersetzung von Constance Garnett zu lesen, auch Duff Coopers Talleyrand-Biographie.

Diese Erinnerungen deuten an, daß Bruce sich in ein Land und in einen Menschen verliebt hatte – wenn vielleicht auch nicht in Onkel Percival:

> Am ersten Tag der Krebssaison ruderten wir zu der Fischerhütte hinüber und ruderten zurück mit zwölf Dutzend Krebsen, die wir in einem Fangnetz hinter uns herzogen. Am Abend des gleichen Tages kamen sie aus der Küche, ein scharlachroter, unter Dill begrabener Berg. Vom See reflektierte das nördliche Sonnenlicht in das helle weiße Zimmer hinein. Wir tranken Aquavit aus fingerhutgroßen Gläsern, und wir beendeten die Mahlzeit mit einem Moltebeerenkuchen.

Es hatte fraglos eine Veränderung stattgefunden. Bruce war erwachsener geworden, und diese Episode hatte für seine Einbildungskraft konkretere Folgen, als seine slawisch angehauchte Erinnerung vermuten läßt: Chatwin hatte die Angewohnheit, seine Phantasien und Märchen in Projekte umzusetzen. Dieser Besuch trug dazu bei, seinen Blick für Dinge und seine Vorstellung davon, wie sie aussehen sollten, zu verändern. Er schwärmte für skandinavische Häuser des achtzehnten Jahrhunderts mit ihren klaren Konturen und gescheuerten Fußböden. Ihm gefiel, wie die Schweden Farbe verwendeten. Wenn er ein Möbelstück in Augenschein nahm, wußte seine Frau im voraus, was er sagen würde: »Es sähe ungeheuer schön aus, wenn es einen blaßgrauen Anstrich bekäme.« Dreißig Jahre nach dieser Reise wurde Onkel Percivals Lüster aus der skandinavischen Erinnerung in ein Londoner Apartment überführt: als Chatwin Anfang der achtziger Jahre nach Schweden fuhr, kam er mit einem Kronleuchter aus dem achtzehnten Jahrhundert zurück, der noch heute in seiner Wohnung am Eaton Place hängt. Er lud Howard Hodgkin ein, ihn sich anzusehen: »Er sagte: ›Du mußt draußen warten, während ich ihn anzünde. Er ist wunderschön, man sieht sofort, daß er in einem nördlichen Land hergestellt wurde, wo es Eis und Schnee gab.‹ Es war ein außergewöhnlicher Lüster, doch die Aura, mit der Bruce ihn umgab, wurde durch die Tatsache, daß das Wachs auf den Fußboden tropfte, etwas beeinträchtigt.« Diese Reise war eine von mehreren nach Schweden. Bei anderer Gelegenheit kam er mit einem Farbstoff zurück, der bei schwedischen Scheunen verwendet wird und der, mit heißem Leinöl und flüssiger Rentierseife zu einem Chatwinschen Pudding verarbeitet, an die Fassade von Homer End gestrichen wurde. Dieses Haus aus den dreißiger Jahren, eine ehemalige Schule, ist die Kopie einer amerikanischen Scheune (mit den eigenartigen Bullaugenfenstern der dreißiger Jahre in der Eingangstür) und hat einen Edward-Hopper-Touch; in seiner Schlichtheit hat es auch Ähnlichkeit mit einem Holzhaus im Landesinnern Skandinaviens. Chatwin mochte die hohen Fenster und die Helligkeit, und er mochte es, weil es so unenglisch aussah. Chatwins »Farbstoffpudding« ist es zu verdanken, daß aus dem ursprünglichen Kreosotbraun das für Henley ungewöhnliche Kastanienbraun einer amerikanischen Scheune wurde.

Das Sommersemester 1958 war Chatwins letztes Semester in Marlborough. »Ich hoffe, er wird ein Gebiet finden, wo seine Verve und seine konstruktive Phantasie nicht durch so strenge Anforderungen eingeschränkt werden, wie sie das humanistische Studium stellt«, schrieb ein Lehrer in sein Abschlußzeugnis. Was erhoffte er sich tatsächlich? Chatwins Zeugnisse sind wie Schulzeugnisse in einem Roman – sie sind höflich formuliert und lassen unterschiedliche Interpretationen zu.

Man könnte sie als eine Demonstration schulmeisterlicher Nörgelei ansehen, wobei der künftige Schriftsteller die ihn aufspießenden Pedanten wie ein Schmetterling umflattert: »Er hat Schwierigkeiten, sich Tatsachen zu merken, und allein das Bizarre oder Oberflächliche sagt ihm wirklich zu. Er geht noch viel zu frei mit historischen Fakten um und muß versuchen, sie besser in den Griff zu bekommen.« »Er ist in der Schule und anscheinend auch bei den Hausaufgaben zu oft zerstreut, seine Gedanken schweifen ab, häufig auf interessante, häufig auf irrelevante Weise.« Man könnte die Äußerungen auch als Rechtfertigung einer schulmeisterlichen Wahrnehmungsweise interpretieren. Sie illustrieren auf erstaunlich scharfsinnige und konsequente Weise die Eigenschaften, die die späteren Veröffentlichungen ihres Schülers charakterisieren sollten: »Ausgesprochen lebendig. Ich glaube, daß er vor lauter Bäumen den Wald nicht sieht – für Laienhistoriker letztlich etwas Natürliches.« »Sein Stil ist glatt und elegant, doch er ist noch zu stark an den Nebenwegen historischer Zufälle interessiert. Er würde eher eine subjektive Abhandlung über Julius Cäsar schreiben als eine auf Tatsachen beruhende Schilderung des Gallischen Krieges. Doch wer täte das nicht lieber? Leider wollen die Prüfer Fakten.« Das Wort »vage« taucht in den Kommentaren mehr als einmal auf, eine Definition, die diese präzisen Männer zu verunsichern scheint. »Unbekümmertheit« und »Leichtigkeit« sind verachtenswert. Auch kann man ihre Bemerkungen mit einigem Vergnügen als eine Übung in einem besonderen Prosastil sehen. Die schulmeisterlichen Sentenzen mit ihren ausgewogenen Vorbehalten und vorsichtigen Beurteilungen scheinen sich auf Chatwins lebendigeren Stil nicht weiter ausgewirkt zu haben – es sei denn, sie hätten ihn hervorgerufen. Doch er muß für das Wohlwollen, das allen Beurteilungen – und seien sie noch so entmutigend – zugrunde lag, empfänglich gewesen sein: »Er hat seine literarische Begabung weiterentwickelt«, schrieb ein Lehrer des humanistischen Zweigs der Unterprima über ihn: »Seine Begabung mag unzureichend sein, aber sie ist echt.«

4
Die Welt der Kunst

Chatwins literarisches Talent ging heimliche, verschlungene Wege. Im Winter 1958 wurde er beim Auktionshaus Sotheby's als Botenjunge aufgenommen. Sein Abiturzeugnis hatte für ein Stipendium in Oxford, das ihm seine Lehrer in Marlborough in Aussicht gestellt hatten, nicht gereicht. Sein Interesse an Antiquitäten und Möbeln war unvermindert stark, und ein Freund seines Vaters, mit Verbindungen zum Auktionshaus, leitete ein Vorstellungsgespräch in die Wege. Wie so oft war Chatwins Timing perfekt. Die späten fünfziger und die sechziger Jahre waren für Sotheby's eine Zeit großer Expansion: die Aufhebung der Nachkriegsrestriktionen für die freizügige Bewegung von Geld und Gütern in und außerhalb Großbritanniens, die daraus resultierende Zunahme von Auslandsgeschäften, vor allem in Amerika – 1964 durch den Erwerb des New Yorker Auktionshauses Parke-Bernet besiegelt –, und der plötzliche Anstieg von Preisen impressionistischer Gemälde hatten zur Folge, daß ein kleines Auktionshaus, das seit seiner Gründung in den dreißiger Jahren des achtzehnten Jahrhunderts bis zum Jahre 1920 auf Bücher spezialisiert war, ein Haus von überragendem internationalem Rang wurde. Ein einziger Präsident brachte das zustande.

Peter Wilson, der die Londoner Kunstwelt verändern und eine wichtige Rolle in Chatwins Leben spielen sollte, war 1936 bei Sotheby's eingetreten. Wilson hatte für Kunstwerke ein phantastisches Auge, das sich gut mit Chatwins Auge vertrug. Er hatte das Talent, interessante Experten für Sotheby's zu gewinnen –

Studierte und Charmeure. Und er besaß ein Gespür für Absatzförderung: er machte sich für glamouröse Versteigerungen, schön gestaltete Kataloge und umfangreiche Werbung stark. Er war ein hochgewachsener, fleischiger Mann mit Hängebacken, einer Stirnglatze und makellosen Maßanzügen, und er dehnte die Vokale in die Länge, wie es für die Oberschicht üblich war. In Howard Hodgkins Erinnerung ist er jemand, der nicht besonders gut aussah und keineswegs sexy war, jedoch eine starke Ausstrahlung besaß: »Er hatte die typisch urenglische Blässe, als wäre er soeben unter einem Stein hervorgekrochen, was meines Erachtens vor allem im Ausland sehr gut ankam.« Er hatte eine spitze Zunge und einen Hang zu boshaften Geschichten, und er hatte eine übertrieben salbungsvolle Art, Objekte anzupreisen – Chatwins Nachahmung seines früheren Chefs war gekonnt: »Es ist einfach *herrlich*, wundervoll, oh, es ist einfach *wundervoll*...« Wilson war charmant, und er war frostig. Er kicherte viel, einige seiner Mitarbeiter sahen in ihm einen unentwegt liebenswürdigen Menschen, und er bewerkstelligte Sotheby's Aufstieg in dem gemütlichen Chaos eines winzigen Büros, wo sich staubbedeckte Objekte und Schachteln mit vertrockneten Tulpenzwiebeln häuften. Doch nicht jeder war für seinen Charme empfänglich. Der Kunsthändler Julian Agnew sagte: »Er richtete jeden zugrunde, der in seine Nähe kam.«

Unumstritten sind seine enormen Gelüste beim Handel mit Kunstwerken und die Fähigkeiten, die er dabei entwickelte. Ein guter Kunsthändler sollte wissen, wo sich was befindet, meint Christopher Gibbs, und Wilson »wußte tatsächlich, wo fast alles war. Er pflegte ahnungslose Fürstenfamilien in Deutschland aufzusuchen und in ihren Kellern und Schmuckkästchen und Münzkabinetten und Bibliotheken herumzustöbern.« In echter Händlermanier machte sein kommerzieller Eifer auch vor seinem eigenen Besitz nicht halt, wo immer sich dieser befinden mochte. Kein Gast konnte sicher sein, zwei Nächte hintereinander in demselben Bett zu schlafen; vor seinem Haus in Südfrankreich fuhren Lastwagen vor, um Spiegel und Lüster aufzuladen.

Ebenso unumstritten war seine Unersättlichkeit, die, laut Gibbs, bei Wilson »eine beunruhigende Hochachtung vor Leuten mit enorm viel Geld« zur Folge hatte und die ihn in zwielichtige Regionen führte, was den Kollegen aufgrund seiner entwaffnenden Komik und seines vornehmen Auftretens als Ehrenmann verborgen blieb. 1988 beschrieb Chatwin, wie Wilsons Gier auf einen mit Bruce bekannten Spanier gewirkt hatte:

»Ich habe Sotheby's verlassen«, sagte ich zu dem Herzog von M***

»Das freut mich zu hören«, sagte er lächelnd. »Wir haben eine äußerst unangenehme Erfahrung mit einem Angehörigen des Hauses gemacht. Ich glaube, er hieß Wilson. Er rief an und fragte, ob er meine Sammlung sehen könne. Natürlich habe ich ihn nach *unserer* angenehmen Erfahrung zum Essen eingeladen. Doch er begann mir zu erzählen, welche Summe meine Guardis bei einer Versteigerung erzielen würden. Ich mußte ihm die Tür weisen.«

»Mitten beim Essen?«

»Ja.«

Die Kunstjournalistin Geraldine Norman beschrieb Wilson als einen Mann, der »alle möglichen Schliche in der Kunstwelt kannte«. Auf geschickte Weise umging er juristische und steuerliche Restriktionen und manipulierte ausländische Trusts und Nummernkonten; er wurde mit gefälschten Ausfuhrgenehmigungen und einem Geheimsyndikat in Verbindung gebracht. Norman schrieb über seinen Kunstschmuggel aus Rußland und gab als Gewährsmann einen Angestellten von Sotheby's an, »der die Aktentasche mit goldenen Sovereigns nach Finnland brachte«. 1991, sieben Jahre nach Wilsons Tod, behauptete ein Sotheby's-Administrator, der später zu einer Gefängnisstrafe verurteilt wurde, weil er Antiquitäten im Wert von fünfzigtausend Pfund aus dem Auktionshaus entwendet hatte, Wilson habe seinen Umgang mit Schmugglern aus Italien, der Schweiz und Indien gebilligt.

Jahrelang war eine Geschichte über Wilson im Umlauf, der zufolge er ein Spion der Russen war. Diese Geschichte griff

Chatwin – der behauptete, bei seinen Reisen in Osteuropa sei der britische Geheimdienst an ihn herangetreten – bereitwillig auf, wenn er sagte, bei jeder Entdeckung eines sowjetischen Agenten hätte er mit der Enttarnung seines früheren Chefs gerechnet: »Ich *weiß*, daß er der Dritte/Vierte/Fünfte Mann sein wird ...« Einige Bekannte Wilsons hielten es für unwahrscheinlich, daß er sich überhaupt für Politik interessierte, und sollte er irgendwelche politischen Überzeugungen gehabt haben, hätten es nur die eines Rechtsextremen sein können. Dieses Argument vertrat Wilson selbst, als ihn die hartnäckige Geraldine Norman über seine Aktivitäten ausfragte. Er wies auf das mit Bronzen, impressionistischen Gemälden und exquisiten Weinen ausgestattete Büro: »Er lachte und sagte: ›Halten Sie das für möglich? Ich meine, können Sie irgendwelche Anzeichen für linksgerichtete Tendenzen bei mir erkennen?‹« Welche Anzeichen es auch gegeben haben mag, sie müssen woanders gesucht werden.

Während des Krieges hatte sich Wilson an einer gegen die Japaner gerichteten anglo-amerikanischen Operation des britischen Geheimdienstes beteiligt; er hatte ein Büro mit Guy Burgess geteilt und stand Burgess, Anthony Blunt und Victor Rothschild nahe. Sotheby's offizieller Biograph vermerkt in einer interessanten Fußnote: »Peter Wilson wurde bei Kriegsende tatsächlich aufgefordert, im Stab von MI6 zu verbleiben, und eine Zeitlang war er versucht, das zu tun.« Es ging das Gerücht um, er sei nicht zum Ritter geschlagen worden, weil Regierungskreise zuviel von ihm wußten.

In mehr als einer Hinsicht war Peter Wilson, der Fälschungen erkannte und das Wahre suchte, nicht der, als der er auftrat. Obwohl er verheiratet war und Kinder hatte, war Wilson homosexuell. Der oft wiederholte Ausspruch »Peter Wilsons Jungen« spielt darauf an – aber er wirft auch ein Licht auf Wilsons Fähigkeit, junge Talente für die Firma zu gewinnen, Talente, die meistens männlich, aber nicht ausschließlich homosexuell waren. Seine Persönlichkeit verlieh Sotheby's eine Art Treibhausatmosphäre, die eine Sekretärin der Schottischen Kirche als überaus orchideenhaft empfand: »In Wirklichkeit wurde die Firma von Katholiken und

Schwulen geleitet.« Es war ein Milieu, das Bruce Chatwin faszinierte und das ihn, neben anderen Aspekten des Berufszweigs, letztlich abstieß. Als er am Ende seines Lebens über die Kunstwelt schrieb, war der Einfluß seiner Jahre bei Sotheby's wahrnehmbar, wenn auch nicht explizit: mit *Utz* verfaßte er ein Buch, in dem Kunstwerke mit Schmuggel, Osteuropa und der Idee sexueller Ambiguität assoziiert sind.

Chatwins Anstellung als Bote bei Sotheby's war bescheiden, verlangte jedoch nicht soviel Muskeln, wie die Bezeichnung vermuten läßt. Die jungen Männer in grauen Overalls, die mit ihren kostbaren Objekten durch die labyrinthischen Flure flitzten, die Sotheby's Büros in der St. George Street mit denen in der Bond Street verbanden, hatten nicht viel mit Overallträgern gemein. Die Arbeit eines Boten war an sich nicht gerade beschwerlich – sie bestand weitgehend darin, Gegenstände mit numerierten Etiketten zu versehen und sie vor den Versteigerungen hin und her zu tragen –, aber sie schärfte auf informelle und praktische Weise den Blick für Gemälde und Objekte. Vor der Einführung einer systematischen Schulung – in den siebziger Jahren ein kunstgeschichtlicher Kursus, bei dem Teilnehmer zu Experten ausgebildet wurden, später ein intensives Stipendiatenprogramm für Hochschulabsolventen – war es für Schulabgänger, mehr männliche als weibliche, durchaus normal, mit sechzehn oder achtzehn Jahren in relativ niedriger Stellung bei Sotheby's anzufangen und innerhalb der Firma aufzusteigen. David Nash, Chatwins Freund in Marlborough, der 1961 als Bote in der Abteilung Impressionismus begann und drei Jahre später nach New York ging, um dort die Impressionismus-Abteilung aufzubauen, sollte internationaler Direktor der Abteilungen Impressionismus und Moderne Kunst werden. Chatwins Aufstieg innerhalb der Firma – vom Boten zum Katalogbearbeiter, Experten und Direktor – war ungewöhnlich rasant, aber kein Einzelfall.

In zwei seiner Stellen brachte er es nicht weit. Er wurde kurzfristig als Bote in der Abteilung für Möbel beschäftigt. Auch arbeitete er einige Monate in der Keramik-Abteilung zusammen mit Marcus Linell, der heute mehrere Abteilungen unter sich hat.

Linell, der wenige Jahre vor Chatwin als Bote bei Sotheby's angefangen hatte, begann mit der Katalogisierung von Porzellan und Glas und brauchte einen Assistenten, der die Numerierung der Gegenstände vornahm. Die Arbeit bestand darin, einen Fahnenabzug mit sämtlichen Beschreibungen der verschiedenen Objekte zu nehmen, zu jeder Beschreibung das passende Objekt zu finden, jedes Stück abzustauben, es mit einer Nummer zu versehen und dann auf einem Regal abzustellen, von wo es später zur Besichtigung nach oben gebracht wurde. Besucher, die eine Auktion im voraus besichtigten, mußten umworben werden – und händigten hin und wieder eine halbe Krone als Belohnung aus. Für diese Aufgaben war Chatwin zwar ausgerüstet, aber schlecht geeignet. Er erkannte, ob etwas echt war oder nicht – auch bei Porzellan, das ihn nicht interessierte und über das er sehr wenig wußte: »Man zeigte ihm vier Objekte und fragte, welches das echte sei, und er wußte es immer«, sagt Linell. »Andererseits war er völlig undiszipliniert. An einem bestimmten Punkt mußte ich sagen: ›So geht es nicht weiter – im Hinblick auf Kunstwerke ist er absolut brillant, aber Sie müssen jemand anders finden, dem ich die Numerierung überlassen kann.‹«

Die beiden Abteilungen, in denen Chatwin aufstieg, hatten wenig gemein. Die Objekte in der Abteilung Antiquitäten – mit ihrer überraschenden Vielfalt und ihrer geheimnisvollen Vergangenheit – interessierten ihn schließlich am meisten; die Gemälde in der Impressionismus-Abteilung ermöglichten es ihm, seinen Charakter zu beweisen und an Sotheby's neuer Politik des Geld-Scheffelns teilzunehmen. Die fünfziger Jahre waren eine Dekade der Hochkonjunktur für das Auktionshaus: alles verkaufte sich. Es waren Jahre, in denen die Bilder der Impressionisten und der Frühen Moderne eine dominierende Stellung einnahmen – innerhalb der Firma und in der gesamten Kunstwelt. Als Chatwin um eine erste Unterredung bei Sotheby's nachsuchte, konnte er nicht empfangen werden, weil das Haus mit den ersten Vorbereitungen für eine Auktion beschäftigt war, die für die internationale Entwicklung des impressionistischen Markts ausschlaggebend sein sollte. Er trat seine Stelle in dem Jahr an, als die Versteigerung stattfand.

Die Goldschmidt-Auktion von 1958 beschrieb Michel Strauss, gegenwärtig Leiter der Impressionismus-Abteilung von Sotheby's in London, als »die größte Versteigerung impressionistischer Werke aller Zeiten«. Ein Jahr zuvor war bei einer Auktion moderner französischer Gemälde aus der Sammlung Weinberg das Vorgehen erprobt worden: innerbetriebliches Fernsehen ermöglichte es potentiellen Käufern, die in der großen Galerie keinen Platz fanden, in Nebenräumen das Geschehen zu verfolgen und ihre Angebote zu machen; eine hausexterne Werbeagentur hatte die Öffentlichkeitsarbeit übernommen, die Berichterstattung in der Presse war gewaltig – und die Königin kam in Begleitung von Sir Anthony Blunt einen Tag vor der Auktion zu Besuch. »Die Crème de la crème der Intelligenz, ziemlich gleichmäßig in Wohlhabende und Mittellose aufgeteilt, strömte gestern in Sotheby's Räume«, flötete die *Times*. »Die Szene war außerordentlich belebt und bekam durch ein halbes Dutzend weiblicher Hüte besonderen Glanz – die vielleicht dazu gedacht waren, es mit der charmanten Kleidung der Renoir-Dame auf einem der Bilder aufzunehmen.« Die Weinberg-Auktion war ein Beispiel für Peter Wilsons Flair und effektvolles Auftreten und ein Signal für die Zukunft. Doch es war die Goldschmidt-Auktion, dank deren sich London als Zentrum des internationalen Kunstmarktes etablierte.

Sieben Gemälde – drei Manets, zwei Cézannes, ein van Gogh und ein Renoir – waren für die Auktion am 15. Oktober um 21.30 Uhr angekündigt. Seit dem achtzehnten Jahrhundert war es die erste Londoner Auktion, die am Abend stattfand. Von den Besuchern wurde erwartet, daß sie in Abendkleidung erschienen. Mit einer riesigen Werbekampagne, unterstützt vom Zentralen Informationsbüro, war die Versteigerung einen Monat zuvor in dreiundzwanzig Ländern publik gemacht worden. Als das Interesse des *Daily Express* nachzulassen schien, rief Peter Wilson Lord Beaverbrook an, einen alten Freund seines Vaters. Die anschließende Berichterstattung des Blattes war umfangreich. Der Korrespondent berichtete:

Um 21.35 Uhr erklomm der hochgewachsene, mit einem Smoking bekleidete Peter Wilson, Präsident von Sotheby's und Auktionator des Abends, im Hauptverkaufsraum mit den grünen Wänden die Stufen der kanzelähnlichen Tribüne. Der pausbäckige Wilson blinzelte im grellen Licht unzähliger TV-Scheinwerfer, ließ seinen Blick über das mit Nerzen und Diamanten behangene Publikum gleiten, eher wie ein nervöser Prediger, der seiner Gemeinde zum erstenmal gegenübersteht, und schlug fest mit seinem Elfenbeinhammer auf. Der Schall, von den Mikrophonen verstärkt, ließ die Stimmen verstummen. Dann kam neugierige Unruhe auf, und die Hälse reckten sich, als das erste Gemälde von zwei kirschfarbenen Gehilfen hereingetragen wurde. Es war Edouard Manets Selbstporträt.

Die ersten drei Bilder waren innerhalb von fünf Minuten verkauft, alle für einen erheblich höheren Preis als das Mindestgebot. Der Reporter des *Express*, der gern blumige Schilderungen gab, beobachtete: »Somerset Maugham schüttelte seinen grauen Kopf vor Verwunderung langsam hin und her. Dame Margot Fonteyn in einem schulterfreien nilgrünen Kleid stand auf ihren berühmten Zehenspitzen und reckte aufgeregt den Kopf. Ein eisengrauer Mann ließ sein Monokel auf den Boden fallen.« Cézannes *Garçon au gilet rouge* erzielte den höchsten Preis, der je für ein modernes Bild auf einer Auktion gezahlt worden war, und Peter Wilson schlug Gelächter entgegen, als er mit klagendem Erstaunen rief: »220000 Pfund. 220000 Pfund. Will denn keiner mehr bieten?«

Die Goldschmidt-Auktion warf ihr Licht auf Chatwins Einstieg bei Sotheby's und wirkte sich auf seine dortige Karriere aus. Bis jetzt waren alle Gemälde, die nicht zu den alten Meistern gehörten – von 1800 bis zur Gegenwart –, von einer einzigen Abteilung betreut worden. Der Erfolg der Goldschmidt-Auktion führte zunächst zur Gründung einer getrennten Abteilung für impressionistische und moderne Gemälde und später zu einer unabhängigen Impressionismus-Abteilung. Chatwin wurde der erste ganztags beschäftigte Katalogbearbeiter für Impressionismus. Der Bericht, den er mir über seinen schnellen Aufstieg gab, war einzigartig, voller Anekdoten – und bot ausgezeichnetes Material für den Artikel, den ich für *Harper's & Queen* schreiben wollte. Bei der Ausübung seiner Botenpflichten hatte er sich in der Nähe einer Picasso-Gouache mit einem Harlekin aufgehalten – Gegenstand eines Streits zwischen zwei Besuchern –, als ein Mann an ihn herantrat, »der wie ein Vogelmann aussah und einen blauen Filzhut und Wildlederschuhe trug«. Was wohl ein Vogelmann ist? Jedenfalls fragte ihn dieser, was er von dem Bild halte. Der Bote antwortete, er glaube nicht, daß es echt sei, und wurde aufgefordert, seine Meinung zu begründen. Er hatte recht. Und Glück. Der neugierige Frager stellte sich als der bekannte Kunstexperte Sir Robert Abdy heraus, der die Kunde über den begabten jungen Mann verbreitete und ihm den Weg innerhalb der Firma ebnete.

Wie viele Beschreibungen Chatwins ist dieser Bericht – mit seinen barocken Einzelheiten und der folgenschweren Begegnung – verdichtet und dramatisiert. Er gibt nicht die ganze Begebenheit wieder – und will das auch nicht. Chatwin hatte ein bemerkenswertes Auge für Kunstwerke: er hat es immer gehabt (»Ich weiß nicht, *wieso* ich es weiß. Ich *weiß* es einfach«, hatte der Junge seinem Vater gereizt und verwirrt geantwortet, als er Antiquitäten aussuchte), und deshalb galt er bei Sotheby's als Star. Das »Auge« wird manchmal mit nahezu mystischer Ehrfurcht erwähnt – so in einem Bericht über eine weitere glückliche Begegnung, die Chatwin in der Abteilung für griechische und römische Antiquitäten mit einem Sammler hatte, der anscheinend ein begehrliches Auge auf junge Männer warf.

> Eines Morgens erschien ein anachronistischer älterer Herr in einem schwarzen Mantel mit einem Astrachankragen, einen schwarzen Gehstock mit Silberknauf in der Hand. Seine Sirupaugen und sein gestriegelter Schnurrbart wiesen ihn als ein Überbleibsel des Osmanischen Reiches aus.
>
> »Haben Sie mir etwas Schönes zu zeigen?« fragte er. »Griechisch, *nicht* römisch!«

»Ich glaube schon«, sagte ich.

Ich zeigte ihm das Fragment einer weißgrundigen attischen Lekythos vom Achilles-Maler mit einer sehr feinen Zeichnung eines nackten Knaben in Gold und Sepia. Es stammte aus der Sammlung von Lord Elgin.

»Ha!« sagte der alte Herr. »Ich sehe, Sie haben ›das Auge‹. Auch ich habe ›das Auge‹. Wir werden Freunde sein.«

Er gab mir seine Visitenkarte. Ich beobachtete, wie der schwarze Mantel durch den Gang entschwand:

Paul A*** F*** Bei
Grand Chambellan de la Cour du Roi des Albanais

Manche Kunstexperten glauben, »das Auge« zu haben sei, wie »den Glauben zu haben: man kann nicht erklären, warum man ihn hat oder wie man zu ihm gekommen ist.« Andere sehen das pragmatischer. Michel Strauss, der mit Chatwin in der Impressionismus-Abteilung arbeitete, erklärt: »Man weiß, wie das Werk eines Künstlers aussieht, wie er mit Pinsel, Farbe und Skizzen umgeht. Im Grunde ist es wie mit einer Handschrift – wenn Sie morgens einen Brief bekommen, können Sie an der Schrift auf dem Umschlag erkennen, von wem er ist. Es ist dieses unmittelbare Erkennen, und manche sind sehr langsam und lernen es nie. Andere haben ganz einfach eine natürliche Begabung dafür.«

Es war eine Begabung, die sich praktisch – und finanziell – umsetzen ließ: indem man feststellte, was echt war, und ebenfalls erkannte, was nicht echt war. Alle jungen Anfänger bei Sotheby's – alle, die dazu fähig waren – versuchten, so schnell wie möglich zu lernen, den Unterschied zu entdecken. Strauss schätzte, daß rund zehn Prozent der Bilder, die er bei Sotheby's sieht, Fälschungen sind. Für ihn hat sich das Problem in den letzten Jahren auf die Frage der Zuschreibung verlagert, weil durch die Zunahme wissenschaftlicher Untersuchungen immer mehr Fälle bekannt werden, in denen ein mit einem berühmten Künstler zusammenarbeitender Schüler oder Assistent ein Werk hinterläßt, das im nachhinein mit dem Namen des Meisters signiert wird. Heutzutage müssen Berge von Unterlagen erforscht werden, um solche Fragen zu klären. Vor dreißig Jahren gab es für jeden Künstler nur wenige Experten und wenig dokumentarisches Material, man verließ sich mehr auf seinen Instinkt. Strauss erinnert sich, wie aufgeregt Chatwin und er waren, als sie feststellten, daß zwei Bilder, die angeblich von Jackson Pollock stammten und wenige Jahre nach dem Tod des Malers zum Verkauf eingeliefert wurden, von demselben Fälscher stammten.

Michel Strauss trat im November 1961 der Abteilung Impressionismus und Moderne Kunst als Katalogbearbeiter bei, als Chatwin dort seit etwa einem Jahr arbeitete. Damals war Strauss mit seinem wissenschaftlich-kunsthistorischen Hintergrund eine Ausnahmeerscheinung bei Sotheby's – er hatte Kunstkritiken und nach seinem Hochschulexamen am Courtauld Institute of Art auch eine Forschungsarbeit über den Impressionismus geschrieben –, und sein Kollege begegnete ihm zunächst nicht besonders freundlich. Zu diesem Zeitpunkt waren Chatwins Ambitionen in der Kunstwelt am größten. Gewohnt, der einzige ganztägig beschäftigte Katalogbearbeiter der Abteilung zu sein, war er nicht gerade erfreut, diese Aufgabe mit jemand teilen zu müssen.

Strauss wurde sich dessen sehr schnell bewußt, als die erste Gemäldesammlung nach seiner Ankunft zur Versteigerung eingeschickt wurde. In Somerset Maughams Villa Mauresque in Cap Ferrat an der französischen Riviera hingen Werke von Renoir, Matisse, Monet, Rouault und Toulouse-Lautrec an den Wänden; um Erbschaftssteuern zu sparen, hatte er viele dieser Gemälde auf den Namen seiner Tochter gekauft, der er sie hinterlassen wollte. In seinem geplagten hohen Alter, besorgt über die Nachricht, daß eine Bande von Kunsträubern die Riviera heimsuchte, beschloß er, seine Bilder zu verkaufen. Die Sammlung von Somerset Maugham traf an einem Nachmittag im Januar 1962 bei Sotheby's ein, und Strauss und Chatwin vereinbarten, am nächsten Morgen mit der Katalogisierung zu beginnen. Doch als Strauss zur verabredeten Stunde erschien, stellte sich heraus, daß Chatwin seit fünf Uhr morgens anwesend war und die Katalogisierung bereits abgeschlossen hatte.

Die Auktion fand am 10. April 1962 statt. Picassos *Der Tod eines Harlekin* aus der blauen Periode, das einen Harlekin mit überkreuzten Armen auf einem Bett liegend darstellt und auf dessen Rückseite sich ein weiteres Bild befand, wurde für achtzigtausend Pfund verkauft. Die Sammlung erbrachte insgesamt 523 880 Pfund. »Das ist ziemlich viel Geld für einen einzigen Mann«, lautete Maughams Kommentar. Genau das war der springende Punkt. Als Maughams Tochter von der Entscheidung ihres Vaters erfuhr, ihrer Familie nichts von dem Geld zu geben, klagte sie den Erlös von neun Gemälden bei Sotheby's ein. »Damit haben wir nichts zu tun«, teilte Peter Wilson der Presse mit. »Wenn wir aufgefordert werden, Bilder zu verkaufen, verlangen wir keine rechtlichen Beweise dafür, daß sie dem Anbieter gehören.« Doch Maughams Tochter besaß Quittungen für die Gemälde sowie Briefe, in denen ihr Vater erklärte, sie gehörten ihr, und die Angelegenheit wurde zwei Jahre später ohne Gerichtsverhandlung beigelegt; Maugham kam für die Anwaltskosten auf.

Chatwin hatte Maughams Bilder gesehen, bevor sie zu Sotheby's kamen. Peter Wilson hatte ihm die Rolle eines Gefolgsmanns und Botschafters übertragen und den blonden jungen Mann dazu bestimmt, die Kunden mit seiner Unterhaltung und seinem Charme zu Kauf und Verkauf zu bewegen. Um Maughams Gemälde für eine Auktion bei Sotheby's zu sichern, war Bruce zur Villa Mauresque gereist – diesem Prunkbau mit der Marmortreppe, einer Statue der chinesischen Göttin der Barmherzigkeit und den vier Dachshunden, die nach Figuren aus Wagner-Opern benannt waren. Er fuhr mit dem Auftrag zur Villa, den greisen Schriftsteller aufzuheitern. Peter Wilson hatte ihm geraten, sich unbedingt das Haar zu waschen.

Chatwin, der kein Bewunderer von Maughams Büchern war, erzählte seine Geschichten über die Villa Mauresque mit vielfältigen Abwandlungen. Er hatte die Reise in den Süden, die Gemälde und die aufregenden Verhandlungen genossen. Er war froh über die Gelegenheit, Maugham zu beobachten, der bei einem Abendessen im Hotel Dorchester »eine Geschichte über einen Tempelknaben, sich selbst und einen jungen Elefanten erzählte«. Es gefiel ihm, Maughams Sekretär Alan Searle nachzuahmen, wie er seine Befehle erteilte: »Bruce, lassen Sie Willy doch mit Ihrem Haar spielen.« Aber er fand die Atmosphäre im Umkreis des Schriftstellers »schäbig«, »grotesk« und »düster«. Die Vorstellung von Maughams freudlosen letzten Jahren im Luxus – Streit mit seinen engsten Verwandten, von Speichelleckern umgeben, mit immer tiefer herabhängenden Mundwinkeln – hatte etwas Abschreckendes für ihn, und als er Maughams Enkel Jonathan Hope kennenlernte, sagte er ihm auf der Stelle, was er von den Arrangements seines Großvaters hielt. Er habe das getan, erklärte Chatwin am Ende seines Lebens, damit der junge Mann sich nicht länger von seinen Verwandten beeindrucken ließ, doch Hope, Experte für fernöstliche und andere auserlesene Textilien und Artefakte, war aufgebracht über die Wonne, mit der Chatwin seine Abneigung gegen die Welt Somerset Maughams kundtat.

Eine Zeitlang machte es Chatwin Spaß, als Köder und als Experte eingesetzt zu werden. »Du würdest mit einem Mann, einer Frau oder einem Hund flirten«, warf ihm Howard Hodgkin vor. »Dabei ist es nicht geblieben«, erwiderte Chatwin mit hocherhobenem Kopf. Doch da waren jene, die behaupteten, daß es beim Flirten blieb. »Der Junge ist erstaunlich«, bemerkte ein Kunstkritiker. »Er versetzt so viele alte Millionäre in Erregung und liefert doch nie die Ware.« Er lieferte Erfahrung. Nachdem er mit Michel Strauss ein freundliches und produktives Konkurrenzverhältnis eingegangen war, teilte er die Arbeit in der Impressionismus-Abteilung mit ihm. Sie sahen sich Gemälde an, besuchten Kunden, katalogisierten, verkauften und reisten. »Binnen kurzem wurde ich im Schnellverfahren zum Experten und flog hierhin und dahin, um mich mit einer unglaublichen Arroganz über den Wert oder die Echtheit von Kunstwerken zu äußern. Besonderen Spaß machte es mir, Leuten zu erzählen, daß ihre Gemälde Fälschungen waren.«

Er ging nach New York. »Auf der Park Avenue warf mir eine Frau die Tür vor der Nase zu und rief: ›Ich zeige meinen Renoir doch nicht einem sechzehnjährigen Buben.‹« Er fuhr auch in die Schweiz. Und viele Male nach Paris, wo er half, die verschiedenen

Sammlungen Helena Rubinsteins zu katalogisieren – sie reichten von europäischen Gemälden des zwanzigsten Jahrhunderts bis zu afrikanischer Kunst –, wobei ihm ein Fehler bei der Beschreibung von *Vogel im Raum* unterlief, Brancusis riesiger gebogener Bronzenadel (er vergaß zu erwähnen, in wie vielen Exemplaren die Skulptur existierte), doch der afrikanische Katalog war hervorragend. In Paris, wo er im Hotel Louisiane wohnte – berühmt durch den Aufenthalt vieler Jazzmusiker aus New Orleans –, soll er mit einer lebenden Pythonschlange um den Hals tanzen gegangen sein. Und in Paris suchte er den Sohn jenes Abdy auf, der ihm bei Sotheby's weitergeholfen hatte, ein eleganter Kunsthändler und Ästhet und einer der ersten Sammler von Jugendstilkunst. Mitten in ihrer Unterhaltung bahnte sich der Dandy seinen Weg an einer verzierten Kommode, die an der Wand mit der William-Morris-Tapete stand, vorbei zu einem Regal, von dem er den Granitkopf eines ägyptischen Pharaonen nahm. »Erkennen Sie die Ähnlichkeit?« fragte er seinen Gast. »Betrachten Sie mein Gesicht! Betrachten Sie seinen Kopf!« Chatwin sagte später: »Ich mußte zugeben, daß eine erstaunliche Ähnlichkeit vorhanden war. Ich mußte auch zugeben, daß der Kopf eine Fälschung war.«

Ich hatte auch die Pythonschlange im Verdacht, eine Fälschung, eine exotische Erfindung zu sein. Doch es gab eine Pythonschlange in seinem Leben, die tatsächlich nach Paris reiste. Sue Goodhew, die Schlangen haßt und Chatwins Sekretärin war, bis sie Sotheby's nach einem Jagdunfall vorübergehend verließ, erinnert sich genau. Sie pflegte den Erzählungen ihres Chefs über die Mahlzeiten des Tiers (Mäuse), seine Wohnstätte (ein Koffer neben dem Heizkörper in Chatwins Apartment in Grosvenor Crescent Mews) und seinen Charakter (»schrecklich freundlich«) zuzuhören. Als Chatwin für ein Wochenende verreisen wollte, fragte er sie, ob sie bei ihm vorbeischauen und seinen Liebling füttern könne – er würde ihr zeigen, wo man die Mäuse bekam. Als sie den Gedanken zurückwies, sich dem »bestialischen« Tier auch nur zu nähern, brauste Chatwin auf, warf ein Nachschlagewerk durch das Zimmer – und traf sie. Die unmittelbaren Folgen waren Zerknirschung, Türeschlagen, Entschuldigungen, eiliges Hin und Her, eine Beule am Kopf, der Kauf eines Steaks, das auf die Beule gelegt wurde, Sandwiches und Liebenswürdigkeiten. Nach der Rückkehr aus Frankreich überreichte ihr Chatwin eine mit braunen Bändern zusammengehaltene orangerote Schachtel, die einen weißen Hermès-Schal mit dem Muster *Les oiseaux des champs et des bois* enthielt. Auf die Frage, was er mit der Schlange gemacht habe, erklärte Chatwin, er habe sie nach Paris mitgenommen und während des Flugs unter seinem Hemd verborgen; auf dem Rückweg fiel einem Zollbeamten auf, wie sie sich dort kringelte; das Tier landete in einem Pariser Zoo. Der autobiographische Held in George Moores Fin-de-siècle-Roman *Confessions of a Young Man* hielt sich eine solche Schlange in seiner Pariser Wohnung. Es ist anzunehmen, daß George Moore jemand anders nachahmte, und im vorliegenden Fall wurde er von Bruce nachgeahmt. Schlangen unter sich.

Während Chatwins Sotheby's-Jahren traten Bill Haley and the Comets ihren ersten Platz an die Beatles ab, und Röhrenhosen und weite lange Röcke wichen kragenlosen Jacketts und Miniröcken. Nicht so bei Sotheby's, wo Anzug und Kopftuch überwogen – zusammen mit der Schutzkleidung, die die Bedingungen am Arbeitsplatz erforderlich machten. Auf der Straße vor dem Auktionshaus half ein Mann mit Hut Besuchern aus ihrem Daimler-Benz – und der von Kopf bis Fuß in Ozelot gehüllten Elizabeth Taylor über die Schwelle des Hauses; hinter den mit grünem Boi ausgeschlagenen Türen befanden sich winzige Zimmer mit schmutzigen Fenstern, staubigen Regalen und nackten Fußböden, auf denen sich Gemälde stapelten. Es war so kalt, daß einige Sekretärinnen sich in Anoraks hüllten und dicke, wenig elegante Strumpfhosen trugen (die sie ausziehen mußten, wenn sie die öffentlich zugänglichen Räume des Auktionshauses betraten); sie tippten in Handschuhen. Der Schmutz hatte zur Folge, daß sie jeden Tag die gesamte Kleidung wechseln mußten.

Gelegentlich trug Chatwin eine Baskenmütze zu seinen schicken Anzügen und machte sich einen Spaß daraus, seine Kollegen mit Imitationen von Bea Lillie und dem Vorsingen von »A Bar on the Piccola Marina« zu unterhalten, einem Lied von Noël

Coward, in dem eine Mrs. Wentworth Brewster von Liebe überwältigt wird und den Verstand verliert; manchmal diktierte er Briefe mit der Stimme des Meisters. Er stürmte von einem Ende der Sotheby's-Büros zum anderen und half, die impressionistischen Gemälde und die Abteilung für Antiquitäten zu betreuen, die damals fern von Licht und frischer Luft in einem gewölbten Kellerraum untergebracht war. Als er Kasmin Anfang der sechziger Jahre zum erstenmal besuchte, um eine kleine indische Bronzestatue zu prüfen, die dem Händler verdächtig vorkam, war er auf dem besten Wege, ein »Zauberer« zu werden. Der knapp volljährige Experte für Antiquitäten steckte voller Selbstvertrauen und Freude am Bluff: er zog eine Nadel aus dem Revers seines Jacketts, kratzte an der Patina und erklärte, das Objekt sei unecht. Wie der Schriftsteller einmal in ausgelassener Laune schrieb, waren die Höhepunkte seiner Karriere bei Sotheby's: »1. Ein Gespräch mit André Breton über die Spielautomaten in Reno. 2. Die Entdeckung eines wunderschönen Gauguin aus der tahitianischen Zeit in einem verfallenden schottischen Schloß. 3. Ein Nachmittag mit Georges Braque, der mir, bekleidet mit einem weißen Lederjackett, einer weißen Tweedmütze und einem lila Chiffonschal, gestattete, mich in seinem Atelier aufzuhalten, während er einen fliegenden Vogel malte.«

Jeder dieser Höhepunkte hätte den Anstoß zu einer Kurzgeschichte geben können. Tatsächlich vergingen mehr als zwanzig Jahre nach seiner Trennung von Sotheby's, bis Bruce über die Kunstwelt schrieb – in *Utz* und in einigen Texten, die in *Was mache ich hier* aufgenommen wurden. Doch die Zeit, die er in dem Auktionshaus verbrachte, hatte eine unauslöschliche Wirkung auf das, was er schrieb. Die meisten Sujets der Impressionisten – ihre Szenen vom häuslichen Leben, ihre europäischen Landschaften und Städtebilder, die Frauen mit ihren Krausen und Sonnenschirmen – sagten ihm nicht besonders zu, doch er war empfänglich für die gewagten Farben, die lichtüberfluteten Bildoberflächen und den erklärten Versuch objektiver Darstellung. Die Zeit in der Abteilung für Antiquitäten bestärkte seine Vorliebe für das seltene, leicht verkannte, schlichte Objekt. Und beim Katalogisieren entwickelte er seine persönliche Art, zu sehen und zu beschreiben. Die Gewohnheiten des Katalogbearbeiters – starke Konzentration, das Aufzeichnen einer Menge konkreter Details, das Feststellen der Provenienz und das Aufrollen einer Geschichte – sind in der Struktur seiner Prosa und in seinem Bemühen um Objektivität zu erkennen. In einem vielgerühmten Katalog der Sammlung von Ernest Brummer – Antiquitäten und Kunstwerke aus Ägypten und dem Nahen Osten –, den er 1964 mit seiner Frau Elizabeth zusammenstellte, taucht zum erstenmal die dichte, exotische, präzise Sprache seiner Beschreibungen auf.

5
Objekte

Chatwin mochte klare Umrisse, glatte Oberflächen und das überraschende Aufeinandertreffen von Farben. Er mochte feingearbeitete Gegenstände und zweckmäßige Dinge. Er mochte Geschichten und Erzählungen. Ein Bündel Postkarten, die er verschickte – aufgelesen im Museum of Modern Art, in der Hereford Cathedral Library, im New Moree Hotel in Neusüdwales, im Musée de l'Annonciade in Saint-Tropez, im Britischen Museum und woanders –, zeigen seine Vorliebe für Überraschungen, für Geschichten und für elegante Linien. Er verschickte eine verstört blickende mexikanische Maske, eine Wandmalerei mit dem Letzten Abendmahl und eine Aquarellzeichnung von John White aus dem sechzehnten Jahrhundert, die einen Wahrsager mit geflügeltem Kopf und tanzenden Fingern darstellte. Auch verschickte er die *Klavierstunde* von Matisse, grau, zitronellgrün und rosarot, die den Sohn des Künstlers vor der Klaviatur zeigt – mit länglichen Augenbrauen, blondem Haar und einer gewissen Ähnlichkeit mit Bruce. Schnappschüsse von Satellitenschalen und hellgrünen Heilbädern sollten das Zartgefühl von Francis Steegmuller und Shirley Hazzard herausfordern und verletzen, denn die beiden waren gewohnt, von ihrem Freund offensichtlich ästhetische Postkarten zu bekommen: er schickte ihnen auch ein Bild vom Hereford-Brevier, einen Akt von Bonnard und eine glutrote Schlachtszene von Altdorfer.

Eine der von ihm verschickten Postkarten zeigte Bilder eines Künstlers, über den er einen seiner besten Essays schrieb und der mit Chatwin manches gemein hatte. Der amerikanische Maler Donald Evans schuf mehrere tausend winziger Aquarelle in Form von Briefmarken, deren Herkunftsländer er sich ausdachte. Er ordnete seine Miniaturen in säuberlichen Reihen auf den Seiten von Briefmarkenalben an, ganz wie ein Briefmarkensammler, der seine Exemplare zur Schau stellt – oder wie der anonyme Zeichner, der seine Entwürfe von Zahnbürsten in einem Katalog präsentierte, dessen Seiten Chatwin an einer Wand seines Apartments in der Mount Street angebracht hatte. Chatwins lebendiger und aufmerksamer Bericht über das kurze Leben des Malers – er kam mit einunddreißig Jahren bei einem Brand ums Leben – beschreibt einen Jungen, der in den vierziger Jahren geboren wurde, der über Landkarten und Enzyklopädien hockte und von Wüstenländern und der Südsee träumte. Er schildert Evans als einen Mann, der sich befreit fühlte, sobald er seinem Heimatland den Rücken kehrte, und der in Kenntnis seiner eigenen Anfälle von Wanderlust eine seiner imaginären Hauptstädte »Vanupieds« (»barfüßiger Vagabund«) nannte. Chatwin beschreibt Evans als einen verschwiegenen Menschen, der die Gewohnheit hatte, »seine Freundschaften in getrennte Schubladen zu stecken«. Sein Werk war leidenschaftslos und beherrscht. Doch trotz seiner Reserviertheit schuf er mit seinen Briefmarkenbildern nach Chatwins Worten »einen gemalten autobiographischen Roman in zweiundvierzig Kapiteln«.

Chatwin widmet sich Donald Evans mit aufrichtiger Wärme und Bewunderung – im Gegensatz zu Beschreibungen einiger anderer Personen, an deren Beispiel er Aspekte seines eigenen Lebens und seiner Arbeit aufspürte. Evans' Arbeitsmethode fasziniert ihn. Als der Künstler mit zehn Jahren seine Briefmarkenbilder zu malen begann, stellte er die gezahnten Ränder mit der Schneiderschere seiner Mutter her. Chatwin würdigt seine Zeichenkunst, sein Gespür für Farben und für Muster. Auch gefällt ihm die Virtuosität seiner Selbstdarstellung. Die »Länder« auf Evans' Briefmarken entsprachen einer Gemütsstimmung, einer Phase, Ereignissen oder Freundschaften im Leben des Malers: ein Satz Briefmarken, von einem imaginären Korallenarchipel herausgegeben, hieß

»Coups de Foudre«. »Yteke«, ein eiskaltes Land, bezog seinen Namen von einer mit Evans befreundeten Tänzerin, die nur in einem kalten Klima auftreten konnte. Chatwin setzt sich in seinem Essay mit einer Phantasie auseinander, die das Ferne und das Wildromantische liebt, jedoch auch »Zeppeline, Federvieh, Pinguine, Pasta, das große Vergnügen am Pilzesuchen, an Sung-Keramiken, Muscheln, Dominosteinen« darstellt. In der Würdigung dieser Kunst kam Chatwins eigene Aufgeschlossenheit für das Einfache und Stille und für das Kostbare zum Ausdruck. Auch der Gedanke, in kurzen, zusammenhanglosen Szenen eine Welt zu schaffen, wirkte anziehend auf ihn. Auf der Evans-Postkarte, die er Shirley Hazzard schickte, sind in matten blaugrauen, bräunlichroten und knallgrünen Farben Hühner abgebildet, und sie trägt den Titel »Federvieh«.

Für schlichte Dinge legte Chatwin oft weite Wege zurück. Eine Zeitlang gehörte Holz zu seinen Obsessionen: er liebte Dinge, die aus diesem Material gemacht waren. Auf dem obersten Regal in seiner Wohnung am Eaton Place ragte ein rundes, rotbemaltes Holztablett mit einem hellblauen Streifen am Rand hervor. Dieser schöne Gegenstand – schmucklos, wie ein sehr großes Sandsieb geformt, doch mit den feinen Schattierungen von Karmesinrot und Rosarot einer Farbenskala ähnlich – war ein Tabla, ein Fischbrett, das Chatwin aus Istanbul mitgebracht hatte. Er erklärte gern, daß das Design fünfhundert Jahre lang unverändert geblieben war – Radierungen im Topkapi-Museum zeigen Fischer, die ihren Fang auf diesen Brettern fächerförmig ausbreiten, um ihn aus ihren Booten zu verkaufen. Sie sind noch heute in Gebrauch: als David King, der auf den Spuren seines Freundes gen Osten gereist war, an Fischer herantrat, um eins dieser Bretter zu kaufen, schlugen ihm Befremden und Spott entgegen.

King teilt Chatwins Leidenschaft für Holz, und wie dieser glaubt er, daß Objekte wie das Fischbrett (das heute an seiner Wand in Islington hängt) »genauso gut wie Bilder« sind. Er stellt Dinge aus Holz her – Lattenbetten und eckige konstruktivistische Sessel. Über einige seiner Produkte gab es Streit mit Chatwin, der glaubte, daß Holz immer eine matte Appretur haben sollte und daß eine glänzende Oberfläche, selbst in einer Küche, ein Irrtum sei, weil sie wie ein Kunststoffüberzug aussehe. Eine spezielle Kreation Kings wurde für Bruce zu einem begehrten Objekt: die Schwarze Lampe. King hatte eine Säule aus schwarzem Holz angefertigt, die etwa zwei Meter hoch war und einen Umfang von rund sechzig Zentimetern hatte. In das obere Ende war eine 25-Watt-Glühbirne eingelassen, die ein schwaches Licht warf, von dem man nicht wußte, woher es kam – King hatte sie so dämmerig wie möglich machen wollen. Die Idee von dunklem Licht ist eine typisch Chatwinsche Idee: Paradoxes und Widersprüchliches faszinierten ihn. Er interessierte sich für reiche Kommunisten, für sensible Künstler, die sich brutal verhielten: Künstler wie Albrecht Altdorfer, der sich aktiv an einem Pogrom gegen Juden beteiligt hatte und dessen komplizierte, lichtdurchflutete *Alexanderschlacht* David King sich auf Drängen Chatwins bei einem Aufenthalt in München in der Alten Pinakothek ansah. Chatwin war in die paradoxe schwarze Lampe vernarrt, wollte sie unbedingt für sein Haus in den Chiltern Hills haben, kam dann zu dem Schluß, Schwarz passe nicht zu seiner Farbzusammenstellung, und fragte, ob er sie in Dunkelgrau erwerben könne. King hatte nichts dagegen, sich von der Lampe zu trennen, aber über die Farbe ließ er nicht mit sich reden, und so kam sie nie in Chatwins Besitz. Irgendwann machte sie ihrem Schöpfer in einem kleinen Zimmer angst; um sich nicht länger vor der schwarzen Lampe zu gruseln, verstaute er sie unter einem Tischtennistisch.

Auch hatten King und Chatwin beide lebhaftes Interesse an zweckmäßigen Strukturen, Basisbauten und einer »Sub-Architektur«, bei der ein gutes Design keinem bekannten Designer zugeschrieben werden konnte. Bruce begeisterte sich vor allem für *Architecture without Architects*, ein Buch über die hochentwickelte und komplizierte Kultur von Gesellschaften wie die Dogon in Westafrika; auch *Bunker Archaeology*, ein Buch über Betonbefestigungen aus dem Zweiten Weltkrieg, gehörte zu seinen Lieblingsbüchern. Die beiden Männer verbrachten zusammen ein Wochenende in Diana Mellys Turm an der Grenze zu Wales, von dem aus die Wellblechkonstruktionen in der Umgebung, besonders Nissenhütten, zu sehen waren (auch überredete Chatwin seine Frau, den Luftschutzbunker aus Beton, der vor ihrem Küchenfenster in Homer End klafft, nicht abreißen zu lassen). In der Nähe vom Turm – oder vom Schwarzen Berg – stießen sie auf eine Konstruktion, die beiden gefiel. Im Dorf Pembridge in der Nähe von Leominster befindet sich die im vierzehnten Jahrhundert erbaute Kirche St. Mary the Virgin, die eine Kanzel aus der Zeit Jakobs I., ein Lesepult aus dem dreizehnten Jahrhundert mit Schnitzereien von einem kämpfenden Hund und Drachen und mittelalterliche Glasmalereien enthält; sie hat weder eine Spitze noch einen Turm. Neben der Kirche steht ein merkwürdiger rundlicher Bau mit einem breiten achteckigen Steinfundament, zwei schmaleren Geschossen aus Schalbrettern und einer kleinen Schindelspitze. Diese Konstruktion sieht aus, als wäre sie in die Knie gesunken oder soeben gelandet. Es handelt sich um einen von sieben separaten Glockentürmen in Herefordshire, ein Kirchturm, der in England einzigartig ist. Die Glocken tragen Inschriften aus dem siebzehnten Jahrhundert. Im Innern gibt es acht riesige Balken aus Eichenholz und schmale Sehschlitze in den sehr dicken Mauern – in früheren Zeiten diente er als Zufluchtsstätte. Ursprünglich war die Konstruktion wohl nur ein Gerüst aus Bauholz, das die Glocken während des Kirchenbaus stützen sollte. Chatwin mochte die Verwendung von Holz bei diesem Bau, ebenso die kompakte Form, die Schlichtheit und die skandinavische Bauart. Die Bemerkung Penelope Betjemans, sie habe nur einmal eine Konstruktion gesehen, die dem Turm von Pembridge ähnelte, und zwar im westlichen Himalaja, hat ihm in seinen Augen vielleicht zusätzlichen Glanz verliehen. Jahre später entdeckte David King einen Kirchturm im Romney Marsh, der ihn an Pembridge und an Bruce denken ließ, doch zu diesem Zeitpunkt war sein Gefährte und Turmsammler bereits gestorben.

Diese leidenschaftlichen Vorlieben waren ausschlaggebend für David King bei der Gestaltung dessen, was viele für Chatwins überraschendstes Buch halten: eine Auswahl seiner Fotografien, zusammen mit Auszügen aus seinen Notizbüchern, vier Jahre nach seinem Tod veröffentlicht. Nur wenige Bekannte brachten den

Schriftsteller mit Fotografie in Zusammenhang, und kaum einer seiner Reisegefährten erinnert sich daran, daß er unzählige Aufnahmen machte: er machte nicht viel Aufhebens davon. Und doch knipste er ununterbrochen: bei der Zusammenstellung des Buchs, das rund neunzig Abzüge enthält, verwendete King nur einen winzigen Teil des Materials. Chatwin fotografierte frei drauflos und ging mit den Resultaten sorglos um; er schüttelte die Filmrollen einfach aus seinem Rucksack, Berge von nicht beschrifteten Fotografien lagen in seinen Zimmern verstreut. Doch er nahm sie ernst und sprach davon, sie in einem Buch oder in einer Ausstellung zu zeigen. Eins dieser Fotos war auf dem Umschlag von *Was mache ich hier* abgebildet: in der ersten Ausgabe blieb Chatwin unerwähnt, weil er, als er Tom Maschler das Bild gab, zu sagen versäumte, daß es von ihm stammte. Es zeigt eine Ladenfassade aus Wellblech in Nouakchott, Mauretanien, die vollständig übermalt ist – die obere Hälfte tomatensuppenrot, die untere Hälfte teils salbeigrün, teils goldgelb. Die Türen sind gleichmäßig überstrichen und nur als Linien zu erkennen, die die großen Flächen geriffelter Farbe durchschneiden. In seinem Notizbuch beschreibt Chatwin die bunten Häuser in der Altstadt von Nouakchott und kommt zu dem Schluß: »Rauschenberg könnte es nicht besser machen.« Auch *In Patagonien* enthielt einige Schwarzweißfotografien mit anschaulichen Inneneinrichtungen und suggestiven Landschaften. Rebecca West amüsierte Chatwin, als sie sagte, die Fotos seien so gut, daß sie jedes Wort des Textes überflüssig machten. Die besten wählte King für das Buch aus, darunter die Aufnahme eines verlassenen, in einer weiten, leeren Ebene versunkenen Bahnhofs und – vergrößert – die gespenstischen weißen Hände einer prähistorischen Höhlenmalerei in Río de las Pinturas.

Es gab keine festgelegte Reihenfolge für die Fotografien: als David King darüber entscheiden mußte, besaß er so gut wie keine Unterlagen, die ihm ermöglicht hätten, die Bilder chronologisch oder nach Schauplätzen zuverlässig zu ordnen. Nicht daß er das gewollt hätte. Dieses Buch veranschaulicht Chatwins Phantasie nicht nur durch die einzelnen Bilder, sondern auch durch ihre Anordnung nach einem Prinzip, dem er folgte. Eins der Kunstbücher, die er am liebsten mochte – von denen mehr als eins das Wort »ohne« im Titel hatte –, war ein Band von Ludwig Goldscheider aus dem Jahre 1937 mit dem Titel *Art without Epoch*: darin werden Objekte und Gemälde, die sich ähneln, obwohl sie aus verschiedenen Epochen und Kulturen stammen, einander gegenübergestellt. Eine Bronze aus Benin steht neben einem Terrakottakopf von Mazzoni, eine Pastellzeichnung von Tizian erscheint neben einer Maske des japanischen No-Theaters. In Kings Buch mit Chatwins Fotografien stehen die Balken und Latten einer Windmühle in East Anglia – mit ihrem Klinkerbau und ihren vor einem hellblauen Himmel ausgebreiteten Flügeln – zwischen einem ähnlich gewellten, flachen Blechdach in Senegal und einem verlassenen Bergwerk in der Region von Butch Cassidy in Wyoming; die Gestalt einer Frau – Maria Reiche – in Rückenansicht, die sich mit entschlossenen Schritten in die endlose Wüste Perus aufmacht, geht unmittelbar einem Bild voran, das einen einsamen Baumstumpf in der Mitte eines grauen, dunstigen Flusses in Patagonien zeigt. Auf ein Schaufenster in Katmandu, das künstliche Gebisse, farbige Glühbirnen und das Foto einer glamourösen orientalischen Frau enthält, folgt ein Fenster in Lissabon mit einem Fernsehapparat, der in einen Käfig für Wellensittiche umgewandelt wurde.

Kings Anordnung der Bilder unterstreicht die Variationen von »Verschiedenheit trotz Ähnlichkeit« und »Ähnlichkeit trotz Verschiedenheit«, die Chatwin interessierten. Vergleichbare Formen aus kontrastierendem Material werden miteinander konfrontiert: der Bogen vor einem Innenhof ist das Spiegelbild der kegelförmigen Tempelkuppel auf der gegenüberliegenden Seite. Verwandte Materialien, zu verschiedenen Zwecken verwendet, werden nebeneinandergestellt: ein glitzernder Haufen Wellblech liegt im Hof eines Händlers, auf der gegenüberliegenden Seite glänzt der First eines reichverzierten Mausoleums in Afghanistan. King vertrat seinen persönlichen Standpunkt als Vegetarier, als er auf einer Doppelseite die Fotos von freundlichen Ziegen mit langen Mäulern und einem mit blutroten Fleischstücken dekorierten Fleischerladen unterbrachte.

In seiner Einführung bemerkt Francis Wyndham, dieses Buch hätte den Titel »Kunst ohne Künstler« tragen können. Es enthält wenige Fotos, die man in einer Galerie ausstellen würde; nur wenige der abgebildeten Objekte wurden bewußt als Kunstwerke geschaffen. Chatwin gab sich Mühe bei der Komposition seiner Aufnahmen, seine Bilder haben nichts von Schnappschüssen an sich, aber sie waren nicht gestellt, und er präsentierte sie nicht als künstlerische Fotos. Er benutzte seinen Fotoapparat in ähnlicher Weise wie seine Notizbücher – als Gedächtnisstütze für Dinge, die ihn reizten oder verwirrten, und King hat mit den Bildern seines Freundes getan, was Chatwin selbst getan hätte – was er tat, wenn er Material aus seinen Notizbüchern in seinen Büchern verwendete. King hat zur Schere gegriffen: viele dieser Fotografien sind Vergrößerungen des mittleren Teils der Originalaufnahmen – ewig gleichbleibender blauer Himmel und viel Wüstensand wurden weggeschnitten. Und als Herausgeber wollte er mit der Auswahl und Anordnung der Abbildungen auf besondere Anliegen Chatwins aufmerksam machen.

Chatwin mochte Umrahmungen, Winkel und Bögen: das Buch enthält eine Fülle von Fenstern und eine Reihe von Türen, von denen die letzte ein durch Witterungseinflüsse entstandenes Loch in einem Felsen mit Blick auf das Meer ist. Auch betrachtete er Objekte am liebsten aus der Schräge. Ihn faszinierten die dynamischen Kompositionen russischer Avantgarde-Künstler der zwanziger Jahre wie Malewitsch und Suetin, die ihre Bilder um eine Diagonale konstruierten, so daß das Auge des Betrachters von einem Rand der Leinwand zum anderen und darüber hinaus wandert. Kings Buch hebt Chatwins Diagonalen hervor – anhand eines rostigen Querstreifens über einer Tür oder durch die Balken eines skelettartigen Dachs, die über den Rand der Seite hinausschießen.

Andere russische Sujets, die Chatwin interessierten, sind ebenfalls vertreten. Ein Foto zeigt eine Ikone, die (in schräger Lage) in einer verlassenen russisch-orthodoxen Kirche an einer blaßblauen Wand lehnt. Chatwin war seit langem an Ikonen interessiert – zu seinen liebsten Filmszenen gehört eine Sequenz in Tarkowskis

Film über den Ikonenmaler Andrei Rubljow: ein Kind stellt darin eine Glocke her, ohne zu wissen, was es macht. Gegen Ende seines Lebens fühlte er sich auch der orthodoxen Kirche nahe. Ein anderes Foto, unschärfer als die meisten, verwendete King nicht aufgrund seiner Qualität, sondern weil es eine von Chatwins Passionen illustrierte. Das Detail eines Heiligengewands auf einer Ikone aus dem fünfzehnten Jahrhundert hat ein Muster aus weißen und schwarzen Kreuzen, das sich sprunghaft verändert, je nachdem, ob das Auge die einen oder die anderen Kreuze fixiert. Losgelöst vom Rest des Bildes könnten diese Kreuze ein geometrisch-abstraktes Kunstwerk des zwanzigsten Jahrhunderts sein: sie könnten von einem suprematistischen Maler stammen und zeigen deutlich den Sprung von einer Epoche zur anderen, wie Chatwin ihn mochte.

Doch Chatwins Fotografieren war nicht das einzige Talent, mit dem er überraschte. Als er von seiner ersten Afrikareise zurückkam, beschloß er, Schachteln mit Objekten herzustellen. Er machte drei – zwei vernichtete er. Die verbliebene Schachtel könnte von den enigmatischen Arbeiten des amerikanischen Künstlers Joseph Cornell inspiriert worden sein, der bei seinem Tod im Jahre 1970 Hunderte von Schachteln mit gläserner Vorderfront hinterließ, in denen er kontrollierte Mikrokosmen geschaffen hatte, die seine zahlreichen Obsessionen veranschaulichen – Greta Garbo, viktorianisches Spielzeug, Mallarmé, Gefängnisgitter, Artikel aus Billigläden. Chatwins Schachtel, rund dreißig Quadratzentimeter groß, hat eine grün bemalte Rückseite und eine gläserne Vorderseite. Auf der Rückseite ist in Schablonenschrift »GOD BOX« zu lesen. Die Schachtel enthält einen kleinen Spiegel, ein gehörntes Tier und eine rosa-graue spiralförmige Masse – zusammengerollt wie die Raupe in *Alice im Wunderland* –, aus deren oberem Ende Federn herausragen; der Hintergrund besteht aus einer gemusterten Tapete. Es könnte ein Modelltheater, es könnte auch eine Laborvitrine sein. Tatsächlich sind diese Objekte – die Chatwin von einem Medizinmann in Westafrika kaufte und in einen wunderschönen blauweißen Stoff wickelte, der heute auf einer Chaiselongue in seinem letzten Zuhause liegt – afrikanische Amulette, sogenannte *gri-gris*: das Trommelfell eines Löwen, zwei mit einem indigoblauen Streifen umwickelte Zehen einer Vogelklaue, eine Perlhuhnfeder, ein getrockneter Gecko und nicht identifizierte innere Organe.

Einige dieser Objekte könnten aus dem Werk von Elizabeth Bishop stammen, die in einem ihrer Gedichte von einem Bekannten gefragt wird: »Was ist dieses häßliche Ding?« Die Antwort lautet:

> ein leeres Wespennest,
> klein und fein, reines Mattweiß,
> und hart wie Stuck.

In einem ihrer anderen Gedichte wird die ausführliche Beschreibung eines dubiosen Gebildes – ein umgestürzter Stapel Schachteln, vielleicht auch ein sinnvolles Arrangement aus Laubsägearbeiten und Nutzholz – zu einer Lobrede auf das Holz. Bei einem Besuch in New York in den sechziger Jahren fiel Chatwin einer Leidenschaft für Bishops Schriften anheim, die in England damals keine größere Beachtung fanden; vor allem bewunderte er ihre Prosa. Er hatte mehr mit ihr gemein als das Gefallen an mißachteten Objekten. Bishop, die einen großen Teil ihres Lebens außerhalb ihrer nordamerikanischen Heimat verbrachte und mit einer Freundin zusammen fünfzehn Jahre in Brasilien lebte, war eine genaue Beobachterin der Natur und von Seelandschaften. In den Titeln verschiedener Sammelbände – *Geography III, North and South, Questions of Travel* – ließ sie ein Thema ihrer Arbeit erkennen, das die Frage, warum Menschen reisen, behandelt. »Hätten wir zu Hause bleiben und an hier denken sollen?« fragt sie in einem Gedicht – in dem sie ihre eigene Ruhelosigkeit durch ihre eindringlichen Beobachtungen rechtfertigt und sich wie Chatwin immer wieder neu die Frage stellt:

> Warum sind wir so kindisch und brechen, solange noch
> ein Atem Leben in uns ist, entschlossen auf,
> die Sonne von der anderen Seite zu sehen?

Die Dinge, die Chatwin mochte, waren für seine Freunde häufig Anlaß, sich an ihn zu erinnern. Er war von einer paradoxen Rätselhaftigkeit, die sehr entschiedenen Menschen eigen ist: man warf ihm vor, ausweichend, also trotz seiner physischen Anwesenheit nicht »wirklich vorhanden«, und ebenso zu präsent, »zu nahe« zu sein. Doch seine visuellen Neigungen waren immer zu erkennen. Von Zeit zu Zeit machte er verallgemeinernde Aussagen zu diesem Thema: sein schlimmster Alptraum sei der, erzählte er David King – der nicht sicher ist, ob sein Freund der erste war, der sich so äußerte –, eine Nacht über in einem Raum voller Rubens-Gemälde eingeschlossen zu sein. Häufiger wurde seine Begeisterung eher beiläufig auf seine Freunde übertragen – eine Übertragung, die eine Art von Vertrautheit war. Jeder, der Bruce kannte, empfand seine starke Präsenz beim Anblick der Objekte des Schweizer Sammlers George Ortiz, die Anfang 1994 in der Royal Academy of Arts ausgestellt wurden. Man konnte nicht umhin, an Bruce zu denken, wenn man sich Stück für Stück ansah. Er hätte seine Freude gehabt an dem marmornen Ei (mit unbekanntem Zweck) von den Kykladen aus dem dritten oder zweiten Jahrhundert vor Christus, an den schwarz glasierten etruskischen Votivstiefeln aus Terrakotta, die vielleicht als Trinkgefäße benutzt wurden. Auch hätte er die winzigen zoomorphischen Gewichte aus Babylon geliebt, die Frösche und kauernden Paviane, die als Amulette dienten. Er selbst besaß solche Gewichte, eins davon in Gestalt einer Ente.

Es überrascht nicht, daß zwischen Ortiz' Auge und Chatwins Auge eine Harmonie bestand, doch das Ausmaß dieser Harmonie ist verblüffend. Die beiden Männer waren befreundet. In den sechziger Jahren reisten sie zusammen in die Sowjetunion, besuchten Archäologiemuseen und betranken sich auf einem usbekischen Bankett. Wie Chatwin erzählte, ließ sich Ortiz von seiner Erregung über die ungeheuren Reserven der Eremitage mitreißen, als er dem stellvertretenden Direktor des Museums sagte: »Dies ist das größte Museum der Welt, nicht wahr? Ich bin der Welt größter Sammler von griechischen Bronzen. Wenn ich Ihnen meine Sammlung testamentarisch hinterlasse, ernennen Sie mich dann für ein paar Jahre zum Direktor dieses Museums?« Chatwin, der ein Flair für ausgefallene, wenn auch nicht zwangsläufig unzutreffende Beschreibungen seiner Freunde und Bekannten hatte (Susan Sontag nannte er einmal »einen Pfundskerl«), sollte den extrem kosmopolitischen und zivilisierten Ortiz einmal als »Unschuld schlechthin« bezeichnen. Es ist unmöglich, daß ihm die Gestalt dieses Freundes nicht vorschwebte, als er über den Sammler Utz schrieb.

Bruce' Geschmack behielt auch nach seinem Tod noch Einfluß auf seine Freunde: er brachte sie dazu, Dinge anders zu sehen, und er brachte sie dazu, andere Dinge zu sehen. David King weiß, daß Bruce das Buch gefallen hätte, auf das er zufällig gestoßen war: es untersucht Bilder und Zeichnungen, die sich auf der Rückseite von Gemälden der National Gallery befinden. Fünf Jahre nach Chatwins Tod organisierte dieses Museum eine Ausstellung von dreizehn monumentalen Gemälden Zurbaráns, die ihn sicher erstaunt hätte, vor allem nach der scharfen Kritik, die er in seinen Notizbüchern an einer Ausstellung spanischer Malerei geübt hatte: »Der Prado gehört in meinem Weltbild nicht zu den großen Museen der Welt. Er verbannt die Natur. Religion, Adel und Irre – oft alle drei zusammen – sind die einzigen Sujets, die des Malens und Sammelns würdig waren.« Die Zurbaráns in der Ausstellung der National Gallery waren intelligent, würdig und biblisch, statuarisch, aber voller Individualität: die lebensgroßen Darstellungen Jakobs und seiner zwölf Söhne mit ihren prächtigen Turbanen oder bescheidenen Kopfbedeckungen, abwechselnd erhaben, kritisch oder grausam, hingen wie riesige Spielkarten an den Wänden. Und King ist sicher, daß Chatwin sich auch für seine allerjüngste Passion begeistert hätte: Blechteller mit einem abstrakten Design, die kurz nach dem Zweiten Weltkrieg in Asien speziell für den afrikanischen Markt hergestellt wurden. Die Chinesen, die diese Teller herstellten, folgten ihnen nach Afrika und gründeten dort Fabriken. Die Teller wurden von Amerikanern gekauft und nach Europa gebracht. Für King sind manche der Designs besser als die der russischen Avantgarde, denen sie ähneln. Sie hätten Chatwin aufgrund dieser Ähnlichkeit sicher gefallen, und ebenso wegen ihrer Wanderung über die Kontinente. Es hätte ihm gefallen, daß sie aus Blech waren – und ihm hätte ihre Schlichtheit als Objekte gefallen. Diese Teller sind, wie King es nennt, »typisch Bruce«.

Mehrere Begegnungen in der Anfangszeit seiner Karriere im Kunsthandel halfen Chatwin, die Merkmale der »Bruce-typischen« Objekte zu finden. Sie unterstützten ihn auch dabei, Leidenschaft und Geschäftssinn zu vereinen. John Hewett war, als Bruce ihn kennenlernte, der rangälteste unter den Antiquitätenhändlern und ungewöhnlich einflußreich. Hewett, im Krieg Sergeant des Schottischen Gardekorps in Nordafrika und später Gärtner in Kew Gardens, hatte eine starke Persönlichkeit; sein Äußeres war stattlich, und er war wie ein altmodischer Landjunker ausstaffiert: langer Bart, Tweedanzug, Stock und flache Mütze. Er begann sich für Antiquitäten zu interessieren, als es noch kaum Sammler dafür gab, und er hatte als Vermittler angefangen: als unabhängiger Händler ohne eigenes Geschäft, der sich Objekte bei einem Verkäufer ausleiht. Ein Vermittler braucht ein gutes Auge, gründliche Kenntnisse, die ihm erlauben, Objekte zu finden und ihren Preis zu bestimmen, und den Ruf der Zuverlässigkeit – Geld spielt keine entscheidende Rolle. Nach wenigen Jahren hatte Hewett sein eigenes Geschäft in Chelsea eröffnet und beriet die Familie von Robert Sainsbury bei Käufen für ihre Kollektion in Norwich. Er hatte ein Netz von Kontakten aufgebaut, die ihm Objekte – Skulpturen, Keramikarbeiten und Steine – vom Kontinent und aus England einbrachten. Er hatte sich mit Peter Wilson von Sotheby's angefreundet und mit Sandy Martin einen Partner gewonnen, der aus besten Kreisen stammte und in der Oberschicht, die Objekte besaß und verkaufte, zu Hause war. Er hatte mit seiner Frau einen Landbesitz in Kent erstanden, Bog Farm, und sein Auftreten war vornehm und eindrucksvoll. Für Howard Hodgkin, der sich an Hewett als an einen Plymouthbruder aus Upper Norwood erinnert, könnte er – vielleicht im Zusammenhang mit Conan Doyles Geschichte *Der Baumeister von Norwood* – »jemand aus einem Sherlock Holmes« sein. Der ehrenwerte Robert

Erskine hält ihn für »eine sehr erschreckende und zugleich sehr erschreckte Person. Er besaß nicht das Selbstvertrauen eines Menschen, der in dieser Umgebung aufgewachsen war. Er hatte es allein geschafft und gebärdete sich auf eine ungeheuer distinguierte Weise, ohne die Voraussetzungen dafür mitzubringen.«

Hewett handelte mit kleinen Objekten in einem spärlich möblierten Zimmer. In einem Haus aus dem achtzehnten Jahrhundert in der Park Street, Mayfair, hatte er einen Salon, der auf eine Straße voller Zahnarztpraxen hinausging, und dahinter ein kleineres Zimmer. Howard Hodgkin erinnert sich in allen Einzelheiten an den großen Raum: »Weiße indische Teppiche, weiße Wände, ein abgebeizter Kaminsims aus dem achtzehnten Jahrhundert mit den Emblemen der Künste – Paletten, Lyren, Pinsel, kleine Büsten von feinster Qualität; ein großer Chippendale-Schreibtisch mit drei oder vier Schubladen zu beiden Seiten, eine einzige schwarze Anglepoise-Lampe, drei unterschiedliche Stühle aus dem achtzehnten Jahrhundert, keine Vorhänge, aber weiße Baumwollgardinen vor den Fenstern, damit niemand hineinsehen konnte, ein modernes Sofa, auch dieses mit einem weißen Stoff bedeckt. Es war alles weiß und voller Licht. Es war, als käme man zu einem Psychiater. Als ich einmal wütend war, sagte ich ihm, er hätte mit seinem Ausstellungsraum den Dekor der Abtreibungsszene von *Un Carnet de Bal* kopiert.«

Die Freude an kleinen Objekten und die Schlichtheit des Raums verfehlten ihre Wirkung auf Chatwin ebensowenig wie Hewitts Begabung, den Objekten, mit denen er handelte, Legitimität und eine eigene Geschichte zu verschaffen. Von Hewett stammt der Ausspruch über einen zeitgenössischen Kunsthändler: Er kreierte »wie alle wirklich guten Händler seinen eigenen Markt«, sogar »seine eigenen Dinge«. Das genau tat auch er, wenn er Leute nicht nur für seine riesigen Bronzen aus Benin interessierte, sondern auch für winzige Objekte wie die vordynastischen ägyptischen Köpfe, die in einer Hand Platz hatten. Er spielte mit seinem Schreibtisch wie auf einem Klavier, indem er die verschiedenen Schubladen öffnete und wieder zuschob, hineinspähte und sich eines Besseren besann. Jemand brachte zwei schlichte, nicht zusammenpassende Römer mit Scotch oder Champagner herein, und schließlich holte Hewett ein Objekt hervor. »Dies hier«, verkündete er mit einer merkwürdig verbrämten Stimme, in der auch Peter Wilsons Tonfall anklang, »ist in der Tat höchst interessant. Möglicherweise gehörte es ...« – lange Pause und gesenkte Stimme – »Kleopatra.«

Es war in John Hewetts Räumen in der Park Street Ende der fünfziger Jahre, wo Chatwin, kurz nachdem er Marlborough verlassen hatte, Robert Erskine kennenlernte. Hewett hatte eine bronzene Halskette aus seinem Hort hervorgezaubert, und Erskine, der erkannte, daß der blonde junge Mann »noch feucht hinter den Ohren« war, äußerte sich leichtfertig zu ihrer Provenienz: »Krim – oder irgendwo westlich davon.« Erst Jahre später begriff der beeindruckte Chatwin, daß er einem Bluff aufgesessen war. »Alles Visuelle erfreut mich«, hatte Erskine als Student erklärt. Nach seinem Archäologiestudium trat er im Fernsehen auf, und er galt – zum Zeitpunkt seiner Begegnung mit Chatwin – auch als Experte für alte Münzen; zudem war er Verleger von Drucken zeitgenössischer britischer Maler. Erskines St. George's Gallery Prints befand sich um die Ecke von Sotheby's in einem Gebäude, in dem auch eine Buchhandlung lag, die John Hewett fast täglich aufsuchte; Erskine begab sich regelmäßig in die nahe Park Street, um Objekte zu kaufen. Es bildete sich eine informelle Clique von Leuten, die dieselben Dinge mochten. Ihre Mitglieder kauften und verkauften viel untereinander, und ab und zu wurde ein besonders bewundertes Objekt als Geschenk überreicht, unter einer Bedingung, die, wie Erskine es nannte, der »großartigen Bestechlichkeit« der Gruppe angepaßt war: keins dieser Geschenke durfte vor Ablauf von mindestens sechs Monaten verkauft werden.

Auf Chatwin übte diese kleine Welt einen starken Sog aus. Mit seinem Gefallen an Anekdoten, an auszukundschaftenden Geschichten und mit seinem »Auge« fühlte er sich wie Hewett und Erskine zu Dingen hingezogen, die man eher im Museum of Mankind als in der National Gallery oder im Victoria and Albert Museum antrifft. Die Menschen, mit denen er sich damals anfreundete, übten auch in konkreter Hinsicht Einfluß auf seinen Geschmack aus: viele Gegenstände in seinen Wohnungen hatten ursprünglich ihnen gehört – Eaton Place enthielt eine Unmenge kleiner Objekte von John Hewett; von Howard Hodgkin stammten ein Hocker, der Régencestuhl mit seinem Originalbezug und ein kleines indisches Gemälde mit einem beflaggten Gebäude. Hodgkin glaubt, daß Chatwins beste Effekte, in seinen Zimmern und in seinen Büchern, auf Vorbildern beruhten – »Jedes Ding hat sein Vorbild« –, und Bruce verstand es, alle in einen Zusammenhang zu bringen. »Plötzlich wirft er mitten im Gespräch alle diese Dinge durcheinander – und man ist völlig verwirrt. Und zu Recht.«

Bruce hatte nichts dagegen, seinen Enthusiasmus zu vermarkten. »Es gibt nichts, was ich von der Kommerzialisierung von Kunst nicht wüßte«, versicherte er seiner Lektorin Elisabeth Sifton, als sie zögerte, ihren ästhetischen Autor dem Tumult seiner eigenen Vermarktung auszusetzen. Sotheby's lieferte ihm einen Teil dieses Wissens, seine außerdienstlichen Aktivitäten lieferten das übrige. Seit seinem ersten Tag im Auktionshaus hatte er immer Dinge unter der Hand gekauft und verkauft. In einem späten Essay, der in *Was mache ich hier* veröffentlicht wurde, schrieb er:

> Ich hatte so gut wie kein Geld. Die Direktoren von Sotheby's setzten voraus, daß Leute wie ich ihr miserables Gehalt durch private Einkünfte aufbesserten. Was sollte ich tun? Von der Luft leben? Ich verdiente mir durch den Handel mit Antiquitäten etwas Geld hinzu – bis mir der Präsident sagte, ich solle damit aufhören. Der Handel mit Kunstwerken sei für Angehörige des Hauses unzulässig, weil sie einen möglichen Verkauf bei einer Auktion verhinderten.
>
> Für mein Gefühl war das unfair. Nahezu jeder im Kunstgeschäft schien sich damit abzugeben.

Viele dieser Geschäfte wurden zusammen mit dem Draufgänger Robert Erskine getätigt, der für mehrere Kaufexpeditionen in

Übersee das Geld aufbrachte, während Chatwin durch seine Kontakte bei Sotheby's Kunden für den Erwerb auftrieb. Als die beiden Männer zusammen nach Afghanistan reisten, legten sie einen Aufenthalt in Persien ein, wo kurz vor ihrem Eintreffen ein Hort von Tonwaren aus dem zwölften und dreizehnten Jahrhundert ausgegraben worden war – gut erhalten dank der trockenen Erde. Sie kauften rund zwei Dutzend glasierte, verzierte Gefäße, darunter einige aus Türkis, und zusätzlich ein paar Scherben, und brachten sie nach England zurück, um sie zu verkaufen: Gefäßfragmente gingen, in Socken eingewickelt, in ihren Koffern auf die Reise.

Als Erskine, der für die BBC in Nordafrika filmte (wo er seine zweite Frau zum erstenmal erblickte), in Tunis war, suchte er einen Händler auf, um Münzen aufzuspüren. Er stellte fest, daß ein Raum des großen Geschäfts in einen vergoldeten Wald verwandelt worden war: vollgestopft mit Hunderten von kleinen vergoldeten Stühlen – jene Art von zierlichen Stühlen, wie man sie für Hochzeitsempfänge mietet. Er spähte durch dieses Dickicht auf den Kopf gestellter, spindeldürrer vergoldeter Stuhlbeine und entdeckte im Hintergrund »ein riesiges, phantastisches, grimassierendes Stück Holz«, das er sich näher ansah und als ein großes Türpaneel aus Neukaledonien identifizierte, das früher vor Hütten aufgestellt wurde, um böse Geister fernzuhalten. Es war mit riesigen geschnitzten Sparren versehen und trug auf der Rückseite eine französische Inschrift in schwarzer Farbe mit dem Namen des Schiffs und des Kapitäns, der es in der Mitte des neunzehnten Jahrhunderts transportiert hatte – eine präzise Datierung, die es extrem wertvoll machte. Der Händler besaß ein identisches zweites Paneel, und für beide nannte er den nicht gerade niedrigen, aber erschwinglichen Preis von zweitausend Pfund – doch Erskine hatte kein Geld bei sich und war gezwungen, mit dem BBC-Landrover nach Algerien weiterzufahren. Er nahm mit Chatwin in England Kontakt auf, beschrieb den Händler, die Paneele und die Inschrift und fragte ihn, ob er herunterfliegen und sie abholen könne. Erskine blieb mit dem Eindruck zurück, daß Chatwin einen seiner Blitzbesuche machen, am nächsten Tag in Tunis eintreffen, die Paneele kaufen und sofort nach England zurückkehren würde. In Wirklichkeit mußte das Geld für die Transaktion bei Elizabeths Mutter ausgeliehen werden, was einige Zeit in Anspruch nahm, und als Bruce nach Tunis flog, begleitete ihn seine Frau: sie machten zwei Wochen Urlaub, bevor sie nach Hause zurückkehrten. Chatwin verkaufte die Paneele an John Hewett, der sie an George Ortiz weitergab. Erskine und Chatwin teilten den Gewinn später unter sich auf.

In Ägypten, am Ende ihrer ersten gemeinsamen Auslandsreise zu Beginn der sechziger Jahre, kämpften sie sich mit »einem gewaltigen, großen, verdammt großen Steinkopf« durch die Zollkontrolle – sie hatten ihn in einer Plastiktüte verstaut und mit Zeitungspapier umwickelt – und taten so, als ob das schwere Paket federleicht wäre. Ein Kairoer Händler hatte den Engländern versichert, wenn sie bei ihm kauften, würde er den Zoll bestechen, so daß sie kein Risiko eingingen, angehalten zu werden. Die Beamten rührten sich nicht von den Bänken, auf denen sie lagen, als die beiden Männer mit ihrer Last an ihnen vorbeigingen.

Bei solchen Gelegenheiten trat Erskine forsch auf. Brenzlige Situationen und ihre eigene Verwegenheit bei ihren Auslandsreisen amüsierten ihn, und er genoß es sogar, wie Chatwins Arbeitgeber auf ihre Partnerschaft reagierte: »Sotheby's kam uns irgendwann auf die Schliche, und als sie seinen Vertrag verlängerten, wurde darin wortwörtlich die Bedingung gestellt, er dürfe keine Geschäfte mehr mit Robert Erskine machen! Namentlich genannt! Nur ich, sonst niemand! Das hat mich eher gefreut.« Sein Begleiter war, wenn er sich auf diese Missetaten eingelassen hatte, weniger robust. Chatwin, der den Gauner spielte, zitterte und hatte Alpträume vom Gefängnis und griff zu Pillen: »Er wurde aschgrau, und ich dachte, mein Gott, Bruce kippt mir noch um. Ich hatte noch nie jemand gesehen, der so schuldbewußt aussah.«

Doch hin und wieder war Bruce bereit, draufgängerisch zu sein, indem er sich verkleidete. Auf dem Rückweg von einer Reise in den Nahen Osten sagte er Erskine, da Australier in Kairo im Ruf der Grausamkeit ständen – die Anzac-Truppen hatten sich dort im Ersten Weltkrieg ausgetobt –, sollten sie sich Buschhelme kaufen und bei der Zollkontrolle in Kairo aufsetzen. Die Verkleidung war durchschaubar, um nicht zu sagen lächerlich, da beide Männer einen britischen Paß besaßen. Doch die Buschhelme wurden aufgesetzt, und sie kamen ungeschoren davon. Eine von Bruce' Lieblingsgeschichten über sein unverfrorenes Auftreten im Ausland betraf eine Episode bei Sotheby's, als Peter Wilson ihn nach Frankreich schickte, um einen Cézanne abzuholen – ein Gemälde, das keine Ausfuhrgenehmigung erhalten hatte. Wie die meisten Bilder Cézannes war es unsigniert. Chatwin berichtete, er habe sich eine zusammenklappbare Staffelei, einen Malkasten und eine alte Palette mit vielen ausgedrückten Tuben Ölfarbe ausgeliehen. Er hüllte das Bild in Wachstuch und klemmte es sich unter den Arm. Von den Zollbeamten aufgefordert, sie über den Inhalt seines Pakets aufzuklären, verkündete er: »*Moi-même, je suis peintre.*«

So sahen die Abenteuer eines Ästheten aus. Chatwins Lebensgeschichte könnte mit einem gewissen »begabten jungen Ästheten, der sich in einen großen Mann verwandelte«, verglichen werden. Dies war Bruce' Beschreibung von André Malraux, einem Mann mit vielen Gesichtern, dem er in seinem komplizierten, sprühenden Essay mit Skepsis und Sympathie begegnete. Chatwin spottet über Malraux' grandioses Gebaren – »er vermischt absichtlich das Ereignis mit der archetypischen Situation« – und seinen ausschweifenden rhetorischen Stil, indem er eine Frage Cocteaus zitiert: »Haben Sie je von einem Menschen gehört, der *La condition humaine* gelesen hat?« Aber er ist aufgeschlossen für den »Abenteurer«, der zugleich Archäologe und ein »besessener Reisender und Redner« ist. Auch faszinierte ihn Louise de Vilmorin, die Gefährtin des Schriftstellers, die er in einen Roman aufnehmen wollte.

Er zitiert Beobachtungen von André Malraux, die wie Beobachtungen Bruce Chatwins eine überraschende visuelle Wirkung haben: »Trotzki sah aufgrund seiner weißen Haut und seines gequälten Blicks wie ein sumerisches Götzenbild aus Alabaster aus.« Er berührt Aspekte von Malraux' Persönlichkeit, die auch Bruce

Chatwins Persönlichkeit betreffen: die Ruhelosigkeit, die ihn für das disziplinierte Leben eines Akademikers untauglich machte, sein Dandytum, das ihn dazu brachte, im Spanischen Bürgerkrieg eine Fliegerjacke zu tragen, die von seinen Kritikern als »artistisch« verspottet wurde und die Chatwins optisch reizvollem Rucksack ebenbürtig war. Chatwin behauptet, Malraux könne mit T. E. Lawrence verglichen werden – aufgrund seiner archäologischen Interessen, seiner Aufenthalte in der Wüste und seiner verschiedenen Existenzen –, so wie Chatwin später von Freunden und Lästerern mit T. E. Lawrence verglichen werden sollte. Malraux, der sich zwar für Lawrence interessierte und über ihn schrieb, wies jeden Gedanken an einen Einfluß zurück, genau wie Bruce Chatwin. Und Chatwin beschreibt, wie Malraux in einer seiner frühen Inkarnationen zu einer Expedition in Kambodscha rüstete, um Khmer-Ruinen zu entdecken, eine Expedition, die beendet war, als die Kolonialbehörden den Amateurarchäologen verhafteten, weil er sich mit im Dschungel gefundenen Tempelskulpturen davonmachen wollte. Dieser Vorfall ereignete sich, als Malraux Anfang Zwanzig war, in dem Alter, in dem sich Bruce Chatwin auf Kunstpiraterie verlegte.

Bruce' Laufbahn als »begabter junger Ästhet« war vom Gemunkel über die großartigen Leistungen seines Auges begleitet. Dieses vage und aufgeregt verbreitete Gerücht wirkte oft irritierend: »Was *passiert* eigentlich, wenn Bruce Chatwin ein Bild ansieht?« fragte Francis Wyndham, ehe er ihn kennenlernte. »Es fällt von der Wand«, tönte jemand laut. Der Klatsch über das Wunderkind bekam durch Geschichten wie die über den »Arsch« Nahrung. Chatwin war zweiundzwanzig, als er sich mit Bertie Landsberg anfreundete, einem älteren Brasilianer, dem die von Palladio erbaute Villa Malcontenta in der Nähe von Venedig gehörte. Landsberg wurde von Picasso gezeichnet und hatte bei Matisse ein Porträt seiner Schwester in Auftrag gegeben; seine Familie besaß eine Menge Land, »etwa von der Größe Belgiens«. Chatwin hatte während eines Aufenthalts bei seinem Freund Teddy Millington-Drake die Villa Malcontenta besucht und einen Steinklumpen – einen gemeißelten Brocken – entdeckt, der unter einer Konsole auf der

Erde lag. Er identifizierte ihn als Fragment einer griechischen Marmorstatue und datierte ihn auf das sechste Jahrhundert vor Christus – was seinen Gastgeber so beeindruckte, daß er ihm das Objekt schenkte. Millington-Drake wurde später gezwungen, Chatwin, der hohes Fieber bekommen hatte, zur Villa zurückzufahren, um es abzuholen. Sie wurden von Emma Tennant begleitet. Das Objekt wurde in einen Koffer gesteckt und nach England geschickt, wo es in Chatwins Apartment am Hyde Park eine herausragende Rolle spielte. Dieses Apartment hat Chatwin in seinem Essay über Howard Hodgkin mit zurückhaltender Impertinenz beschrieben: »Das Wohnzimmer hatte eine monochrome, wüstenähnliche Atmosphäre und enthielt nur zwei Kunstwerke – das Hinterteil eines archaischen griechischen Marmorkuros und einen japanischen Wandschirm aus dem frühen siebzehnten Jahrhundert.« Das erste dieser beiden Objekte war Bruce' Freunden als »Der Arsch« bekannt.

Er machte erstaunliche Funde, doch sein Urteil war nicht immer zuverlässig. Als Jonathan Hope Chatwin in einem Haus an der Grenze zu Wales besuchte, berichtete ihm dieser aufgeregt, er sei in einem Antiquitätengeschäft in Ludlow auf zwei Wurfspieße aus Sumatra gestoßen. Chatwin schlug vor, daß er den einen und Hope den anderen kaufen sollte, doch er reiste noch am selben Abend von Shropshire nach London, ohne zu sagen, ob er einen Tag oder ein Jahr wegblieb. Hope fuhr nach Ludlow, fand das Geschäft und darin zwei orangerot lackierte lange Stäbe, die mit einem schwarzen Netzmuster überzogen und vom Besitzer des Ladens als venezianische Dochtscheren etikettiert waren. Der Südostasien-Experte erkannte, daß es weder Dochtscheren noch Speere waren, sondern Stiele von Prozessionsschirmen aus Sri Lanka. Er kaufte sie und nahm sie mit nach London, wo ihm bald darauf von seinen Freunden die Geschichte seines Kaufs in Chatwins Version aufgetischt wurde: er selbst habe die erstaunliche Entdeckung gemacht, Hope mit seinem beachtlichen Geschäftssinn sei ihm jedoch zuvorgekommen und habe sich mit den Objekten aus dem Staub gemacht. Als Hope halb gekränkt, halb amüsiert beteuerte, er habe sich an die Abmachung gehalten und sei bereit, die Beute mit ihm zu teilen, wollte Chatwin seinen Schirmstiel nicht haben: »Nein, danke. Ich ziehe die Geschichte vor.«

Bruce erinnerte viele Leute an David Carritt, auch dieser ein sagenumwobener Blonder mit einem wachen Auge und scharfem Verstand. Carritt war ein Wunderkind, und der Kunstkritiker John Richardson, für den Chatwins Werdegang die balzacähnliche Geschichte eines Jungen aus der Provinz darstellt, der in der Metropole reüssiert, hat die Vermutung angestellt, daß die Laufbahn des Wunderkinds dem jungen Bruce als Leitstern gedient haben könnte. Als Schüler in Rugby hatte Carritt über Bilder in *Country Life* gegrübelt, bei einigen ausgewählten ortsansässigen Lords angefragt, ob er kommen und ihre Gemälde ansehen dürfe, und sie, als er angeradelt kam, mit seiner Jugend in Erstaunen versetzt. Man erzählte sich von ihm, er habe Lieder von A. A. Milne in abgewandelter Form wiedergegeben, als er auf einem Bahnhof auf dem Kontinent mit einem Exemplar von *When We Were Very Young* auf seinen verspäteten Zug wartete:

> Sie wechseln das Geschlecht in Buckingham Palace.
> Philip Mountbatten heißt jetzt Alice.

An einer Decke in der Ägyptischen Botschaft machte er einen Tiepolo ausfindig, und er spürte einen bis dahin unbekannten Caravaggio in einer englischen Sammlung auf. In den sechziger Jahren eroberte er im Sturm einen Direktorenposten bei Christie's, wurde Kunstkritiker beim *Evening Standard* und gründete Artemis, ein internationales Konsortium von Kunsthändlern. Er starb Mitte Fünfzig an Krebs.

Trotz seiner Erfolge mit Artemis war Carritt von Natur aus mehr Kunstkenner als Händler. Chatwin – dessen Beurteilung menschlichen Verhaltens stark von den unterschiedlichen menschlichen Individuen beeinflußt war, denen er in der Kunstwelt begegnete – hatte eine natürliche Begabung und eine Vorliebe für den Handel: es gefiel ihm, wenn ein Objekt den Besitzer wechselte, wobei sein Vergnügen mehr auf dem Reiz, diesen Vorgang zu steuern, als auf Gewinn beruhte. Als er Anfang der sechziger Jahre erstmals den Wunsch verspürte, bei Sotheby's auszusteigen, spielten er und Robert Erskine eine Zeitlang mit dem Gedanken, sich als Kunsthändler niederzulassen: eins von Chatwins Projekten bestand darin, indische Bodendecken zu verkaufen – er hatte jemand getroffen, der einen Haufen Baumwolltücher besaß, die mit großen Mogulblumen gemustert waren.

Diese Idee wurde nicht in die Tat umgesetzt, doch Chatwin fuhr fort, Einfluß auf den Besitzwechsel von Objekten zu nehmen – zu seinem eigenen Vergnügen und dem seiner Freunde. Einmal stand er um Mitternacht auf Howard Hodgkins Türschwelle, ungewöhnlich betrunken, um seinem Freund vorzuschlagen – es hörte sich eher wie eine Aufforderung an –, seine irdische Habe für ein Gemälde zu veräußern, das bei Sotheby's versteigert werden würde. Er zeigte Hodgkin ein Foto von dem Bild – ein ungewöhnlicher, wunderschöner Matisse, eins seiner wenigen kubistischen Bilder, ein Stilleben mit Orangen in einem Glas. Er erklärte, die Marlborough Gallery sei an dem Kauf nicht interessiert, auch andere wichtige Käufer nicht, und die Tochter von Matisse – die einzige andere in Frage kommende Interessentin – müsse ein Bild aus einer späteren Periode verkaufen, um dieses erwerben zu können. Er sagte, seines Erachtens würden die Orangen zwischen fünfzehn- und zwanzigtausend Pfund erzielen: »Wieviel ist dein Haus wert? Wieviel sind deine indischen Bilder wert?« Hodgkin, der eine schlaflose Nacht verbrachte und sich über die Angelegenheit den Kopf zerbrach, erinnert sich exakt an das abschließende Gespräch am nächsten Morgen. Chatwin rief an: »Er sagte: ›So eine Gelegenheit bekommst du in deinem ganzen Leben nicht wieder. Du wirst andere Gelegenheiten haben, aber keine wie diese. Ich bin sicher, daß du es bereuen wirst, wenn du es nicht tust.‹ Und ich sagte: ›Ich bin sicher, daß du recht hast, aber ich tue es nicht.‹ Hätte ich es getan, wäre ich heute Millionär.«

Obwohl Hodgkin bei dieser Gelegenheit das Sammeln versäumte, sah Chatwin in ihm stets den Sammler, und so beschrieb er den Freund auch: »Seine Sammlung ist ein wesentlicher Teil seines Lebenswerks. Jede Retrospektive von Howards eigenen Bildern ist nach meiner Meinung unvollständig, wenn die indische Sammlung nicht dabei ist.« Sein Essay über Hodgkin ist liebevoll, fasziniert, humorvoll und scharfsichtig. Eloquent schildert er die Ausdruckskraft der Sammlung:

> Manchmal habe ich geglaubt, daß Howards Bilder eine Kriegserklärung an seine indischen Bilder sind. Wo er unscharf ist, sind sie eindeutig. Wo er stumm ist, erzählen sie eine Geschichte. Er pfuscht, wo sie raffiniert sind. Seine Farben sind bewußt grell, wo die anderen besänftigen wollen. Vielleicht handelt es sich um den Verzicht auf etwas, was man liebt? Vielleicht kann man seine »hingesudelten« Bilder als einen Akt totaler Selbstaufgabe ansehen.

Con brio beschreibt er die mysteriösen Sujets von Hodgkins Bildern, leitet aus ihren Abstraktionen Autobiographisches ab, führt bevorzugte Farbkombinationen auf eine exzentrische Großmutter zurück und entdeckt erotische Darstellungen in »farbigen Tupfern, Klecksen, Blitzen und breiten Pinselstrichen«. Und er kommt auf den komplizierten, in undefinierbaren Formen getanzten Tango und die präzisen Titel zu sprechen: »Es braucht nicht viel Phantasie, um zu sehen, daß *Red Bermudas* einen Mann darstellt, der im Central Park ein Sonnenbad nimmt. Doch wer käme auf den Gedanken, daß *Tea*, eine mit scharlachroten Spritzern überzogene Holztafel, ein schäbiges Apartment in Paddington mit einem männlichen Prostituierten repräsentiert, der seine Lebensgeschichte erzählt?« Der Esprit von Hodgkins Titeln sollte Chatwin zugute kommen. Es war Hodgkin, der darauf bestand (unter Androhung, wie er später sagte, aus einem fahrenden Auto zu springen), daß das erste Buch des Schriftstellers auf keinen Fall »O Patagonien!« heißen dürfe. In Anlehnung an die Titel vieler seiner Bilder schlug er »In Patagonien« vor.

In den sechziger Jahren wurde Howard Hodgkin Zeuge einer sonderbaren Begegnung Chatwins, die in Kensington stattfand. Robert Erskines Haus in der Nähe der High Street war ein

Schauplatz für Partys und Popstars und ein Zufluchtsort für Chatwin und seine Frau Elizabeth, die frisch verheiratet waren. Es war komfortabel und geschmackvoll mit Objekten dekoriert: das große doppelte Salonzimmer im Erdgeschoß hatte eine Tür von Robert Adam, zwei große Kabinettschränke von Boulle und gläserne Regale, auf denen Fragmente mittelalterlicher Urnen und prädynastischer ägyptischer Vasen von kleinen Plastikastronauten aus Cornflakes-Schachteln bewacht wurden; die Fenster befanden sich auf gleicher Höhe mit der Straße, so daß Passanten mit einem Klopfen an der Scheibe hereingerufen werden konnten. Hier unterhielt sich Hodgkin eines Nachmittags mit dem künftigen Schriftsteller und mit Erskine, als der bronzene Renaissance-Türklopfer den Besuch eines großen, bebrillten Amerikaners ankündigte, der ein sinnliches, mürrisches, übelriechendes Mädchen im Schlepptau hatte: »Sie sah sehr animalisch aus und war offensichtlich fürchterlich reich und sehr verwöhnt.« Chatwin warf Hodgkin einen Blick zu und ließ, als er dem Mädchen vorgestellt wurde, eine komplizierte Pantomime der Höflichkeit vom Stapel, »eine Mischung aus Herzog und Herzogin, Matrone und ihrem alten Ehemann«. Den Mann begrüßte er wie einen uralten Bekannten. Als sie gegangen waren, sagte er: »Das ist er. Der Dampfersessel-Typ. Mein dampfender Dampfer.« Vor seiner Heirat hatte er eines Tages an Deck eines Dampfschiffs neben einem blonden, mit einem Blazer bekleideten Amerikaner gesessen, der Tschechow las. Sie kamen ins Gespräch, sie freundeten sich an, und sie hatten eine Bordromanze. Bis zu dem Treffen bei Robert Erskine an diesem Nachmittag waren sie sich nicht mehr begegnet.

Einige Jahre später, als die Hodgkins bei den Chatwins in Gloucestershire zum Dinner eingeladen waren, standen diese noch unter dem Schock eines Wochenendbesuchs vom »Dampfer«, der jetzt mit seiner Freundin verheiratet war. Elizabeth Chatwin war aufgefallen, daß die Ehefrau mit einem interessant aussehenden Ring am Finger spielte, und hatte sie gefragt, woher er stamme. Es war ein Geschenk ihres Mannes. Elizabeth schaute noch einmal hin und sah, daß der Stein ein Skarabäus war – und zwar ein

Skarabäus der achtzehnten Dynastie aus gelbem Jaspis –, und als Bruce erschien, wies sie ihn darauf hin. Bruce unterzog den »Dampfer« umgehend einem Verhör, woher er den Ring hatte: »Aus dem Handel? Welcher Handel? In welcher Stadt? Bei Sotheby's? Denken Sie doch noch mal nach!« Der »Dampfer« konnte sich nicht erinnern. »Nun, dann werde ich jetzt gleich einen gemeinsamen Freund anrufen«, sagte er. Er ging zum Telefon und rief Robert Erskine in London an. Er sagte: »Ich habe den Skarabäus gefunden, den man dir gestohlen hat. Er ist zu einem Ring verarbeitet worden und steckt am Finger einer Person, die in meiner Küche sitzt.« Der »Dampfer« dampfte ab in die Nacht.

6
Edinburgh

Bruce Chatwin verließ Sotheby's im Jahr 1966. Er war zu einem der Direktoren des Hauses ernannt worden und hatte zwei Abteilungen – Antiquitäten und Impressionismus – geleitet. Er hatte sich einen Namen gemacht auf einem Gebiet, auf dem er sich auskannte – und er war in der Lage, viel Geld zu verdienen. Er hatte eine sichere Position und Aussichten auf Beförderung. Er war Mitte Zwanzig, und man hätte erwarten können, daß er – wie seine Altersgenossen David Nash, Michel Strauss und Marcus Linell – in dem Auktionshaus bleiben und dort Karriere machen würde. Doch er ging nicht zum letztenmal auf und davon. Und nicht zum letztenmal war sein Verhalten von einem Raunen unterschiedlicher Erklärungen begleitet.

In *Traumpfade* gab Chatwin einen anschaulichen Bericht über die Gründe seiner Flucht:

> Eines Morgens wachte ich auf und war blind.
>
> Im Laufe des Tages konnte ich auf dem linken Auge wieder sehen, aber das rechte blieb trüb und umwölkt. Der Augenarzt, der mich untersuchte, sagte, organisch sei alles in Ordnung, und diagnostizierte die Ursache des Übels.
>
> »Sie haben Bilder aus allzu großer Nähe betrachtet«, sagte er. »Warum tauschen Sie sie nicht gegen ein paar weite Horizonte?«

Nach dieser Konsultation, sagte er in *Traumpfade* und zu mir selbst, als ich ihn für *Harper's & Queen* interviewte, brach er in den Sudan auf, wo er Nomaden mit Schutzschilden aus Elefantenhaut begegnete, eine unter seinem Schlafsack zusammengerollte Puffotter fand und Fährtenlesen im Sand erlernte. Er beschloß, Sotheby's zu verlassen.

Es war nicht ganz genau so. Wie so oft dramatisiert Bruce seine Erzählung, indem er Zusammenhänge und Erklärungen ausläßt und die Zeitenfolge sprengt. Doch wie so oft war sein Bericht nicht so weit von der Wahrheit entfernt, wie postume Gerüchte glauben machen wollen. Die Augen waren die Ursache seiner Beschwerden, und das Reisen sollte Linderung bringen. Bruce, der visuelle Experte, war für Augenleiden so anfällig, wie Bruce, der große Wanderer, von Krampfadern geplagt wurde. Als Teenager hatte er am Ende der Ferien beim Lesen der *Times* plötzlich den Kopf gehoben und verkündet, er könne nicht mehr sehen – darauf folgten Wochen, in denen er der Schule fernblieb. Er bekam rätselhafte Anfälle, bei denen er wiederholt laut lachend die Treppe hinunterfiel. Es gab jedoch keine endgültige Diagnose. Jahre später, als er mit Diana Melly in Wales den Hintergrund für *Auf dem Schwarzen Berg* recherchierte, geriet er im Speisesaal eines Hotels über den Zustand seiner Augen in Panik, sagte, Sonne und Wind hätten ihnen geschadet, und schickte einen Suchtrupp – in Gestalt seiner Freundin – zu einem Apotheker mit Nachtdienst, um Optrex-Augentropfen und Pipetten zu holen. Als er nach einer Reihe langer Abende mit amerikanischen Sammlern mit »physischen und visuellen Verdauungsstörungen« zurückblieb, klagte er: »New York brachte mich völlig durcheinander und hat mich in einem Zustand größter Nervosität zurückgelassen, und außerdem konnte ich auf dem rechten Auge nicht mehr scharf sehen.« Er behauptete sein Leben lang, er könne, sobald er längere Zeit gelesen oder geschrieben habe, nicht mehr sehen.

Der Augenarzt, den er anläßlich des plötzlichen Verlusts seiner Sehkraft aufsuchte, war sein Freund Patrick Trevor-Roper, der Chatwins Beschwerden als »Konvergenzschwäche« diagnostizierte: er hatte ein latentes Schielen, das in Streßsituationen auftrat. Chatwins Symptome – nicht so sehr Erblindung als vielmehr Kopfschmerzen und abdriftende Augen – waren im wesentlichen streßbedingt und verschlimmerten sich, wenn er etwas aus großer Nähe anschaute. Trevor-Roper riet ihm, Sotheby's aufzugeben, fragte seinen Patienten, was er gern tun würde, und als Chatwin »reisen« sagte, bestärkte er ihn darin.

In einem unveröffentlichten Manuskript gab Bruce eine andere Version seiner Indisposition; er führte sie weniger auf einen symbolischen Schicksalsschlag als auf Berechnung zurück: »Ich erdichtete mir ein nervöses Augenleiden, an das ich schließlich glaubte und an dem ich später erkrankte. Das wurde unterschiedlich interpretiert, erfüllte jedoch seinen Zweck – meine Beurlaubung für eine mehrmonatige Reise in Afrika. Das Augenleiden hatte sich verflüchtigt, als ich den Flughafen erreichte.« Weder hier noch in *Traumpfade* sagte er, daß er seine Zeit im Sudan nicht in der Wüste verbrachte, sondern sich bei seiner früheren Freundin Gloria Birkett aufhielt, die verheiratet war und in der Region lebte. Er verließ auch nicht Sotheby's unmittelbar nach seiner Rückkehr nach England.

In seinen letzten Monaten im Auktionshaus nahm Bruce' Phantasie höchst gespenstische Formen an: »Die Atmosphäre in der Welt der Kunst erinnerte mich an ein Leichenschauhaus. ›All diese wunderbaren Dinge, die durch Ihre Hände gehen‹, hieß es – und ich besah meine Hände und dachte an Lady Macbeth.« Im Laufe der Jahre hatten sich bei ihm Groll und Unbehagen angehäuft: er war es leid, Leute vor Sammlern und ihren Objekten katzbuckeln zu sehen; die vielen schönen Dinge, die ihn umgaben, bedrückten ihn; er mußte sich davor hüten, in Betrügereien verwickelt zu werden, und er hatte es satt, ein Objekt als echt bezeichnen zu können, ohne seine Vorgeschichte zu kennen. Und er war beleidigt. Seine Frau erinnert sich, daß er die überraschende Ernennung einer beträchtlichen Anzahl von Leuten zu Direktoren bei Sotheby's unmittelbar zum Anlaß nahm, das Auktionshaus zu verlassen. Chatwin, der nach seiner Rückkehr aus dem Sudan zum Direktor ernannt worden war, hatte erwartet, einer von wenigen zu sein.

Daß er eine Verbündete hatte, erleichterte ihm die Flucht. Im Sommer 1965, mit fünfundzwanzig Jahren, hatte Chatwin Elizabeth

Chanler geheiratet, eine junge Amerikanerin, die bei Sotheby's als eine von Peter Wilsons Sekretärinnen gearbeitet hatte. Elizabeth, klein, brünett und unabhängig, hatte in Harvard Geschichte studiert; sie hatte sich besonders für indische Kunst und Rembrandts Radierungen interessiert und in der Schule ein solides Fundament in Kunstgeschichte erhalten, doch sie behauptete, ihre Anstellung bei Sotheby's hätte sie, wie viele junge Frauen dort, anderen Voraussetzungen zu verdanken. Sie kannte Leute in der Firma. Sie war hartnäckig und bestürmte die Firmenleitung, bis man ihr einen Posten gab – zunächst im kleinen New Yorker Büro, wo es zu ihren Aufgaben gehörte, die Todesanzeigen zu sichten und jede mögliche hinterlassene Kollektion zu wittern. Und ihr eigener Großvater hatte eine Sammlung, an der Sotheby's interessiert war.

Elizabeth, ältestes von acht Kindern, stammte aus einer katholischen Ostküsten-Familie: Bruce schalt sie gern für ihren »schrecklichen Papst« – doch er holte sich vor seiner Heirat Unterweisung bei Mayfair-Jesuiten in der Farm Street. Ihr Vater war Marineoffizier; ihre Mutter, Tochter eines Diplomaten, hatte einen Teil ihrer Jugend in Europa verbracht: ein Bild des auf Pferde spezialisierten Malers Alfred Munnings in ihrer New Yorker Wohnung zeigt sie stocksteif mit siebzehn Jahren vor spanischen Bergen auf einem Pferd mit dem Namen Morning Light sitzend. Sie richteten ihr Zuhause auf der Sweet Briar Farm nahe Rochester im Staat New York ein, die Elizabeths Großvater väterlicherseits, ein begeisterter Jäger, erworben hatte: es gab etwa dreihundert Morgen Land mit Weizen und Hafer, einen ausgedehnten Rasen mit hohen Eichen und ein Schindelhaus von 1890 mit einer geräumigen Terrasse. Hier war Elizabeth aufgewachsen, und von hier aus begab sie sich in die Ehe.

Bruce machte es Spaß, die Freunde mit seiner Heirat zu überraschen, wobei er wie ein Verschwörer mit Informationen über das Ereignis herausrückte. Bei einem Elf-Uhr-Imbiß in einer Espressobar in der Nähe von Sotheby's eröffnete er seinem Freund Cary Welch, einem Spezialisten für indische und persische Kunst, daß er daran denke, sich zu verloben – doch andere Freunde wußten kaum etwas von seiner Liebschaft. Bei einem Abendessen bei den Hodgkins machte er sie mit Elizabeth bekannt, kam anschließend allein zurück und erklärte: »Ich glaube, wir werden heiraten.« Robert Erskine schrie er die Nachricht aus dem Fenster eines Wohnblocks in Chelsea zu und wurde um so ausführlicher, je weiter sich sein Freund von dem Platz entfernte.

Doch die Hochzeit hatte nichts Improvisiertes an sich. Zwei Monate lang wurde ununterbrochen die Versammlung von rund zweihundert Gästen und eine Zeremonie mit einer Hochzeitsmesse in Chanlers Hauskapelle vorbereitet. Am Abend vor der Hochzeit wurde im Haus eines Onkels von Elizabeth eine Dinnerparty für neunzig Verwandte gegeben. Da es trocken und windstill war, wurde das Mahl auf dem Rasen eingenommen, wo später in der Nacht Fackeln brannten. Die drei Schwestern Elizabeths waren die Brautjungfern, in Blaßgelb gekleidet, mit Kränzen im Haar und Gänseblümchen in den Händen; ihre Brüder – »Sie hat eine Menge Brüder. Ich habe große Angst vor diesen Brüdern«, pflegte Bruce zu sagen, bevor er sie kennenlernte – waren neben Hugh Chatwin Zeremonienmeister. David Nash fungierte als Trauzeuge des Bräutigams. Die Braut trug Weiß und einen Schleier, der der Großmutter ihrer Mutter gehört hatte. Sie hatte sich das Haar radikal kurz schneiden lassen, und um ihren Schleier befestigen zu können, mußte sie eine Perücke tragen, deren Locken im Stil der Bräute der sechziger Jahre eigenartig aufgebauscht und gewellt waren, wie Eiscreme in einem Hörnchen.

Auf ihrer Hochzeitsreise umsegelten die Chatwins in einem gemieteten Boot die Küste von Maine. Sie wurden von Elizabeths Freunden Billy und Mia Wood in deren eigenem Boot begleitet, auf dem sich auch Cary Welch und seine Frau befanden. Sie zogen sich eine Zeitlang in Cape Split zurück, das auf den Bildern John Marins verewigt ist; sie wanderten durch Wälder, wo die zwischen Bäumen verstreuten Autowracks von Einheimischen als Zielscheibe für Schießübungen benutzt wurden. Bruce und Elizabeth kauften Abzeichen, die die Inschriften Max und Maxine trugen: »Max« war während ihres gemeinsamen Lebens Elizabeths Kosename für ihren Ehemann. Die Elizabeth Chatwin von heute hat mehr Ähnlichkeit mit der energischen Hochzeitsreisenden als mit der zuckersüßen Braut auf ihren Hochzeitsfotos. Bruce' Witwe war zum Surfen in Alaska und ist auf den Spuren ihres Mannes durch Patagonien gereist, sie leitet Expeditionen im Himalaja und kleidet sich ebensogern in indische Indigotücher, wie sie Matrosenhosen trägt. Bruce, mit dem sie nach Indien, Afghanistan, Persien und China reiste, behauptete oft, als Paar seien sie am glücklichsten gewesen, wenn sie unterwegs waren.

In Homer End hält sich Elizabeth eine Herde schwarzer walischer Bergschafe. Bruce prahlte auf seine übertriebene Art gern damit, sie habe in ihrem Paß die Berufsbezeichnung »Schäferin« angegeben: amerikanische Pässe enthalten keine Berufsbezeichnung, doch als »Schäferin« bezeichnet sich Elizabeth, wenn sie gefragt wird. Bruce selbst fühlte sich nicht zum Hirten berufen und begab sich nur zögernd ins Freie, um beim Zusammentreiben der Tiere behilflich zu sein: dann schritt er, die Hände in den Hosentaschen, am Rand der Felder auf und ab. Die Chatwins hatten unterschiedliche Einstellungen zu Tieren. Bruce mochte keine Haustiere, obwohl er sich manchmal für eins von ihnen erwärmte, wenn es ihn zum Lachen brachte. Es entsetzte ihn, daß Elizabeth so vielen Tieren zugetan war: ihre Küche ist ständig voller Katzen, über dem Treppengeländer hängt ein Sattel, in ihrem Auto tobt ein Haufen kleiner Hunde – hübsche Jack-Russell-Terrier und chinesische Löwenhunde, die mit ihren langen Mähnen und buschigen Schwänzen wie zusammengebundene Mops aussehen. Einmal sah Bruce einen dieser Hunde argwöhnisch an – die Augen waren unter seiner Mähne verborgen, nur das breite Grinsen zeigte an, wo welches Ende war – und hielt seiner Frau vor, das Tier sei »so scheinheilig. Ich verstehe nicht, woher du weißt, was er denkt.« Am liebsten mochte er Möpse – weil ihre Gesichter so deutlich hervortraten.

»Ich weiß *wirklich* nicht, was Feminismus ist«, beteuerte Bruce mir gegenüber. Doch oft verhielt er sich so, als wüßte er es. Bei unserer gemeinsamen Arbeit strahlte er nicht den geringsten Schimmer männlicher Überlegenheit aus, und er äußerte bereitwillig seine Verachtung für das gönnerhafte Gebaren fortschrittlicher Verleger, die über ihre weiblichen Untergebenen gackeln: »Ach ja, diese Mädchen!« Eine ähnlich herablassende Haltung beschrieb er in *Auf dem Schwarzen Berg*: »Niemals, sagte er, war er einer intelligenteren Frau begegnet, als wäre das bereits ein Widerspruch in sich.« Und er heiratete eine Frau, die, obwohl sie ihn mit großer Aufmerksamkeit umgab – Bruce ließ sich immer gern bemuttern –, ein unabhängiges Leben führte und selbständig dachte: in Homer End gab es oft zwei Redeflüsse, die manchmal ineinander übergingen, manchmal kollidierten und manchmal sanft nebeneinander verliefen.

Elizabeth erhob keinen Einwand, als ihr Mann ankündigte, er wolle seine lukrative Stellung bei Sotheby's aufgeben und, im Alter von sechsundzwanzig, an der Universität von Edinburgh Archäologie studieren. Er hoffte auf ein von der Wissenschaft weitgehend unbelastetes Studium: vor diagrammintensiveren archäologischen Kursen scheute er zurück – es fällt schwer, sich ein von Bruce gezeichnetes Diagramm vorzustellen.

Wenige Wochen nach Beginn seines ersten Semesters in Edinburgh schickte er einen Brief an Stephen Tennant, einen von Bruce' »ornamentalen Einsiedlern«. Von Tennant hieß es, er habe seinem Vater, Lord Glenconner, gesagt, daß er zu einer »großen Schönheit« heranwachsen wolle – was er auch tat. Jacob Epstein fertigte eine Skulptur von ihm an, Thomas Hardy verglich seinen Gang mit dem Gang Swinburnes, Siegfried Sassoon, mit dem er eine Affäre hatte, verehrte ihn, und er wurde, graziös und im Regenmantel, oft von Cecil Beaton fotografiert. Die Porträts, die dieser von ihm gemacht hatte, bezeichnete er als »nahezu vollkommen, wonnig & verwirrend & rührend & die mit der nackten Schulter sind wie eine Skulptur und zu schön für Worte!« Tennant dekorierte eins seiner Zimmer ausschließlich in Silber, er schrieb endlos an einem Buch, das *Lascar* heißen und von Marseille, Matrosen und Bordellen handeln sollte, und er lebte zurückgezogen in seinem Herrenhaus in Wiltshire, wo er plante, ein Bassin für Seehunde anzulegen.

Als Bruce bei Sotheby's arbeitete, hatte er Tennant geschrieben, sich dabei auf einen Freund – »einer Ihrer feurigen Bewunderer« –

berufen und sich erkundigt, ob er eins von Tennants Bildern kaufen könne – »Lassen Sie mich wissen, ob Sie eins entbehren können, eins mit Laskaren?«, – und er hatte für ihn den Verkauf eines seiner Bilder, Tschelitschews *Garçon allongé*, in die Wege geleitet. In dem Brief aus Edinburgh teilte er Tennant mit, sicher in Anspielung auf die frühere Existenz seines Korrespondenten, als dieser den Reichen und ihren Schätzen huldigte: »Ich war in meinem ganzen Leben noch nie so überarbeitet. Nicht einmal Herzoginnen sind so zeitraubend wie historische Essays.« Bruce stieß ein paar schelmisch-eitle Klagen aus: »Ich habe gelernt, die Studenten des zweiten Jahrgangs, die ungeheuer viel Eigendünkel besitzen, nie zu beleidigen. Ein Drittsemester hat sich über meine Schulter gebeugt und gefragt, warum ich dieses besonders abwegige Buch läse, und dann sagte er, Erstsemester könnten seine Geheimnisse nicht ergründen. Eine strenge Hierarchie trennt die Jahrgänge voneinander, so daß sie einander nie begegnen, geschweige denn miteinander reden.« Und mit ehrlichem Vergnügen beschrieb er einen Studienkameraden, an dem Tennant Gefallen finden konnte: »Es gibt hier einen herrlichen jungen Mann mit karottenfarbenen Zöpfen, der einen roten Plastikmantel und keine Schuhe trägt, obwohl das Pflaster vereist ist.«

Chatwin schrieb aus dem Canongate, wo er und Elizabeth das zweite Jahr ihres Ehelebens in einer städtischen Wohnung verbrachten – Teil eines Seitenflügels aus den sechziger Jahren, der an einen Wohnblock aus dem siebzehnten Jahrhundert angebaut war. Auf der gegenüberliegenden Seite der Royal Mile stand das Haus von John Knox, in unmittelbarer Nähe vom Zentrum von Midlothian, einer Gegend, in der es von kuriosen Leuten und Touristen wimmelte. Der Versuch, eine Wohnung in der Neustadt zu kaufen, war fehlgeschlagen, weil ihr Konsulent gezittert und Besorgnis geäußert hatte bei dem Gedanken, daß eine junge Frau aus gutem Hause eine Wohnung kaufte, in deren Nähe ein Mord geschehen war. Elizabeth Chatwin, die zwischen der Canongate-Wohnung und Holwell Farm hin und her pendelte, einem Haus, das sie soeben in einem Tal in Gloucestershire gekauft hatten, haßte die Zeit in Edinburgh. Sie haßte auch die Wohnung, die schlecht renoviert und nicht fertiggestellt worden war. Die Fenster waren an sonderbaren Stellen angebracht, die Garderoben hatten keine Schienen, der Fußboden war aufgesplittert, und der Boiler brauchte vier Stunden, um genügend Wasser für ein Bad zu erhitzen. Chatwin kaufte Möbel bei der Heilsarmee sowie Sisalteppiche, und Christopher Gibbs erinnert sich, daß das Apartment zugleich »sachlich, elegant und leer« und »voll charmanter Dinge« war. Es war Chatwins Arena für den ständigen Kampf zwischen seinem Sammeltrieb und seinem ästhetischen Empfinden, das ihn zwang, sich von »seinem starken Verlangen, zwei Aschenbecher statt einen zu haben«, zu befreien. Doch für Elizabeth war diese Wohnung immer schrecklich; das Haus war ausschließlich von Engländern bewohnt, die »zusammenhockten und jammerten«. Auch haßte sie die Reihe von Pubs, in denen man nicht sitzen konnte, das Kino, das ununterbrochen *The Sound of Music* zeigte, und sie haßte die Zeit, die nötig war, um einen Salat aufzutreiben.

Ihr Mann hatte mehr, um sich abzulenken. Da waren Chatwins zahlreiche Essays. Sie waren außerordentlich gut, trafen termingerecht ein und waren getippt. Zum Essen ging er gern ins Café Royal – ebenso wie seine Frau, mit der er in Canongate ein Gericht aus drei verschiedenen lokalen Fischen erfand. Und er machte gelegentlich Ausflüge außerhalb der Stadt. Mit Christopher Gibbs wanderte er in der Nähe von Dunbar übers Land, auf der Suche nach der Stelle, von der aus Thomas »the Rhymer«, ein schottischer Wahrsager und Dichter des dreizehnten Jahrhunderts – er soll den Ausgang der Schlacht von Bannockburn und den Tod des schottischen Königs vorausgesagt haben –, angeblich ins Feenland entwischt war, wo er die Elfenkönigin zu seiner Geliebten machte. Chatwin und Gibbs reisten mit dem Zug auf Nebenstrecken und hatten Gepäck von zwergenhaften Proportionen bei sich: Gibbs erinnert sich an »einen Vorleger und irgendeinen alten Kessel, und vielleicht auch eine Zahnbürste in dem Kessel. Bruce hatte immer irgendwo ein kostbares kleines Bündel dabei – eine ganz, ganz besondere Seife oder etwas Ähnliches.«

In Edinburgh freundete sich Chatwin mit seinem Professor Stuart Piggott an, dessen Vorlesungen für ihn zu den Attraktionen der Universität gehörten. Piggott, Autor von Büchern über Prähistorie und einer Untersuchung über William Stukeley, einen Altertumsforscher des achtzehnten Jahrhunderts, hatte etwas Schulmeisterliches und Pedantisches an sich. Er war dreißig Jahre älter als sein Student und hatte ein völlig anderes Temperament: »Ich stehe auf der Seite der Aufklärung«, sagte er. Bruce »stand auf der Seite der Romantiker«. Auch hatte Bruce »ein lebhaftes Interesse an Menschen – das ich nicht teilte«. Doch beide waren fasziniert von Fälschungen, die Piggott seit langem interessierten. Er war mit einem der Archäologen befreundet, die die Fälschung des Piltdown-Menschen entlarvten; Chatwins vielgerühmtes Auge hatte sowohl Schwindel aufgedeckt als auch Echtes erkannt. Robert Erskine erinnert sich, seinen Freund gesehen zu haben, wie dieser bei Christie's durch einen Raum stürmte, hinter sich einen Troß junger Männer, die Mühe hatten, ihm zu folgen, und sich Notizen machten, während Chatwin sein Urteil verkündete: »Gefälscht, gefälscht, dies ist eine Fälschung, dies ist eine absolute Fälschung, und dies ist eine scheußliche Fälschung ...« Und sowohl Chatwin als auch Piggott waren begeisterte Esser. Zwei Lieblingsgerichte Chatwins schmeckten Piggott besonders gut: gekochtes Huhn, in einer Zitronensoße serviert, und ein Auberginengericht aus der Türkei, *imam bayeldi* genannt, was »Der Imam fiel in Ohnmacht« bedeutet – als ein Priester dieses köstliche Gericht zum erstenmal probierte, sollen ihm die Sinne geschwunden sein.

Es hat den Anschein, als wäre auch der Professor beinahe ohnmächtig geworden. Piggott war seinem Schüler sehr zugetan. Ein Freund Chatwins behauptet, dieser Lehrer habe Bruce in einem Anfall romantischer Schwermut einen Selbstmordpakt vorgeschlagen. Als Chatwin, ermutigt von einem älteren Angehörigen des Lehrkörpers, beantragte, sein Studium in drei statt vier Jahren abzuschließen, lehnte Piggott ab; später sollte er sagen, Edinburgh sei ohne Bruce nie wieder so gewesen wie zuvor. Piggotts Ablehnung war einer der Gründe dafür, daß Chatwin Edinburgh verließ. Ein anderer war der Weggang eines Dozenten für das frühe Mittelalter, dessen Vorlesungen er unbedingt besuchen wollte. Ein weiterer war die Trübsal seiner Frau. Auch war er mit seinem

Studienfach nicht zufrieden: »Mit der Archäologie bin ich in dieselbe Falle geraten wie in der Kunstwelt, weil auch sie sich zu sehr auf Dinge verläßt«, sagte er in einem Interview ein Jahr vor seinem Tod. »Im Kairoer Museum sah ich die vielen Gesichtsmasken von Pharaonen, eine neben der anderen. Ich fragte mich: Wo sind Moses' Gesichtsmasken? Ich begann Leute zu mögen, die keinen Müll hinterließen. Ich wollte die Kehrseite der Medaille entdecken.« Dieser Wendepunkt hatte eine ästhetische Dimension und spiegelt seine Vorliebe für äußerst schlichte, unauffällige Objekte wider: für ihn sahen die Pharaonen aus, als wären sie »vom Möbelhaus Heal's« bestattet worden. Er sagte mir, damals hätte er begonnen, sich für Leben zu interessieren, »das kein Archäologenspaten ausgraben« könne, für das Leben von Nomaden, die durch die Geschichte wanderten, »ohne eine Brandstelle zurückzulassen«.

Fasziniert von der Vorstellung, daß Archäologen dazu neigen, sich selbst zu begraben, hatten er und David Nash Beispiele von Todesfällen gesammelt, die durch einstürzende Gebäude oder einbrechende Tunnel verursacht wurden. Auf diese Beispiele bezog sich Bruce in dem nachfolgenden Entwurf einer Passage aus *In Patagonien*, wo er seine Klagen über sein früheres Studium erweiterte. Er nannte Archäologie »eine trostlose Wissenschaft«, und seine Beschreibung von Sammlern von Altertümern in Sarmiento hat einen Anflug von Verdrossenheit:

> Diese Archäologinnen hatten die unzerstörbare Patina der Objekte angesetzt, die sie liebten. Sie bestätigten eins von meinen liebsten Vorurteilen: Archäologinnen kommen durch das Wühlen in der Erde zu ungeheuren Kräften; Männer, die sich zur Archäologie hingezogen fühlen, neigen zu Erschlaffung, zum Selbstmord, so daß es eine glorreiche Vollendung ihrer Laufbahn sein könnte, ihr eigenes Grab zu schaufeln. Es hat unlängst zwei Fälle gegeben, einen in Santorin und den anderen in Chile, wo sich Archäologen in ihren eigenen Aushöhlungen begruben. Archäologie übt eine Anziehung auf Depressive aus.

Daneben stehen die Worte: »Bin mir meiner eigenen Sterblichkeit nie so bewußt gewesen« – obwohl sie ihm in der Nachrufabteilung von Sotheby's deutlich bewußtgemacht wurde. In einer Rede mit dem Titel »Die Moral der Dinge«, die er 1973 bei einer karitativen Kunstauktion des Roten Kreuzes hielt, sprach Bruce sein Bedauern darüber aus, daß seine ehemaligen Lehrer jeden Versuch, anhand prähistorischer Gegenstände Rückschlüsse auf die Religion und den Charakter ihrer Hersteller zu ziehen, als »emotional und unwissenschaftlich« abtaten.

Auch andere Spezialisten begegneten diesen Versuchen mit Skepsis. Im Winter 1970 organisierte die Asia House Gallery in New York eine Ausstellung mit dem Titel »Animal Style – Art from East to West«. Das Material dazu wurde von Emma C. Bunker vom Denver Art Museum ausgewählt, die auch den Katalog zusammenstellte, assistiert von Ann R. Farkas von der Abteilung Kunstgeschichte in Columbia – und von C. Bruce Chatwin. In einem einleitenden Essay beschrieb Mrs. Bunker einige der Merkmale dessen, was als »Tierstilkunst« bekannt war: eine Art von Ornamenten, die frühe europäische und asiatische Kriegerhirten verwendeten. Sie behauptete, daß die Bezeichnung ungenau und die Ursprünge des Stils ungeklärt seien. Sie sagte auch, diese Kunst könne »faszinierend, manchmal sogar schön sein, aber sie ist nie monumental oder intellektuell«. Diese barbarischen Objekte von kleiner Dimension seien auch von geringer Bedeutung, verglichen mit den »wichtigen Errungenschaften in Malerei, Skulptur und Architektur zivilisierter Stadtbewohner«.

Der Katalog enthält ein stattliches Aufgebot von graziösen, amüsanten, ausdrucksvollen Objekten. Kein einziges wäre in der Ausstellung eines Teils der Sammlung von George Ortiz fehl am Platze gewesen. Zum Beispiel ein schmucker Bronzevogel aus China mit einem langen, geraden Schwanz und einer eleganten Haube: er wurde um 1300 vor Christus hergestellt und war dazu gedacht, das obere Ende eines Stabs zu zieren. In seinem Innern befand sich eine kleine Kugel, durch die der Vogel zu einer Rassel wurde. Oder ein Pferdegeschirrschmuck aus Mittelasien aus dem sechsten bis fünften Jahrhundert vor Christus, auf dem ein wunderbar geschmeidiger Steinbock abgebildet ist, dessen Beinstellung die Biegung seiner langen Hörner wiederholt; er ist knapp sechs Zentimeter groß. Oder eine ausgehöhlte Geweihröhre aus Alaska, in die ein Tierkopf mit kurzen Ohren und pechschwarzen Augen geschnitzt ist. Oder auch ein zwanzig Zentimeter langer Stift aus dem Kaukasus, dazu gedacht, auf einem Grab zu stehen, an dessen Kopfende sich ein Bronzepferd mit einem Reiter in Stiefeln und enganliegenden Hosen, einem kugelrunden Kopf und einer dicken Nase befindet. Ferner Dolche, Anhänger, Axteisen, Stäbe, Gürtelschnallen, Ärmel-Gewichte, Amulette und Messergriffe; Greifen, Wölfe, Walrosse, Adler, Schlangen, Pferde, Tiger und Drachen.

Bruce bewunderte solche Objekte. Seine Leidenschaft für den Tierkunststil teilte er mit Cary Welch, der seine Mitarbeit an der Asia-House-Ausstellung ermöglichte. Selbst wenn Chatwin in seinem Katalogtext nicht davon sprach, hielt er die Arbeiten dieser »Barbaren« für ebenso bedeutend und charakteristisch wie die monumentalen Artefakte »Zivilisierter«. Was er in seinem Essay »Die nomadische Alternative« sagte, schien die anderen Mitarbeiter am Katalog zu irritieren. Es war ein höchst spekulativer und ausführlicher Text, und er war lebendig und anregend. Bruce legt nahe, daß Schamanismus den Tierstil inspiriert haben könnte und daß diese Inspiration eine Erklärung für das Auftauchen des Stils bei den Eskimos und bei den Iren, bei den nordamerikanischen Indianern und bei den Asiaten sein könnte. Mit dieser These umreißt er seine persönliche Ästhetik: »Die nomadische Kunst tendiert mehr oder weniger dazu, tragbar, asymmetrisch, dissonant, rastlos, entkörperlicht und intuitiv zu sein.« Auch stellt er ein paar aufregende Vergleiche an. Zeitgenössische Berichte über Halluzinationen im Trancezustand sprechen von »einer Auflösung von Raum und Form, vom Zerfall eidetischer Bilder zu Spiralen, Quirlen, Voluten, Teppichmustern, Netzen und Gittern; Farben haben einen überirdischen Glanz; es erscheinen halbe Gesichter, Gesichter, die sich an einer zentralen Achse in zwei Hälften teilen, Röntgenvisionen.« In der Nomadenkunst sind »die Farben grell; gewagte Silhouetten und eine ausgefeilte Technik von durchbrochenen Spiralen, Gittern und geometrischen Filigranmustern haben Vorrang vor Masse und Volumen. Tiere werden von beiden Seiten gleichzeitig dargestellt, der Kopf formt eine frontale Maske aus. Der sogenannte Röntgenstil ist häufig zu beobachten.«

Emma Bunker kritisierte diese Theorie in ihrem Beitrag zum Katalog, und Gordon Bailey Washburn, der Direktor des Asia House, schrieb mißbilligend in seinem Vorwort: »Mr. Chatwin, im Grunde seines Herzens ein Anthropologe, neigt zu der Auffassung, daß der Schamanismus die wahrscheinlichste Quelle der Inspiration für den Tierstil sei ... Mrs. Bunker und Dr. Farkas interessieren sich weniger für eine unbewiesene Hypothese und mehr für gründliche Recherchen über die Wanderungen alter Völker und ihre ornamentalen Stile auf dem weiten Antlitz Asiens und dem kleineren Antlitz Europas.« Dies klingt wie ein Echo auf die Bemerkung Stuart Piggotts, der in seiner Rede auf einer PEN-Veranstaltung über Bruce einen Teil der Zuhörer mit seiner schulmeisterlichen Vorsicht amüsierte: »Er hätte, wenn nicht eine Eins, sicherlich eine sehr, sehr gute Zwei bekommen.«

Bruce schrieb nie über seine Zeit in Edinburgh, obwohl ihm seine Arbeit dort als Material für *Traumpfade* diente. Doch er hinterließ eine indirekte Schilderung über die Wirkung, die die Stadt und seine Erfahrungen dort auf ihn hatten. »Du darfst nicht vergessen, daß ich mehr oder weniger Nomade sein werde, bis meine Zeit um ist.« Nicht Bruce Chatwin schrieb das, sondern Robert Louis Stevenson 1874 im Alter von vierundzwanzig Jahren in einem Brief an seine Mutter. Hundert Jahre später zitierte Chatwin diese Worte, als er James Pope-Hennessys Stevenson-Biographie für *The Times Literary Supplement* rezensierte. Es ist die verwirrendste und aufschlußreichste seiner Kritiken.

Das Bemerkenswerte an Chatwins Artikel ist, daß er Stevenson sowohl als Mensch als auch als Schriftsteller abtut, obwohl er Verständnis für ihn hat und ihn lebendig darstellt. In vier Absätzen äußert er sich fünfmal auf abschätzige Weise über ihn, indem er sein Sujet für zu leicht befindet. Stevenson war »ein begabter Geschichtenerzähler, aber er war nie ein erstklassiger Schriftsteller«;

am besten war er als Autor von einfachen Kinderbüchern, »was noch längst keinen erstklassigen Schriftsteller ausmacht«; sein Leben war »keine erstklassige Leistung«; er war ein »offensichtlich mittelmäßiger Schriftsteller« – in Wirklichkeit »ist es gerade seine Mittelmäßigkeit, die Stevenson interessant macht«. Bruce nahm selten den Auftrag für eine Buchkritik an, wenn er nichts Positives zu sagen hatte. Es steht außer Frage, daß er Stevenson ausgesprochen interessant fand: seinen Freunden gegenüber sprach er mit Leidenschaft von ihm. Seine beispiellosen, immer wiederkehrenden verletzenden Äußerungen verraten, daß hier jemand gegen Faszination und Komplizenschaft ankämpft. Der Artikel ist im Grunde ein komplizierter Text über Selbsterforschung und Selbstverachtung.

Chatwin und Stevenson waren sich in vieler Hinsicht ähnlich, und einiges davon mußte Bruce bewußt sein, als er seine Rezension schrieb. Beide Männer waren selbsternannte »Nomaden«, die über ihre Reisen schrieben und sich einen Ruf als romantische Gestalten erwarben. Beide erhielten ihre Ausbildung, im Fall Chatwins nur für kurze Zeit, in Edinburgh. Beide waren frankophil, und beide heirateten eine Amerikanerin. Die sexuelle Veranlagung des einen wie des andern hat zu öffentlichen Spekulationen geführt: Chatwin spricht von Stevensons »Begabung, Menschen beiderlei Geschlechts zu verzaubern«. Beide starben Ende Vierzig, umgeben von Halbwahrheiten und Heldenverehrung. »Ob seine Handlungen echt oder vorgetäuscht waren, ist unerheblich«, meint Chatwin. »Die Ereignisse seines Lebens und die Umstände seines Todes bilden ein mythisches Ganzes ...« Seine Beschreibung von André Malraux als »einem begabten jungen Ästheten, der sich in einen großen Mann verwandelte«, ist sowohl im Hinblick auf Stevenson als auch auf Chatwin selbst von Interesse.

Sobald es in einem Punkt eine Ähnlichkeit gibt, schreckt Chatwin vor seinem Sujet zurück. Stevensons Reisen werden als zaghaft, als Flucht vor der Wirklichkeit und als Kompromiß dargestellt. »Er sehnte sich nach dem Abenteuer, nach einem ›reinen, leidenschaftslosen Abenteuer, wie es den großen Forschungsreisenden widerfahren ist‹, doch dazu war er nicht beherzt genug. Alles in allem reiste er in der gefahrlosen Welt der Ästheten.« In Wirklichkeit war Stevenson ein mutiger Reisender – und als solcher, wie Chatwin sagt, oft in hoffnungslos schlechter körperlicher Verfassung. Er fuhr allein von Edinburgh nach Monterey, mit einem Auswandererschiff und mit dem Zug, und bei seiner Ankunft litt er an Unterernährung, Ekzemen und Pleuritis. Er besuchte über vierzig Pazifikinseln und verbrachte eine Woche in der Leprakolonie auf der Insel Molokai. Doch das wirklich Erstaunliche an Bruce' Unfairneß ist die Tatsache, daß er die Extreme seiner eigenen Persönlichkeit gegeneinander ausspielte. Chatwin selbst war mehr Reisender als Forscher: er begab sich nicht allein in Gegenden, die auf keiner Landkarte verzeichnet sind, und in dieser Hinsicht waren seine eigenen Reisen begrenzt und »gefahrlos« – was nicht bedeutet, daß der Reisende weniger beherzt, unternehmungslustig und neugierig war. Und es waren sicherlich die Reisen eines Ästheten. Der Abenteurer und der Ästhet in Chatwin führten eine Koexistenz – doch hier werden beide als lächerlich und als nicht zu vereinbaren dargestellt.

Stevenson, so Chatwin, »beteuerte immer wieder sein Bedürfnis nach einem einfachen Leben, allein oder mit der geliebten Frau in der freien Natur, nur um sich die erdrückende Staffage der Mittelschicht aufzuhalsen«. Jeder, der Bruce länger kannte, hatte ihn über die Erwerbssucht schimpfen hören. In seinem Vortrag »Die Moral der Dinge« vor einem Publikum, das versammelt war, um Kunstwerke zu ersteigern, wetterte er gegen die Anhäufung von Kunstgegenständen, und er war jederzeit bereit, aus dem Stegreif diesbezüglich Tiraden loszulassen. Seine eigene Lebensart hatte nichts »Erdrückendes« an sich, sie sollte eher zwanglos statt bürgerlich wirken, doch wer ihn in seinem jeweiligen Zuhause besuchte, wurde sich seiner Fähigkeit bewußt, schöne Dinge zu beschaffen. Zwischen seiner Freude an Objekten und seiner Abneigung gegen sie war das Verhältnis ganz offensichtlich gespannt: »Sehnen wir uns denn nicht alle danach, unsere Altäre umzustürzen und unseren Besitz loszuwerden?« fragte er in »Die Moral der Dinge«. Die meisten Freunde Chatwins sahen in dieser Spannung eher einen heilsamen Widerspruch als ein Scheitern oder eine Beinahe-Scheinheiligkeit, die er Stevenson nachweisen möchte. Doch es sieht so aus, als wäre Bruce mit sich selbst härter zu Gericht gegangen.

In seiner Studie geht die Beschreibung auf überraschende Weise in Mißbilligung über. Stevenson »gehört in die bekannte Kategorie verhätschelter Kinder aus einem respektablen, engstirnigen Elternhaus, die sich weigern, in das Familienunternehmen einzusteigen und die der Zivilisation zugunsten eines gesunden Primitivismus den Rücken kehren möchten, durch affektive und finanzielle Abhängigkeiten jedoch an die Heimat gebunden sind«. Das ist nicht gerade unehrenhaft, doch es kommt schlimmer: »Stevenson ist ein Vorläufer zahlloser Mittelstandskinder, die die Strände der Welt bevölkern oder bei anachronistischen Beschäftigungen oder überlebten Religionen Trost suchen. *Reise mit einem Esel* ist der Prototyp einer unausgegorenen studentischen Expedition.« Hier hat sich Bruce – als reisender Sohn ihn unterstützender Eltern des Mittelstands – von seinem Anliegen verleiten lassen, zu den anderen Reisenden der sechziger und siebziger Jahre, den Hippies, auf Distanz zu gehen. Es ist ein Anliegen, dessentwegen ihn der Dramatiker Alan Bennett zur Rede stellte – und es ist Teil von Chatwins Verdacht, daß alles Vertraute zwangsläufig mittelmäßig ist.

An anderer Stelle gibt er eine Beschreibung, die sein Selbstporträt sein könnte, nur um die von ihm geschilderte Gestalt mit Hohn zu überschütten: »Auf der einen Seite war Stevenson der ewige Knabe mit dem Tornister auf dem Rücken, stets glücklicher, wenn er woanders war.« Genauso haben viele Leute Bruce erlebt – der fortfährt, den Rucksackträger zu verunglimpfen –, »unfähig, sich mit den Komplikationen der Sexualität auseinanderzusetzen, und geneigt, sich auf einem Fahrrad abzureagieren«. Dann rügt er den Schriftsteller dafür, auch das langweilige Gegenstück zu dieser Person zu sein: »Auf der anderen Seite war Stevenson der gesetzte, konventionelle Mensch, der überzeugt war, einen Hausstand gründen zu müssen.« Damit wird er dem exotischen Paar keineswegs gerecht: Fanny war zehn Jahre älter als

Stevenson und lebte bei ihrer ersten Begegnung in einer Künstlerkolonie im Wald von Fontainebleau, war noch verheiratet und hatte zwei Kinder; ihre Eltern mißbilligten die Verbindung.

Stevenson »hatte das Gefühl, großzügig mit Informationen über seine Person umzugehen«. In Wirklichkeit, erklärt Chatwin, und man könnte es als eine ironische Darstellung seines eigenen Vorgehens in seinen Büchern und in diesem Artikel betrachten, »hielt er sich mit Geständnissen eher zurück, doch in seinen Geschichten ließ er, bewußt oder unbewußt, deutliche Anspielungen zu«. Es sind Stevensons Gespaltensein, seine Widersprüche und seine Ambiguität, von Chatwin als Duplizitäten hingestellt, die ihn inspirieren. In Edinburgh, behauptet er, »liegt der Schlüssel zum Verständnis Stevensons«, und Edinburgh, wo sowohl Chatwin als auch Stevenson die Universität besuchten und wo beide ihr Studium abbrachen, »ist ein absolut widersprüchlicher und paradoxer Ort«. Die Stadt besteht aus Neustadt und Altstadt, ist heruntergekommen und vornehm, neblig und luftig, puritanisch und orgiastisch, urban und ländlich, voller Slums und voller Villen. Edinburgh bewirkte bei Stevenson »einen unaufhörlichen Wechsel von Liebe und Haß, der seinen Tod in der Südsee anzukündigen schien« – obwohl die Südsee ihn vor Edinburghs Nebel und puritanischer Sterilität rettete. Edinburgh ermöglichte ihm auch, seinen Roman *Dr. Jekyll und Mr. Hyde* über menschliche Dualität zu schreiben. Im anrührendsten Satz seines schmerzlichen Artikels legt Bruce ein Wort für den bösen Partner des Duos ein: »Es spricht nicht gerade für Stevensons Verständnis und Toleranz, daß er Dr. Jekyll seine Sympathie schenkte und Mr. Hyde verdammte.«

Bruce trat wie ein klar orientierter, entschlossener, ungewöhnlich aufrichtiger Mann auf; seine Urteile sind eher die eines Menschen, der weiß, was er will. In seinem Text über Stevenson und dessen Gespaltensein verrät er einiges von den Problemen und Ängsten, die seine eigene Entschiedenheit und unzweideutige Prosa begleiteten. Er macht Stevenson den Vorwurf, sich mit einer Reihe von Schriftstellern nicht messen zu können. Walt Whitman, Rimbaud und Hart Crane – der erste hatte, wie Chatwin an anderer Stelle sagte, großen Einfluß auf seine frühen Lebensjahre, der zweite war eine späte Obsession – werden als weitere »literarische Vagabunden« angeführt. Ein Vergleich mit Oscar Wilde ist weniger überzeugend: Stevenson und Wilde waren nahezu Altersgenossen – sie wurden im Abstand von fünf Jahren geboren und starben beide in ihren Vierzigern um die Jahrhundertwende –, doch ihr Lebensstil und ihr Schreibstil waren sehr unterschiedlich. Es ist überhaupt nicht einzusehen, warum Stevenson mit Wilde verglichen werden sollte, dessen »offenherzige Kühnheit« ihm angeblich fehlte. Sicher hatten Wilde, Hart Crane, Rimbaud und Whitman unter anderem gemein, daß sie eindeutig homosexuell oder bisexuell waren. Chatwin machte sich zum Sprecher für sie und für sexuelle Offenheit, obwohl ihm nach seinem Tod vorgeworfen wurde, er selbst habe es daran fehlen lassen.

Aber er behauptet nicht, Robert Louis Stevenson sei homosexuell gewesen. Er schildert Situationen, die einige Kritiker veranlaßten, neugierig zu werden: eine angeblich starke Zuneigung zu seinem Stiefsohn, die Bewunderung für seine hübschen samoanischen Hausboys in der Südsee und auch für die Matrosen voller Narben, die er in *Die Schatzinsel* beschrieb, das »Mädchenhafte« an ihm sowie seine zärtlichen Beschreibungen männlicher Freundschaft – »sein Blick ruhte in dem seines alten Freundes wie der eines Liebhabers in den Augen seiner Geliebten«. Er selbst kommt zu einem anderen Schluß. Er zitiert einen Vers, den Stevenson schrieb, als er sich von Guglielmo Nerli porträtieren ließ:

> Oh! wird er mich malen, wie's mir gefällt,
> niedlich wie ein Girlie,
> oder gar als scheußlichen Köter, der bellt,
> und das … für Mr. Nerli!

Er fährt fort: »Wäre er ein Homosexueller gewesen oder hätte er gewußt, was es bedeutet, einer zu sein, hätte er diese koketten und peinlichen Zeilen sicherlich nicht geschrieben.« Dieser Kommentar ist ungewöhnlich für Bruce, da er ihn öffentlich als jemand hinstellt, der weiß, was es bedeutet, homosexuell zu empfinden.

Die intime Kenntnis, mit der Chatwin seine Mutmaßungen

über Stevenson anstellt, ist in der Erörterung von Stevensons Ehe mit Fanny Osbourne wahrzunehmen. Er ist überzeugt, daß »in dieser Ehe nicht sehr viel Sex stattfand«, überzeugt, daß Stevenson in seine spätere Frau vernarrt war, und er weiß genau, wie ihre Ehe funktionierte: »Fanny war der beherrschende Partner. In guten Zeiten war sie Gefährtin, Mitabenteurerin, Schwester und Mutter, doch kaum je Geliebte. In schlechten Zeiten war sie die ergebene Krankenschwester mit eisernem Willen.« Er geht hart mit Fanny ins Gericht – mit dem, was er als ihre schlechte Laune, ihren Snobismus und ihr »Sendungsbewußtsein« ansieht. An einem Punkt karikiert er das Paar und seine Ehe auf heftige Art und Weise, als er beider Porträt des Malers John Singer Sargent umdeutet: »Das von Sargent in Bournemouth gemalte hervorragende Porträt des Paares sagt alles – er als blasser, aufgeregter Narziß, der seinen Schnurrbart zwirbelt und sich im Spiegel betrachtet, sie eine rundliche, sitzende Gestalt in orientalischem Kostüm.« Aphoristisch fährt er fort: »In mancher Hinsicht waren die Stevensons ein sehr modernes Paar.« An anderer Stelle reagiert er mit Begeisterung und Sympathie auf ihre Liebesgeschichte: »Es leuchtet durchaus ein, daß der linkische, elfenartige junge Mann mit dem ›eigenartig intensiven Blick‹ sich zu einer attraktiven älteren Frau hingezogen fühlte. Außerdem übt jede transatlantische Liebesgeschichte zusätzliche Faszination auf beide Seiten aus, da sie den Zauber des Exotischen mit müheloser Verständigung vereint.« Hier schreibt Chatwin als Mann, der eine Amerikanerin heiratete, eine wie Fanny Osbourne fähige, praktisch veranlagte, angriffslustige und selbstsichere Frau, die in Europa künstlerischen Beschäftigungen nachging.

Er schreibt auch als Mann, auf den die folgende Beschreibung zutreffen könnte:

> Mit Manchesterjacke, Strohhut und einem umgehängten Rucksack traf er in der Pfarrei von Cockfield ein. Zu diesem Zeitpunkt hatte er sich den jungenhaften Stil zugelegt, der bereits in Großbritanniens Universitäten vorherrschend war und der später mit pietätvoller Anglophilie in den Vereinigten Staaten

> imitiert wurde – sehr jung, sehr geistreich, sehr impulsiv, sehr gebildet, sehr vielversprechend, sehr pittoresk, sehr nervös, sehr großzügig und ach! so sensibel. Rupert Brooke war der Höhepunkt dieser Entwicklung. Louis' wesentlicher Charme in seiner schottischen Version der Rolle bestand anscheinend in seiner egozentrischen, wenn auch geselligen Art; Jahre später kam eine Interviewerin einer Erklärung nahe: »Er ging davon aus, daß auch die anderen ihre eigene unbändige Lebendigkeit besaßen, daß sie sein Interesse an allen interessanten Dingen verstanden und teilten.«

Diese Beschreibung von Robert Louis Stevenson in J. C. Furnas' Biographie des Schriftstellers paßt gut zu Chatwin, obwohl dieser nie so verträumt war wie Rupert Brooke. Das gleiche gilt für Sidney Colvins Erinnerungen an seinen jungen schottischen Freund: »Reine poetische Eloquenz ... schwerwiegende Argumente und Kritik, zügellose Launenhaftigkeit, unsinnige Einfälle, erhellender als jede Weisheit, strömten unermüdlich aus ihm hervor.« In beiden Fällen hatte die Zurschaustellung eines derart sprühenden Charmes ihren Nachteil. Stevensons Freund, der Philologe und Märchenerzähler Andrew Lang, Autor einer Geschichte, in der Königin Elisabeth I. als Graf von Darnley in Frauenkleidern vorkommt, entdeckte bei Stevensons Verehrern ein Fünkchen Eifersucht. Zunächst war er dem Schriftsteller mit Mißtrauen begegnet, er hielt ihn mit seinem Umhang für einen Poseur, aber später wurde er umgestimmt. Er schrieb, daß »Mr. Stevenson, mehr als jeder andere Mensch, dem ich begegnet bin, das Talent besaß, andere Männer in sich verliebt zu machen. Ich will damit sagen, daß er leidenschaftliche Bewunderung und Zuneigung hervorrief, und zwar so sehr, daß ich wahrhaft glaube, manche Männer waren neidisch auf den Platz, den andere Männer in seinem Herzen einnahmen.« In einem Text über seinen Freund Bruce Chatwin stellte Francis Wyndham bei einigen von Bruce' Freunden die Tendenz fest, besitzergreifend zu sein – sowie ihren Wunsch, ihre persönliche Version von ihm als die einzig wahre geltend zu machen.

Bruce war Feuer und Flamme, als er Stevensons Verse über Fanny Osbourne entdeckte:

Meine Frau

Ehrlich, dunkel, lebhaft, treu,
Mit Augen aus Gold und Dornentau,
Redlich wie Stahl und gerade wie die Klinge,
So schuf mir die Gefährtin
Der große Erfinder.

Ehre, Schmerz, Mut und Feuer;
Liebe, die nie müde ward,
Unauslöschlich im Tod, gegen Böses gefeit,
Das gab er ihr,
Der allmächtige Meister.

Lehrerin, Pflegerin, Freundin und Frau,
Eine treue Gefährtin durch das Leben,
Das Herz voller Wärme, die Seele frei,
So schenkte er sie mir,
Der erhabene Vater.

Diese Zeilen, in denen er etwas von seiner eigenen Frau wiedererkannte, zitierte er oft. Noch am Ende seines Lebens sagte er, daß sie Elizabeths Eigenschaften spiegelten. Sein Artikel für das *TLS* macht deutlich, daß er sich selbst in Robert Louis Stevenson wiedererkannte. Doch einige Ähnlichkeiten mögen ihm beim Schreiben nicht bewußt gewesen sein, und an manchen Stellen scheint dieser Artikel prophetisch zu sein. 1974 sprach Bruce von Stevensons »hysterischer Heiterkeit angesichts seiner unheilvollen Krankheit« und von Fanny Stevensons eifriger Krankenpflege. Bruce starb 1989 nach einer Periode fiebriger Erregung, während deren er von seiner Frau gepflegt wurde.

7
Exotika

Auf einer Party bin ich einem Lord begegnet, der mir erzählte, er wisse etwas über Bruce Chatwin. »Die Sache ist die«, murmelte er vertraulich, »daß er wirklich Nomade war.« Chatwin redete begeistert und schrieb ausgiebig über seine Passion für Nomaden – eine Faszination, die seinen Reisen den Glanz von Vagabundentum verlieh. Er reiste viel, doch oft machte er es sich in den Häusern von Freunden bequem – und auf manchen dieser Freunde wirkte sein ständiges Kommen und Gehen wie das eines ständigen Gastes. »Für einen Nomaden«, bemerkte ein Gastgeber nach einem längeren Besuch von Bruce, »verbringt er schrecklich viel Zeit an einem Ort.«

Der besagte Gastgeber war Teddy Millington-Drake – Edgar Louis Vanderstegen Millington-Drake –, bei dem Bruce im Laufe seines Erwachsenenlebens lange Perioden in verschiedenen Häusern im Ausland verbrachte. Sie hatten sich kennengelernt, als Bruce Anfang Zwanzig war, und sie wurden ein Liebespaar. Große Teile von *Der Vizekönig von Ouidah* wurden in Teddys Haus in der Toskana geschrieben. Auf der griechischen Insel Patmos, wo der heilige Johannes das Buch der Offenbarung niedergeschrieben haben soll, pinnte Bruce in Teddys Haus Listen mit Nomadenstämmen und interessanten Orten an die Wand und begann, *Traumpfade* niederzuschreiben.

Teddy Millington-Drake war oft ambivalent im Hinblick auf seine zahlreichen Gäste. In Patmos hatte er eine Reihe außergewöhnlicher Teller mit komplizierten Mustern, damit er, wie er sagte, etwas betrachten konnte, wenn er sich auf einer seiner Dinnerpartys langweilte. Er war acht Jahre älter als Bruce und sehr viel zurückhaltender – physisch und verbal. Er sprach mit der gereizten Nachsicht eines ehemaligen Liebhabers über seinen Freund. Er gab detaillierte Auskünfte über die Grenzen des Schriftstellers als Hausgast. Nie schaltete Chatwin ein Licht aus, er führte ausgedehnte transatlantische Telefongespräche, die er nie so richtig bezahlte, und er stellte hohe Ansprüche an die Einrichtung des Zimmers, in dem er arbeitete – Schreibtische und Tischlampen wurden gnadenlos umgestellt. Aber Bruce war auch »ein guter Freund. In jeder Hinsicht ein Freund.«

Teddy war im Grunde freundlicher und großzügiger, als es den Anschein hatte, wenn er seine Gäste begrüßte. Als er 1994 im Alter von zweiundsechzig Jahren starb, schrieb Nigel Ryan, einer seiner vielen Gäste, auf denkwürdige Weise über »den scheuen, irritierenden, wenig begeisterten Empfang durch meinen Gastgeber am Kai nach der langen Reise von Athen«. Wenn er zum Drink auf seiner Terrasse erschien – immer makellos, mit seinen gekräuselten Locken, klaren Gesichtszügen und gebügelten Baumwollhemden –, machte er den Eindruck, als ob er sich gerade von einem Ärger erholte oder einen üblen Geruch in der Ferne witterte. Sein Lächeln, wenn es ihn überkam, war umwerfend. Selten verbarg er sein Gefühl von Langeweile. Als er einen bei ihm zu Besuch weilenden Magnaten bat, ihm die Auswirkungen der Inflation zu erklären, war er das Thema schnell leid und fiel ihm ins Wort: »Heutzutage bekommt man in London nicht mehr viele Pekinesen zu Gesicht, nicht wahr?« Doch er hörte nie auf, Freunde und Bekannte zu sich einzuladen, und er hörte nie auf, es ihnen angenehm zu machen, damit sie kamen. Er verstand es, seine Gäste zu unterhalten, und sein Geld kam ihm dabei zu Hilfe. In Patmos gab es einen Gärtner und einen Koch, dazu einen Bootsführer, der Freunde und Bekannte, zu denen ich gehörte, von einer Bucht zur anderen brachte und ein Picknick am Strand mit Seeigeln anreicherte. Teddy war kein Gastgeber, der für die Unterhaltung aufkommen wollte. Er mochte es, wenn sie von seinen Gästen übernommen wurde, und seine Verdrossenheit wirkte wie eine Aufforderung, seine Stimmung zu heben und ein überraschendes Lachen aus ihm hervorzulocken. Bruce – ein perfekter Gast, der gern unter Menschen war, um sich hervorzutun, und der manchmal wie ein Licht erlosch, wenn man ihn mit einem anderen Gast allein zurückgelassen hatte – war Teddys herausforderndem Verhalten gewachsen.

Diese beiden Liebhaber der Ägäis hatten die Freude am Reisen gemein. Für einen reizbaren und verwöhnten Mann war Teddy auf seinen Reisen durch den Fernen und Mittleren Osten erstaunlich widerstandsfähig – oft war er allein unterwegs, manchmal schlief er in primitiven Unterkünften. Beide hatten auch ein sicheres Gespür dafür, wie Dinge auszusehen hatten. In dem Klosterdorf Chora auf Patmos hatte Teddy zwei Häuser aus dem siebzehnten Jahrhundert unter der Aufsicht des Innenarchitekten John Stefanides restaurieren lassen, der große Räume mit Holzbalken und weißgetünchten Wänden schuf; das Blau der bemalten Stühle und das Weiß der Baumwolltücher auf den Sofas und der Moskitonetze über den Betten waren die Farben der Welt von draußen. Es gab ein paar Wandbilder, die Teddy gemalt hatte. Die Fenster in seinem Atelier und in seinem Wohnzimmer, in dem er starb, rahmten seinen Lieblingsblick auf einen Berg, auf dessen Gipfel eine dem Propheten Elias geweihte Kapelle steht. An seinem fünfzigsten Geburtstag bestieg er diesen Berg mit Bruce und Diana Melly; sie hatten Essen und mehrere Flaschen Wein mitgenommen, die sie, oben angekommen, sorgfältig ausbreiteten, ganz darauf bedacht, den besten Blick vom Mond zu erhaschen. Sie hatten sich kaum zwei Minuten niedergelassen, als Bruce verkündete, der Mond sei von der anderen Seite des Gipfels besser zu sehen: das Bankett wurde abgeräumt und, von Teddys erheiterndem Murren begleitet, über Geröll und Steine in das beste Mondlicht transportiert.

Vor seinem Haus in Patmos legte er einen herrlichen Garten an, der sich hügelabwärts erstreckte, überreich an Farben war und viele geschützte Nischen und verborgene Sitzbänke hatte. Teddy glaubte, daß Bruce seine Bilder – elegante Aquarelle von indischen Palästen und Innenhöfen, Skizzen von Bergen und Blumen auf Patmos, einige abstrakte Bilder, eine Reihe von Lilien in gedämpften Farben – für nicht »ganz so gut hielt, wie sie hätten sein sollen«, obwohl Bruce einmal einen überschwenglichen Text über sie schrieb. Doch beide waren sehr empfänglich für das stille braune Patmos, eine felsige Landschaft mit Gestrüpp und niedrigen weißen Häusern, das durch seinen Status als heilige Insel weitgehend vom Lärm der modernen Zivilisation abgeschirmt ist; Ziegenglöckchen sind ein vertrautes Geräusch und orthodoxe Priester mit langen Gewändern und dichten Bärten ein vertrauter Anblick. Bruce fühlte sich immer von nackten, dürren Landschaften angezogen.

Am Ende seines Lebens fühlte er sich auch von der griechisch-orthodoxen Kirche und vom Berg Athos angezogen. Doch schon Jahre zuvor hatten die Patmos-Worte des Johannes Eingang in sein Schreiben gefunden: die Verse aus dem Buch der Offenbarung, in denen die Steine des neuen Jerusalem aufgezählt werden, Verse, die auf einer brütend heißen, steinigen Insel verfaßt wurden, werden in *Auf dem Schwarzen Berg* vorgelesen, während der Regen auf eine kleine walisische Kirche niederprasselt.

Teddy Millington-Drake erwies sich als stoisch, als es zum Schlimmsten kam. Als er an Aids erkrankte und nicht mehr ausging – »es ist so deprimierend für andere« –, reagierte er gelassen: der ewig Klagende klagte nicht länger, doch seinen Freunden gegenüber betonte er: »Ich werde ein großes Loch in Eurem Leben hinterlassen, nicht wahr?« Man hatte ihn immer wegen Eigenschaften geschätzt, die von Stoizismus weit entfernt waren: wegen seiner Freundlichkeit, seiner Unverfrorenheit (als er während seiner kurzen Anwesenheit in Oxford von der Bühne eines Theaters gebuht wurde, steckte er den Kopf durch den Vorhang und erklärte: »Euch ebenfalls ein großes Buh!«), wegen seiner scharfsichtigen Beobachtungen – die weitverbreitete Tradition von Boshaftigkeit in der englischen Literatur, über die Virginia Woolf den Vorsitz führte, war ihm nur zu vertraut. Als Bruce im Sterben lag, sagte der Schriftsteller zu Diana Melly, er habe nur zwei Männer geliebt, und Teddy sei einer von ihnen.

Auch müssen ihm Teddys Familiengeschichten gefallen haben:

die Mutter, die ihren Sohn über den Atlantik hin- und zurückschleppte, zusammen mit dreißig Koffern, die mit Kleidungsstükken von Worth aus Paris gefüllt waren, und die sich als Witwe und katholische Konvertitin in Rom Papageien hielt, die ihre Stimme perfekt nachahmten; der gutaussehende Vater, der als Gesandter der Britischen Botschaft in Montevideo zum Nutzen der Uruguayer Kiplings Gedicht »If« ins Spanische übertrug. Bruce hatte Gefallen an Anomalien und Extremen. Er hatte auch, zumindest eine Zeitlang, Gefallen an der High-Society. Er war anfällig für die Ausstrahlung von Berühmtheiten und Salonlöwen – auch wenn er meistens vor ihnen auf der Flucht war und über die geschmacklose Speichelleckerei in seinen Jahren bei Sotheby's lästerte. Nicht alle Bekannten mißbilligten seinen Hang zum Snobismus. »Wie ist es nur möglich«, fragte mich eine von ihnen und schaute dabei unter ihrem Hut hervor, »daß Bruce Chatwin von einer gewöhnlichen Person lektoriert wird?« Bruce, der die gewöhnliche Person zusammen mit dem Hut zum Abendessen eingeladen hatte, meldete keinen hörbaren Protest an.

Einige Bekannte waren Bruce' gesellschaftlichen Umtrieben stärker ausgesetzt als andere. Emma Tennant hat ihn in London Anfang der sechziger Jahre in Erinnerung, in einer Welt, in der »zivilisiert zu sein bedeutete, ekelhaft, rücksichtslos und geschmackvoll gekleidet zu sein«. Sie hatte Bruce im Haus von Millington-Drake in der Nähe von Venedig kennengelernt, als er Anfang Zwanzig war. Sie hatten eine kurze Affäre, als sie sich für ein Wochenende ein Haus in der Grafschaft Wiltshire liehen und sich von einem Freund in einem alten Rolls-Royce nach Paris fahren ließen: »Nie werde ich die Szene vergessen«, sagte Bruce gegen Ende seines Lebens zu ihr, »die du mir wegen meiner Knickerbocker auf dem Heizkörper in unserem Zimmer gemacht hast.« In der Hauptstadt kreisten sie eine Zeitlang um einen schicken Zirkel von Leuten, dem Philosophen, Schriftsteller und *salonnières* angehörten: »Wenn Richard Wollheim und Colin MacInnes einen schwarzen Nachtklub in Notting Hill Gate besuchten, war es höchstwahrscheinlich, daß sie zuvor auf einer Dinnerparty bei Anne Fleming gewesen waren.« Chatwin und Tennant waren bald vertraut mit beiläufig geäußerten Beleidigungen, mit Gastgeberinnen, die es darauf abgesehen hatten, rüde zu ihren Gästen zu sein, mit Gästen, die es darauf abgesehen hatten, sich über die Gastgeberin, das Essen oder die anderen Gäste zu beklagen: »So ein schrecklicher Abend: ich mußte mir die Zeit selbst vertreiben.« Tennant erinnert sich: »Es war Mode, unhöflich und gemein zu sein, sich giftig über andere zu äußern und selbstverständlich möglichst viele Liebschaften zu haben, ohne sich im geringsten darum zu kümmern, ob man jemand verletzte. Wahrscheinlich war es ebenso ekelhaft wie die Welt in *Les Liaisons dangereuses*.«

Rund zwanzig Jahre später führte Hugo Vickers, Biograph von Cecil Beaton und Greta Garbo, in Millington-Drakes Haus auf Patmos ein ausführliches Tagebuch, in dem sich diese Gesellschaft widerspiegelt:

> Bruce saß am Frühstückstisch, und wir führten ein langes Gespräch. Er arbeitet an einem Buch über Nomaden, das ein Dialog sein wird ... Er kannte Juliet Duff und Stephen Tennant und wußte ein paar gute Geschichten über den letzteren. Er hatte ein Foto von Cecil und Stephen im Bett mit einem französischen Matrosen gesehen ... Er sagte, Cecil habe Stephen ein paar Bilder von Tschelitschew und indische Mogul-Bilder abgeluchst und diese umgehend bei Sotheby's abgeliefert. Es sei traurig, wenn man bei engen Freunden so viel Geld lockermachte. Er habe Tausende dafür bekommen. Ich muß diese Geschichte überprüfen. Bruce sagte, das sei der Grund für den Streit zwischen den beiden gewesen.

Dieses Tagebuch schildert, wie Bruce über entfernte Verwandte sprach: »Einer starb als moslemischer Bettler, als er vor einer Kairoer Moschee den Koran sang. Ein anderer, ein Freund von Wilde und Lord Alfred Douglas, ging in Paris verloren.« Auch diese beiden Geschichten hätte man überprüfen sollen. Es wird beschrieben, wie er eine Geschichte über Alice B. Toklas und Gertrude Stein erzählt und die These vertritt, daß Stein ihrer Lebensgefährtin Gemälde vermachte, die Toklas selbst erworben hatte. Es wird beschrieben, wie er am Strand Noël Coward imitiert und Cowards Rat, den er in *Was mache ich hier* zitiert, erwähnt: »Lassen Sie nie zu, daß Ihnen etwas Künstlerisches im Weg steht.« Bei einem anderen Frühstück hört man ihn über Anthony Blunt reden, über den Mord an Earl Mountbatten – der laut Bruce womöglich einen seiner Mörder kannte –, über »die Frage von Mountbattens Homosexualität«, über den Falkland-Krieg und über »die Zeit der Gentleman-Piraten«. Zu den historischen Details in dem Tagebuch gehört die Information, daß der Tagebuchschreiber in der Nacht vor Chatwins Abreise nach Rhodos durch ein Geräusch im anliegenden Badezimmer geweckt wurde, wo Bruce sich schrecklich übergeben mußte: »Ich glaube, Teddy war keineswegs traurig, ihn abreisen zu sehen. Er hatte zu viel geredet und sich dabei ständig wiederholt.«

In Wirklichkeit hatte man großen Gefallen an seiner Schlagfertigkeit. »Sieht sie nicht jeden Zentimeter wie eine Herzogin aus?« sagte er mit lauter Stimme über eine echte Herzogin, die an seinem Kaminsims in Ozleworth lehnte. »Sie hat alles nur sich selbst zu verdanken.« »Was erzählst du da über mich, Bruce?« fragte die betreffende Dame und streckte ein bewundertes Bein von sich, das in einem schwarzen Seidenstrumpf aus dem achtzehnten Jahrhundert steckte (das andere steckte in Gips). Seine Bonmots grenzten manchmal an grausamen Spott, manchmal hatten sie einen Hauch von bewußter Selbstironie. In den sechziger Jahren ging er mit Stuart Piggott auf eine Expedition. Piggott hatte jahrelang Vorlesungen über archäologische Besonderheiten der Nordeuropäischen Ebene gehalten und beschlossen, diese endlich zu besuchen: »Ich rede ungern über Gegenden, die ich nie gesehen habe. Ich kenne das übrige Europa. Ich kannte es damals ziemlich gut. Ich kannte das Baltikum. Ich kannte Deutschland, Holland, die Beneluxländer. Aber die Nordeuropäische Ebene hatte ich nie gesehen, und ich entdeckte, daß man in Ostende einen Zug nehmen kann, der einen bis nach Moskau bringt. Tatsächlich fuhren wir mit dem Zug nicht weiter als bis Warschau, aber das reichte. Wir sahen die Nordeuropäische Ebene. Ich will sie nie wiedersehen. Bruce wollte das auch nicht.«

Auf ihrer Fahrt durch Ostdeutschland wurden ihre Pässe und Fahrkarten – zweiter Klasse, obwohl Piggott einen Reiseagenten hatte, Bruce jedoch nicht – ständig kontrolliert. An einem Morgen, Chatwin schlummerte noch, war Piggott früh aufgestanden, hatte den Samowar aufgetrieben und ein Glas Tee getrunken, als der Schaffner kam, um ihre Fahrkarten zu kontrollieren. Unruhe kam auf: »Der Schaffner war, glaube ich, überrascht, daß wir in der zweiten Klasse reisten, und fragte, natürlich auf deutsch: *›Fahren Sie nicht in der ersten Klasse?‹* Ich sagte: *›Nein, wir sind zweite Klasse.‹ ›Ja, ja‹*, sagte Bruce in dem Moment, als ich *›Klasse‹* sagte. Ich setzte den Kerl vor die Tür, und Bruce war zufrieden, und ich sagte: ›Bruce, was um Himmels willen hast du gemeint? Du weißt doch, daß wir nicht in der ersten Klasse reisen.‹ ›Oh‹, sagte Bruce, ›ist es das, was er wissen wollte? Ich glaubte, daß er sagte: *›Sind Sie Aristokrat?‹* – und selbstverständlich habe ich das bejaht.‹«

In Chatwins Büchern kommen nicht viele schicke Leute vor – doch einige haben einen kurzen Auftritt. Aber er wußte Geschichten über sie zu erzählen, wie der folgende Eintrag über Jacqueline Onassis in sein Notizbuch zeigt:

> Ein Abend bei den John Flemings. Holte J. O. in Nr. 104 in der Fifth Avenue ab. Prächtiges Apartment. Durch und durch französisch. Französisch-anglo-amerikanische Atmosphäre.
>
> *J. O. s Apartment.* Arbeitszimmer blaßgrün marmoriert. Exquisite bemalte Stühle – Staffelei – Arbeitstisch aus dem achtzehnten Jahrhundert. Sofas mit runden Kissen. Gemälde wie für Kanzleibüros. Dunkelbraune Bibliothek – Cogolin – Strohmatte auf dem Boden – Taubennest-Schreibtisch. Hausbild im englischen Stil, von Fernley Wootton? Ein Lacktisch mit einem Stapel Magazine. Ein Bildband von 1962 mit Jack auf dem Buchrücken. Ein Stoß roter Kinderbücher. Sie kam herein: in schwarz-goldenen Pumphosen. Ihr Flüstern ist verschwörerisch, nicht affektiert. Das Flüstern eines ungezogenen Kindes, das einen zu mittelbösen Taten anstacheln will. Zu schlechtem Benehmen, ohne rüde zu sein.

Ein Schrank voller Pelzmäntel.

Die Marmorierung auf der Veranda. »Oh, das war ein Italiener. Hat den ganzen Sommer während meiner Abwesenheit damit zugebracht – und jetzt ist er nach Italien zurückgekehrt. Und er hat sogar die Risse gemalt. Und es *waren* Risse.« Ein Khmer-Torso und die Statue eines ägyptischen Beamten. War es John, der mit dem Fahrstuhl herunterkam, in einer undefinierbaren Radfahrerjacke – schmales, blasses Gesicht – enigmatisch – schönes, abweisendes Lächeln, schmale Hüften in Blue jeans, auf dem Weg zu heimlichen Lastern?

Fuhren los in einem gemieteten Cadillac. Der Fahrer hatte ihr und Jack einmal die Hand geschüttelt – »Aber das wissen Sie wohl nicht mehr?« »Nett von Ihnen, mich daran zu erinnern.«

Dinner. Neben Mrs. O'Moore, die mit weit aufgerissenen Augen dasaß und von Hemingway schwärmte. Mr. O'Moore sagte nach dem Dinner, Hemingway habe Dekadenz bis zu einem Punkt getrieben, den Baudelaire nie erreicht habe. Mr. Fleming wollte wissen, ob ich mit Jackie ausreiten würde. Peter Glenville machte sich mit Irland etwas lächerlich. Er war mit Mrs. Vincent Astor gekommen, die gerade eine bedeutende Gesichtsoperation hinter sich hat. Ich wußte das nicht, aber sonst wußte es jeder in NY, auch Jackie. Mrs. Astor trug acht Perlenschnüre, ein geschlitztes Kleid, weiße Handschuhe, einen Hut in Form einer Pillenschachtel, wie Loulou ihn trägt, einen stark getüpfelten Schleier, um die Operation zu verbergen. Als wir den Fahrstuhl betraten, sagte Jackie: »Brooke, geh du als erste. Sie müssen uns vergeben, wenn sie den Schleier sehen.«

Es überrascht, daß die Speisen hier nicht erwähnt werden. Bruce kochte gern und war, obwohl heikel mit dem Essen, stark an allem interessiert, was er zu sich nahm: *»Qué precioso«*, pflegte er zu spaßen, bevor er sich einer besonderen Köstlichkeit zuwandte. Einmal wurde aufgeregt von ihm berichtet, er habe den Eaton

Square mit einer weißen Trüffel in der Hand überquert. Die von ihm zubereiteten Speisen waren meist arbeitsintensiv, doch sie sahen schlicht aus. Er bevorzugte kleine, aber exquisite Mahlzeiten. Als er für eine Zeitung interviewt werden sollte, ging er ausführlich mit sich zu Rate, was er sich und seinem Gegenüber vorsetzen sollte, und entschloß sich dann für einen *chèvre*: einen einzigen cremefarbenen Käse vom Umfang einer großen Pillenschachtel. Als ich kurz nach der Veröffentlichung von *Auf dem Schwarzen Berg* in seinem Apartment am Eaton Place bei ihm zu Abend aß, tauchte er mit einer wohlschmeckenden Folge von Gerichten aus seiner winzigen Küche auf. Das Mahl begann mit Mozzarella, das Hauptgericht war eine Seezunge mit Gemüse, das er in einem Dampfkocher aus Bambus servierte; als Dessert gab es eine Schale Lychees. Kaum waren wir mit dem Essen fertig, als Bruce plötzlich erschrocken ausrief: »Wie fürchterlich. Es ist mir gerade erst klargeworden. Das war eine ausschließlich *weiße* Mahlzeit.«

Als junger Mann servierte er seinem ehemaligen Schulfreund David Nash Matetee in kleinen Silberschalen. Jahre später machte er den Anthropologen und Schriftsteller John Ryle mit Wildreis bekannt, den er in Zitronellgras zubereitet hatte. In Wales, wo er zum Frühstück ein Stück Brot in Olivenöl tunkte und in der Pfanne briet, zeigte er Diana Melly, wie man das mexikanische Fischgericht Ceviche zubereitet, und im hohen Norden von Wales stellte er für Martin und Stella Wilkinson eine andere mexikanische Spezialität her – Truthahn in einer Soße aus Schokolade und Erdnüssen –, wobei er seine Gastgeber ausdrücklich darauf hinwies, daß alle Zutaten in New York gekauft waren. Zu Weihnachten 1980 schenkte er den Wilkinsons – bei denen er sich, wie er in ihrem Gästebuch vermerkte, »endlos« lange aufgehalten hatte – die wunderschöne illustrierte Enzyklopädie *Food* von Waverly Root, eine Mischung aus praktischen Tips und historischen Informationen, in der »A« durch ein Gemälde Chardins mit einem Glas Aprikosen illustriert ist, »B« durch eine Delfter Kuh aus Steingut aus dem achtzehnten Jahrhundert – und in der selbst die Gans vom Grab des Ra stammt.

Das Essen in Bruce' eigenen Büchern weist auf die Entwicklung hin, die Chatwin von einem Werk zum nächsten durchlaufen hatte: von den Cottage-Broten, den Mehlklößen und der Specksuppe in *Auf dem Schwarzen Berg* zu den Gumbos, dem Malaguettapfeffer, dem Kokosfleisch und den gebratenen Hahnenkämmen in *Der Vizekönig von Ouidah*. Als Bruce in *Auf dem Schwarzen Berg* beschrieb, wie der kleine Benjamin Jones überraschend einen Kuchen bäckt, beschrieb er etwas, was er selbst getan hatte. Als er Marlborough verließ, brach er mit der Gewohnheit, seinen Housemaster in ein Restaurant einzuladen, und bereitete die Mahlzeit selbst zu. Seine Mutter, die gekommen war, um ihrem Sohn bei den Vorbereitungen zur Hand zu gehen, traf ihn beim Backen von Elizabeth Davids Orange-Mandel-Kuchen an. Als er in *Utz* den Widerwillen seines Protagonisten beim Kosten einer Fülle erlesener Speisen schilderte, beschrieb er einen verwöhnten Geschmack, der ihm selbst nicht fremd war.

Nicht daß er allen köstlichen Gerichten widerstanden hätte. Nachdem Sybille Bedford *In Patagonien* für die *New York Review of Books* rezensiert hatte, wurde sie seine Freundin und führte ihn in ihre Welt ein. Diese Welt ist, wie Angela Carter betonte, die Fortsetzung des alten Europa, das in den Schriften von Elizabeth David beschrieben wird. Mrs. David setzte sich in Großbritannien für einen eleganten, einfachen Kochstil ein, den Chatwin bewunderte – das echte *bouquet garni*, der Spritzer Rosenwasser, das Omelett mit einem Glas Wein. In einem ihrer Bücher erinnerte sich Mrs. David, wie eine ihrer Schwestern »mit einem Hasen, der draußen vor der Staatsoper mit der Hand gefangen wurde«, aus Wien zurückkam. Sybille Bedford hat über die weißgoldenen Ballsäle, das dunkle Mahagoniholz, die Kutscher und die Butler ihrer Kindheit in Deutschland vor dem Krieg geschrieben. Sie hat auch über ihren Vater geschrieben, der in seinem Ankleidezimmer Gänseleber und Eiergerichte auf einer Gaslampe zubereitete und seine kleine Tochter darin unterwies, den Bordeaux in ihrem Glas zu schwenken und den Duft durch die Nase einzuziehen.

Dieses feine Urteilsvermögen ging an der kleinen Sybille nicht spurlos vorüber. Als sie mit siebzehn Jahren ein Dienstmädchenzimmer im Albany bewohnte – wie Chatwin Jahre nach ihr –, kam sie zu dem Schluß, daß das »spartanische« Zimmer manchen Ausgleich bot: »Man konnte ein Rebhuhn am Spieß braten.« In ihrem Apartment in Chelsea liegen noch heute Weinflaschen Grand Cru, die Chatwin beeindruckten, als er sie zum erstenmal besuchte. Und über Jahre hinaus gab sie prachtvolle Dinner mit getippten Menükarten, auf denen die Speisen, die Weine, die Gäste und gelegentlich auch ein Kommentar festgehalten waren. Bruce war zugegen, als Ms. Bedford im Jahr 1982 eigenen Worten zufolge »das wahrscheinlich großartigste Bordeaux-Dinner – 3/4 Grand Cru –, das ich je gab«, veranstaltete. Im selben Jahr wohnte er einem anderen dieser Festmahle bei, das zu Ehren Shirley Letwins – der konservativen Philosophin und Gastgeberin, die ein Buch über Trollope und die englischen Gentlemen verfaßt hat – und ihres Gatten gegeben wurde. Dies war das Menü:

APERITIFS:
Laurent-Perrier (Cooks Sonderabfüllung)
Gewürztraminer 1979

WEISSER BORDEAUX:
Sauvignon Côtes de Duras 1979
Sauvignon Côtes de Duras 1980

CLARETS:
Château Siaurac Pomerol 1970 2 Flaschen

Château Duhart Milon Rothschild 1970

PORT: Morgan's 1960

Barrys Geräucherter Lachs
Dunkles Brot und Butter
Toast

Rinderschmorbraten
Frische grüne und weiße Tagliolini
Grüne Bohnen

Käse: Ziege, Gruyère
Explorateur

Weintrauben Birnen Nüsse
Mandeln

Sybille Bedford erinnert sich, daß »Bruce an diesem Abend überaus lebhaft war – ich sehe ihn noch vor mir, wie er in seinem engen Polohemd mit offenem Kragen auf dem Diwan saß und sogar die Letwins in Grund und Boden redete«.

Die Mahlzeiten, zu denen er selbst einlud, waren gründlich durchdacht. Howard Hodgkin wurde Anfang der sechziger Jahre in Paris von Bruce zum Lunch gebeten. In aller Frühe war Bruce auf den Gedanken gekommen, in das Hotelzimmer seines Freundes einzudringen, um sich ein Buch über indische Ornamente auszuleihen, mit dessen Hilfe er einem wichtigen Kunden von Sotheby's beweisen konnte, daß ein Metallobjekt eine Fälschung war. Er war sicher, daß Sotheby's ihnen einen ausgezeichneten Lunch spendieren würde. »Er nahm mich in ein sehr berühmtes altes Restaurant auf der Ile de la Cité mit, und wir aßen in der ersten Etage. Er hatte einen Tisch mit einem unglaublichen Blick auf die Seine reserviert, und er war *übertrieben* manieriert und *übertrieben* vornehm und sagte: ›Ich hoffe, du hast nichts dagegen, daß ich das Essen vorbestellt habe; ich mag keinen schweren Lunch.‹ Und er gab dem Kellner ein Zeichen. In jenen Tagen tat er das nicht völlig ungezwungen, aber er tat es trotzdem, und ich saß wie ein kleiner Schuljunge neben ihm. Ich habe dieses Essen nie vergessen. Wir bekamen jeder ein winziges Stück *foie gras*. Dann hatten wir jeder eine ganze Trüffel *en croûte* und eine Flasche Champagner Nature, abschließend eine Schale *fraises des bois* und eine Tasse Kaffee. Und dann sagte er: ›Ich hoffe, es war genug für dich.‹«

Francis Wyndham hielt sich Ende der siebziger Jahre ein paar Tage bei Bruce in Gloucestershire auf, die ganz im Zeichen des anspruchsvollen Gaumens des Gastgebers standen. Jeden Morgen wurden Eßwaren rigoros aus dem Kühlschrank verbannt: Wyndham kam nach unten und mußte zusehen, wie sein Mitgast James Fox und der Hausherr »vor meinen hungrigen Augen« jedes nicht hundertprozentig wohlerhaltene Nahrungsmittel wegwarfen. Sie machten eine längere Autofahrt auf der Suche nach einem guten Pub, doch kein Kandidat wurde den Anforderungen gerecht. Es folgte ein »nicht unbedingt schöner Spaziergang«, in dessen Verlauf mitten auf dem Land unerwartet ein Stand auftauchte, an dem Schalentiere verkauft wurden – über die sich Wyndham aufgeregt hermachte, während die beiden Feinschmecker sie als unbefriedigend abtaten. Und dann war da Bruce' Mahl.

Als Fox' damalige Freundin Cloe Peploe mit Susannah Phillips eintraf, wollte sich der Gastgeber besondere Mühe geben. Chatwin schwärmte für weibliche Schönheit, selbst wenn er die betreffende Frau nicht begehrte: Fox erinnert sich, daß Bruce neben Cloe saß, die Reifen an ihrem Arm auf und ab wandern ließ und sie mit einer bedächtigen, sinnlichen Bewunderung streichelte, die ebenso einer Antilope hätte gelten können. Er war empfänglich für die Ankunft dieser beiden Schönheiten, eine brünett, die andere blond, und verkündete, er werde das Abendessen zubereiten. »Ich mache uns ein Soufflé aus wilden Erdbeeren.« Wyndham und Fox wurden wie Leibeigene in den Garten geschickt, wo sie mühsam die winzigen Früchte pflückten, und am Ende des Tages hatten sie einen ansehnlichen Berg zusammengetragen. Die Frauen waren heißhungrig. Das Soufflé kam. »Es war nichts«, erinnert sich Wyndham. »Es sah sehr schön aus, hatte eine wunderbare blaulila Farbe und schrumpfte, wie ein Soufflé es an sich hat, zu einem Rinnsal zusammen und schmeckte nach gar nichts. Und es war praktisch nichts anderes da.« Wyndham, der auf einem ihrer Ausflüge heimlich Bendicks-Pfefferminzdragees gekauft hatte – »ich habe sie unter Verschluß gehalten« –, rettete die ausgehungerten Frauen, indem er sie mit diesen schokoladeüberzogenen Bonbons fütterte. Doch Chatwin tat, als kenne er keinen Hunger. Wyndham: »Es war so, als gäbe es da eben diese beiden ziemlich vulgären, fleischigen Frauen, und wir lebten auf einem anderen Planeten.«

Manchmal gingen seine Kochvorhaben noch gründlicher daneben. Als er für die Wilkinsons ein Huhn mit Knoblauch zubereitete, präparierte er den Vogel mit fünfzehn kompletten Knoblauchzwiebeln. Das Rezept nachzuschlagen, das fünfzehn Knoblauchzehen vorsah, hatte er verächtlich unterlassen: das Huhn landete im Eimer. Hin und wieder wurde er Opfer einer Sabotage. Bei einem Aufenthalt in Diana Mellys walisischem Turm mußte er feststellen, daß sie und sein Mitgast Francis Wyndham die Makronen, die er in einem Glas aufbewahrte, gefuttert hatten.

Davon war er nicht sonderlich begeistert. Bei einem anderen seiner vielen Besuche dort entschloß er sich, ein spezielles Abendessen zuzubereiten, um seine Gastgeberin aufzuheitern, die wegen des Besitzes von Haschisch vor Gericht erscheinen mußte. Er kaufte einen Hummer und eine Flasche guten Brandy, in dem er ihn garen wollte – und war entsetzt über den Vorschlag, sein edles Getränk der straffälligen Diana zur Beruhigung ihrer kranken Nerven zu geben und für sein Gericht ihren Küchenbrandy als Ersatz zu verwenden: er behauptete, das würde sein köstliches Mahl verderben. Als er die Küche verließ, vertauschte seine Gastgeberin die Flaschen, wartete jedoch einen Monat, bevor sie Bruce erzählte, was sie getan hatte. »Glaub bloß nicht«, beteuerte er, »daß mir das nicht aufgefallen wäre. Es war dem Geschmack des Hummers deutlich anzumerken.«

Der Küchenchef als Gast hatte überraschende wunde Punkte. »Ich weiß noch, wie Du süßen Mais zubereiten wolltest«, schrieb ihm Diana Melly in Erinnerung an einen seiner Besuche im Turm, »und mich gefragt hast, wie man das Wasser zum Kochen bringt. Vielleicht gehört das zu den Dingen, die Du nicht kannst – dem Tee nach zu urteilen, den Du machst.« Kaffee fiel in dieselbe Kategorie, erinnert sie sich. Wenn sie in der Gemüseecke am Ende ihres Gartens war, hörte sie, wie Bruce aus seinem Zimmer nach unten kam. »Er kam mit hämmernden Schritten die Treppe herunter. Er blieb auf den Stufen zum Garten stehen und rief: ›Di, gibt es irgendwo Kaffee?‹ Ich fand, er hätte *mir* eine Tasse machen können.« Die Leute taten unentwegt etwas für Bruce. Diana Melly sägte doch wahrhaftig die Beine eines Tisches ab, den der Schriftsteller zum Schreiben für zu hoch befunden hatte. Peter Eyre wurde »zu einem Dienstmädchen« degradiert, als er Getränke und Imbisse hin und her trug, weil Bruce beschlossen hatte, daß er die Fahnen von *Der Vizekönig von Ouidah* am liebsten in Eyres Garten in Chelsea korrigieren wollte. »Warum tun *wir* das?« fragte David King bei anderer Gelegenheit Elizabeth Chatwin, als sie nach einer Panne keuchend das Auto schoben, während Bruce ihnen vom Fahrersitz aus zuwinkte.

Manche Gastgeber murrten, andere lachten über die kleinen

Tyranneien, die mit Bruce' Wünschen einhergingen. Immer war er auf der Suche nach dem perfekten Platz zum Arbeiten, immer glaubte er, ihn gefunden zu haben, immer war er schnell enttäuscht oder ließ sich dort nieder, wo es angenehmer war. »Wie ich Dich um Dein Nest in den Bergen beneide«, schrieb er aus seinem Haus in einem Tal von Gloucestershire an Martin Wilkinson, der auf dem Land an der Grenze zu Wales lebte. »Dies hier ist besser als die walisischen Berge«, erklärte er einige Jahre später in einem Brief an Francis Wyndham aus Italien: »Nackte Hügel, helles Licht, und die meisten Engländer sind für den Winter nach Hause gefahren. Ich radle zum Einkaufen von Lebensmitteln nach Siena und rede mit den Ladenbesitzern in einer wirren Mischung aus Spanisch, Portugiesisch und Latein; sie lächeln forsch und fragen, ob ich Erdnüsse will.« Einer langen Bruce-Epistel aus Rajasthan entnahm Diana Melly seine Entscheidung, »das Apartment zu verkaufen und irgendwo am Mittelmeer einen Schlupfwinkel zum Arbeiten zu finden … Ich habe das Gefühl, daß es fatal wäre, einen ›unverdorbenen‹ Ort aufzusuchen – als wäre man selbst kein ›Verderber‹ –, denn es ist so viel Geld und emotionale Anstrengung nötig, um ihn unverdorben zu lassen.« In einem anderen Brief ließ er sie wissen, er sei im Haus eines Freundes untergebracht, das »ideal zum Schreiben« sei – »der schönste Platz, den Du Dir vorstellen kannst«.

Dieser schönste aller Plätze war Kardamili auf dem Peloponnes, wo Chatwin bei dem Schriftsteller und Kriegshelden Patrick Leigh Fermor und seiner Frau Joan weilte und wo er, wie er in seinem Brief schrieb, einen Blick auf Meer und Zypressen hatte; in seinem Rücken erstreckten sich reihenweise Hügel und Berge. Auf einem dort von Elizabeth aufgenommenen Foto sieht man ihn davongehen, zwischen blattlosen Bäumen, grauen Steinmauern, hellroten Anemonen und den zitronengelben Blüten eines Wolfsmilchstrauchs. Hier machte er mit seinem Gastgeber Spaziergänge und wetteiferte mit ihm im Geschichtenerzählen. Auch erheiterte ihn ein Brief, den Daphne Fielding, die Schwiegermutter des Herzogs von Beaufort, an Leigh Fermor schickte. Als Teile der Leiche des alten Herzogs von Angehörigen einer

Tierschutzorganisation ausgegraben wurden, schrieb sie über die fraglichen jungen Männer – die Chatwin »die Herzogausgräber von Badminton« nannte –, sie seien »sehr romantisch« und hätten »wunderschöne Wangenknochen«.

Die Leigh Fermors waren für Bruce Teil eines sonnigen gesellschaftlichen Netzes. In Südspanien lebte Magouche Fielding, die er bei Teddy Millington-Drake kennengelernt hatte und die ihn mit den Leigh Fermors bekannt machte. Mit Magouche wohnte er in einem Cottage an einem Strand von Patmos. Später tauchte er aus heiterem Himmel auf der Schwelle ihres Hauses in der maurischen Stadt Ronda auf. Und er tauchte immer wieder auf. Er machte dort Ausflüge mit seiner Frau und seiner Schwiegermutter; oft kam er allein. Er sauste in seiner Ente durch Spanien, ein riesiges Surfbrett auf dem Dach befestigt: »Ich wäre wirklich gern noch einmal siebzehn, um professioneller Windsurfer zu werden.« Mit einer Tochter seiner Gastgeberin – jener Susannah Phillips vom Soufflé in Gloucestershire – bestieg er einen Berg in der Nähe von Ronda und rannte eilig wieder hinunter, als seine Ankunft auf dem Gipfel von einer Sonnenfinsternis begrüßt wurde; im Jahr 1978, auf der Flucht vor einer weiteren seiner Fluchten – »ein einwöchiger Alptraum in den Pyrenäen, feuchte Täler voll von schreienden französischen Kindern« –, mietete er »einen klassizistischen ›Pavillon‹ auf einem hohen, trockenen Bergabhang«. Er besuchte die Fieldings oft gerade dann, wenn der Lunch aufgetischt wurde. Häufig war er zu dieser Stunde, wenn die Vormittagsarbeit hinter ihm lag, besonders lebhaft. Rein rhetorisch fragte er dann laut: »Ruht ihr euch gerade aus?«

Manchmal wurde sein Füllhorn mit guten Nachrichten, Anekdoten, Informationen, Witzen und Ratschlägen dem Ehemann seiner Gastgeberin, Xan Fielding, zuviel, der sich bemühte, sein eigenes Buch zu beenden. Als seine Gastgeberin einmal Zeit für sich selbst brauchte, schickte sie ihren Besucher zu Ostern nach Sevilla. Kurz nach Bruce' Ankunft in der Stadt erhielt sie seinen Anruf: »Diese Karwoche in Sevilla ist ein absoluter Schwindel. Alle sind bezahlt, es sind keine Büßer. Und unter all den Umhängen riecht es nach Eau de Cologne und Knoblauch.« »Aber

Bruce«, wies sie ihn zurecht, »du sollst doch nicht unter die Umhänge kriechen, du sollst sie dir ansehen.« Chatwin brach nach Nordafrika auf.

In Italien hielt er sich bei einem Paar auf, das er »die fliegenden Rezzoris« nannte. Beatrice Monti, eine ehemalige Galeristin und freie Mitarbeiterin bei Condé-Nast, teilte Chatwins Vorliebe für schlichte Objekte und auffallendes Benehmen. Sie veröffentlichte seine Artikel. Sie planten, zusammen zum Bosporus zu fahren. Und als sie ein paar türkische Kleidungsstücke ihrer Großeltern fand, nahmen die beiden in Kaschmir, Seide und Turbane gehüllt in der Küche das Abendessen ein. Beatrice Montis Ehemann, Gregor von Rezzori, wenige Monate vor Ausbruch des Ersten Weltkriegs in der Bukowina geboren, war ein weiterer Augenzeuge des alten Europa, das Bruce so faszinierte, und hat über dessen jüngste Geschichte und über die Annehmlichkeiten und Verluste seiner ersten Lebensjahre fiktionale und autobiographische Bücher geschrieben. Er tat das als überzeugter Kosmopolit und mit vorwegnehmender Selbstanklage: sein letztes Buch hat den Titel *Greisengemurmel. Ein Rechenschaftsbericht*. Er und Bruce – der bis auf einen Tag sechsundzwanzig Jahre jünger und immer »wie aus einem Guß« war – wurden in den siebziger Jahren Freunde, weil beide Clint Eastwoods eisige Gelassenheit schätzten. Auch teilten sie eine Vorliebe für Kuriositäten. Rezzori, der in seiner Jugend Bergbau studiert hatte, erfreute Chatwin, als er ihm die Namen von vier Orten der Donaumonarchie mit Goldvorkommen nannte: Schemnitz, Nagybanya, Ofenbanya, Vorospatak. Als Chatwin krank und zu schwach war, um ans Telefon zu gehen, schickte ihm Rezzori diese Namen als letzte Botschaft an den Freund, den er als einen Sohn betrachtete.

Die Rezzoris pflegten Freunde oft in einem teilweise renovierten mittelalterlichen Wachturm in der Nähe des von ihnen bewohnten Hauses unterzubringen. Auf Anregung seiner Gastgeberin schrieb Bruce für die amerikanische Zeitschrift *House and Garden* einen Artikel über diesen Turm – einer der beiden Türme in seinem Leben – mit seinen dicken Mauern, winzigen Fenstern, rumänischen Kissen, sizilianischen Betten, libanesischem Perlmutt und den Möpsen Desdemona und Celestina. Als Bruce hier arbeitete, verschreckte er eine Frau, die bei den Rezzoris arbeitete. »Wie viele Leute«, fragte sie ihre Arbeitgeber, »wohnen im Turm?« »Nur Signor Chatwin.« Doch sie hatte Lärm gehört, viele verschiedene Stimmen. Es war Bruce gewesen, den sie gehört hatte, als er sich die Zeilen über die Feiern zur Beendigung des Ersten Weltkriegs aus *Auf dem Schwarzen Berg* laut vorlas. John Updike hat in dieser Szene Anklänge an *Madame Bovary* entdeckt. Als Gregor von Rezzori das Manuskript las, stellte er fest, daß es eine seiner Erinnerungen an die Bukowina enthielt.

Während seines Aufenthalts in diesem Turm sprach Bruce über seine eigene Arbeit, nicht über die seines Gastgebers: »Ich hielt es für ein Zeichen von Diskretion«, sagte Rezzori. Chatwin fragte seinen Freund allerdings über seine Erfahrungen mit Osteuropa aus. Es war Rezzori, der Chatwin den Titel für sein letztes Buch vorschlug: er erklärte ihm, manche deutsche Namen seien Abkürzungen hebräischer Wörter – und mit *Utz* leuchtete ein Name für den Sammler von Meißner Porzellan auf, der das zu berücksichtigen scheint und der auch eine Verkürzung des Namens von Chatwins Freund und Sammler George Ortiz ist. Teile von Rezzoris Vergangenheit – eine osteuropäische Landschaft, eine süddeutsche Dienerin, eine abwechselnd von Deutschen und von Russen besetzte Heimat – sind auch Teile von Utz' Vergangenheit. Und von seiner Mentalität – sardonisch und schwer definierbar, romantisch, aber unsentimental – ist sowohl bei der Romanfigur Utz als auch beim Erzähler des Buchs einiges wiederzuerkennen.

Diese beiden Freunde Chatwins bekunden ein starkes Interesse an seiner Hinwendung zur griechisch-orthodoxen Kirche. Beatrice Monti zufolge muß diese »sehr ästhetisch gewesen sein, weil bei ihm zunächst alles über die Augen ging, bevor es das Herz erreichte«. Rezzori, der selbst in einem orthodoxen Land mit »all seiner Glorie und seinen Gesängen« aufgewachsen ist, glaubt, daß diese Kirche »mehr als jede andere Kirche etwas mit Sotheby's gemein hat«. Der goldene Heiligenschein und das hinter der Ikonostase verborgene Geheimnis seien Dinge, die seinem Freund zugesagt hätten. Rezzori vergleicht die orthodoxe Kirche mit einer »Chrysantheme« – ein Bild, das auch auf Chatwin zutreffen würde.

Mit Bruce' ausgedehnten Besuchen waren mehrere Aspekte verbunden. Man kümmerte sich um ihn. Und er hatte eine bereitwillige Zuhörerschaft für seine Bücher. Auf Patmos las er jeden Morgen eine neue Folge seiner Arbeit vor: »Hat er gehört, was du ihm dazu gesagt hast?« wurde Teddy Millington-Drake gefragt. »Nein«. Im Usk-Tal lief er Diana Melly in die Küche hinterher und trug ihr einen neuen Auszug vor, wobei die großen gelben Seiten in seinen Händen flatterten. »Ich freue mich sehr auf das nächste Kapitel«, schrieb sie ihm, »das du mir vorlesen wirst, während das Apfelchutney auf dem Feuer kocht.«

Doch darüber hinaus wurde die Entfernung von seinem Zuhause eine Voraussetzung für sein Schreiben überhaupt: zu Hause zu sein kam einer Schreibhemmung gleich. Manchmal war es eine zusätzliche Hilfe, nicht an dem Schauplatz zu sein, über den er schrieb. Große Teile von *Auf dem schwarzen Berg* schrieb er in Wales, doch er kam mit dem Buch wirklich voran, als er ein Haus in Yaddo mietete, dem Zufluchtsort für Musiker, Schriftsteller und Maler in der Nähe von Saratoga Springs – wo sich einer der Künstler auf »vaginale Ikonographie aus Sand und Akrylfarben« spezialisiert hatte. Er fand es »ausgesprochen sonderbar, das Bild Radnors oder Brecons heraufzubeschwören, da ich hier, wie es der Fall ist, von einer Rennbahn und einer Art vorstädtischem Kiefernwald umgeben bin«. Doch es fiel ihm leichter, seine Personen zu erfinden, wenn er von ihren Vorbildern durch einen Ozean getrennt und von weiteren Fakten abgeschnitten war: »Meines Erachtens liegt es daran, daß die Geschichte eine Chance hat, ein abgerundetes Ganzes zu werden, wenn einem kein Material mehr zur Verfügung steht«, schrieb er und fuhr kryptisch fort: »Sobald ich überlege, von welcher Farbe sind diese Wolken oder was haben die Zwillinge vor, gerät die Geschichte schnell aus den Fugen – statt rund zu werden, nimmt sie die Form einer Birne an.«

Er schrieb über Sklaverei und den Vizekönig von Ouidah in

Ronda, auf Patmos und in einer umgebauten Remise im Victoria-Viertel. Während seiner Arbeit an *Traumpfade* ging er mit Elizabeth nach Katmandu, doch ihre Erkrankung, ein schwarzer Nebel, der über der Stadt hing, und ihre Unterkunft, »ein als königliches Liebesnest erbautes ›ornamentales Cottage‹, das sich unmittelbar hinter der größten Ladenstraße und, wie sich herausstellte, direkt neben dem größten städtischen Scheißhaus befand«, vertrieben sie aus der Stadt. Sie fuhren über Benares nach Delhi und weiter nach Rajasthan, wo er in nobler Gesellschaft verkehrte – »Ich kannte den Maharadscha seit Jahren – er lebt in einem Palast, der den Buckingham P. winzig aussehen läßt, doch trotzdem ist er ein höchst natürlicher und ungezwungener Mensch« – und wo er von einem glücklichen Zufall begünstigt wurde: bei der Geburtstagsparty des höchst natürlichen Menschen – »auf der die gesamte Radschputen-Gentry mit ihren *echten* Jodhpurs und bunten Turbanen vertreten war« – begegnete er einem ortsansässigen Großgrundbesitzer, der ihm anbot, in seinem Fort zu arbeiten. Einiges von den Felsen, vom Staub und der Ruhelosigkeit in *Traumpfade* wurde in der eleganten Stille dieser Umgebung heraufbeschworen.

> Das Fort, in dem wir eine Suite kühler, blauer Zimmer bewohnen, überblickt einen See, der ein Vogelsanktuarium ist und ein Rastplatz für Hunderte, wenn nicht Tausende von Zugvögeln, Enten, Löffler, Störche und Reiher – die alle auf gutes Wetter warten, um über den Himalaja den Weg nach Norden einzuschlagen. Es gibt eine Insel mit einem Schiwa-Tempel – die Priester verlassen sie einmal in der Woche auf aufgeblasenen Gummireifen –, und wir haben eine große Terrasse, die wir mit Pfauen teilen und die kleine Nischen hat, in die man sich mit einem Buch zurückziehen kann. Das Essen wird dreimal am Tag auf massiven Mahagoni-Tabletts von einer Prozession erstaunlich schöner junger Mädchen und ihren Müttern herbeigetragen, und im Innenhof spielen kleine Kinder, deren Kleider mit bimmelnden Glöckchen besetzt sind, Haschen oder Himmel-und-Hölle.

Wenn Bruce nicht »wie ein Expreßzug« schrieb, las er »strenggenommen zum erstenmal Proust«. Elizabeth Chatwin »besuchte die Frauen des Dorfes, lernte bei einem brahmanischen Lehrer Hindi, und ich habe sie in den letzten zwanzig Jahren (so lange sind wir verheiratet!) nie glücklicher und fröhlicher gesehen. Ich glaube, sie akzeptiert sogar die Tatsache, daß all die Häuser« – in denen die beiden im Laufe jener zwanzig Jahre gewohnt hatten – »und unser besonderer Lebensstil für sie ebenso nachteilig sind wie für mich.«

Er haßte es, eingeschlossen zu sein. Als er im Tal von Ozleworth in Gloucestershire lebte, machte es ihn – eigenen Worten zufolge – so depressiv, zwischen den Bergen gefangen zu sein, daß er seinen Kopf gegen die Wand schlug. Die feuchte Luft legte sich auf seine Brust, die verschlafene Atmosphäre höhlte seinen Verstand aus. Ich besuchte dieses Tal Ende der siebziger Jahre an einem Wochenende, als wir am *Vizekönig von Ouidah* arbeiteten. Er holte mich vom Bahnhof ab, und er saß auf abenteuerliche Weise am Steuer. Als Autofahrer war er dafür berühmt, sich unbeirrt in der Mitte der Straße zu halten für den Fall, daß er überholen wollte, wobei das Motorengeräusch von einem plärrenden, wütenden Hupen begleitet wurde. Unversehens fuhr er einen Hügel hinauf, von dem aus die feuchte Bodensenke zu überblicken war, in der sein Haus lag – und in deren Nähe sein Nachbar Charles Tomlinson in vielen Gedichten die Natur gepriesen hat –, und er klagte, man könne in dieser Landschaft unmöglich arbeiten: man hätte denken können, sie sei verhext. Als Francis Wyndham mit ihm durch das Tal wanderte, kreiste eine Wolke von Fliegen um den Kopf von Bruce, der die Gegend verfluchte. Der Schwarm hüllte ihn ein, während er weiterging, und er ließ seinen Freund an den von den Erinnyen verfolgten Orest denken. Schließlich rannte Bruce zornig davon, einen Hügel hinauf, immer noch von Fliegen umschwärmt, »symbolisch, komisch, wie jemand in einem Stück von Ibsen«.

Chatwin schrieb oft über seine Fluchten und Abenteuer, seltener über die Ängste, durch die sie ausgelöst wurden. Doch mit seinem zweiten Buch verfaßte er eine Erzählung über Zwänge und

Beengung – eine Saga, in der Klaustrophobie mit Exotik eng verflochten ist. *Der Vizekönig von Ouidah* ist eine Geschichte über beschränkten Raum und einengende Verhältnisse. Ihr Held, der »jede Form von vier Wänden für ein Grab oder eine Falle« hält, macht aus dem Geschäft, andere einzusperren, sein Lebenswerk – er verläßt seine brasilianische Heimat, um im westafrikanischen Königreich Dahomey Sklavenhändler zu werden. Da sind ein Palast mit wenigen Türen, ein Gefängnis, ein Serail. Da sind Männer in Handfesseln, Alpträume über luftlose Räume, verquere Träume von der Flucht aus einem Land in ein anderes.

Die Handlung ist auf einen begrenzten Umfang komprimiert: zwei Kontinente, zwei Jahrhunderte und unzählige Schrecken sind auf knapp 160 Seiten untergebracht. Die Absätze sind winzig – Bruce war wütend, wenn Lektoren versuchten, seine prägnanten kleinen Abschnitte aneinanderzuhängen. Die Sätze sind kurz. Jede Zeile, dicht und lapidar, ist schwer beladen. Es gibt seltene Wörter, geheimnisvolle Mitteilungen – und oft ist schwer zu verstehen, was vor sich geht: »Er schwor, die Egbas in ihrer Bastion von Abokuta zu besiegen, und er befahl dem Alafin von Oyo, ›Papageieneier zu essen‹.« Es gibt erhabene Momente, anschauliche Wortreihen, conradsche Bilder. Brasilianer siedeln sich in einer afrikanischen Stadt an: »Statt des verblichenen Rosa und Ocker nahmen die Häuser die Farbtöne eines brasilianischen Gartens an, und wenn die Frauen sich auf ihre Halbtüren stützten, schienen sie sie wie eine Verlängerung ihrer Kleider zu tragen.« Ein junger Fotograf hat »einen geschorenen, kürbisförmigen Kopf, eine Haut, die vor lauter Schwärze bläulich schimmerte, und die allerernsthafteste Einstellung zu seinem Beruf. Auf dem Rücken seines ärmellosen orangefarbenen Trainingsanzugs war ein purpurrotes Lamm zu sehen, dazu die Aufschrift ›Foto Studio Agnew Pascal‹.« Es ist ein Buch, in dem Erhellendes und Undurchsichtiges ununterbrochen miteinander konfrontiert werden.

Es ist auch ein Buch mit einem zweideutigen Helden. Francisco Manoel da Silva ist ein Sklavenhändler mit zärtlichen Gefühlen, ein williger Auswanderer, der ein Verbannter wird, ein Patriarch, der einst den Spitznamen »Der Lustknabe« hatte. Als junger Mann in Südamerika »vollzog er in Bretterbuden das Liebesspiel mit Partnern beiderlei Geschlechts«. Im *Vizekönig von Ouidah* beschreibt Bruce viele glänzende schwarze Männerkörper und viele geschmeidige schwarze Frauen. Er sprach hin und wieder – manchmal wie von einer Erfindung, manchmal wie von einer wahren Begebenheit – von einem Tag beim Karneval von Rio, an dem er erst mit einem Mädchen, dann mit einem Jungen geschlafen hatte.

Wie alle Bücher Chatwins ist *Der Vizekönig von Ouidah* ein Problem für Leser, die einordnen wollen. Ursprünglich hatte er die Lebensgeschichte von Francisco Feliz da Souza schreiben wollen, einem Sklavenhändler portugiesischer Herkunft, den Hugh Thomas in seinem Buch über Kuba als »wenig glaubwürdige Gestalt« bezeichnet – eine Beschreibung, die Chatwin verärgert haben muß. Er war 1971 nach Dahomey gereist und hatte in seinen Notizbüchern Beobachtungen über den Königspalast, einen Fetischtanz und die »großen, schwarzen, phallusähnlichen Schoten in den blütenlosen Bäumen« festgehalten. Als er ein paar Jahre später zurückkam, um Material zu sammeln für das, was er jetzt als Buch plante, wurde er in einen Putschversuch verwickelt, irrtümlich als Söldner verhaftet, eingesperrt und bedroht: *»Il faut vous tuer. Massacrer même.«* Er wollte das Land nie wieder betreten, und weil die Recherchen für eine Biographie zu dürftig waren, »beschloß ich, die Namen der wichtigsten Personen zu ändern – und fuhr fort, ein Werk der Imagination zu schreiben«.

Diese Geschichte hat ein merkwürdiges Vermächtnis hinterlassen. Einige, nicht alle Ausgaben des *Vizekönigs von Ouidah* enthalten ein Vorwort – das hinzugefügt wurde, nachdem Bruce das Buch geschrieben hatte –, in dem es heißt, die Erzählung basiere auf Fakten. Das Buch wurde allgemein als Roman besprochen, doch als Chatwins drittes Buch *Auf dem schwarzen Berg* erschien, erhielt es den Whitbread-Preis für den besten ersten Roman – womit das zuvor erschienene Buch eindeutig aus der Kategorie Fiktion verbannt wurde.

Andere Einflüsse trugen zur Gestaltung des Buchs bei, das ursprünglich »Haut um Haut« heißen sollte. Der Südamerikaexperte

Malcolm Dea berichtete Chatwin von einer kolumbianischen Frau, die – in Ermangelung eines Klaviers auf ihrer Hacienda – Arpeggios auf einem Stück Holz spielte, das mit Tasten bemalt war. Chatwin übernahm die Episode, schmückte »das Instrument« mit Wurmlöchern und Staub aus und ließ das Ereignis nahtlos in seine tropische Erzählung einfließen. Als er die Wanderungen seines Sklavenhändlers schilderte, war ihm eine Erzählung über einen uralten Verbannten behilflich: von der blutrünstigen Atmosphäre im dritten Buch der *Äneis* – mit ihren grausigen Begegnungen, großartigen Visionen und brutalen Schicksalsschlägen – ging einiges in den *Vizekönig von Ouidah* ein.

Doch die wichtigsten Einflüsse auf das Buch kamen aus Frankreich, für dessen Literatur und Sprache Bruce immer empfänglich war. Edmund White, der in Paris lebende amerikanische Romancier und Biograph Genets, aß dort gelegentlich mit Chatwin zu Abend, und oft irritierte ihn die durchdringende Klarheit von Chatwins Stimme mit ihrem abrupten, unterbrochenen Lachen, wenn er inmitten flüsternder Franzosen lauthals seine Geschichten von sich gab. In dem Bestreben, ihn abzulenken, ging White zu Französisch über, worauf Bruce im nächsten Atemzug die Sprache wechselte und seine Stimme zu einem Flüstern senkte – die Mimik behielt er bei. Die Sprache der französischen Literatur stahl sich ebenso mühelos in seine Bücher. Francis Wyndham hat einige Parallelen gezogen zwischen Chatwins Schriftstellerleben und dem Flauberts, den Bruce bewunderte. Beide hinterließen sechs Bücher, die sich in Inhalt und Methode erheblich voneinander unterscheiden. Beide bevorzugten einen unpersönlichen Stil. Beide schrieben über eine ländliche Idylle: *Auf dem schwarzen Berg* ist Chatwins *Un Cœur simple*. Auch schrieben beide extravagant: *La Légende de saint Julien l'hospitalier*, eine Erzählung, in der der legendäre Held für den Mord an seinen Eltern büßt, indem er einen Leprakranken umarmt, ist, wie Wyndham betont, »sehr Brucey«, der auch ein großer Bewunderer des wüsten *Salammbô* war. Gegen Ende seines Lebens sagte Chatwin, er wolle ein auf Flauberts *Trois Contes* beruhendes Triptychon schreiben. Eine der drei Geschichten sollte im alten Irland spielen.

Im *Vizekönig von Ouidah* ist dieser Einfluß besonders ausgeprägt. *Hérodias*, Flauberts Erzählung über die Ereignisse, die zur Enthauptung von Johannes dem Täufer führten, ähnelt Chatwins Buch im Hinblick auf die neue Interpretation historischer Ereignisse, den kolonialen Hintergrund, die Mischung aus Überfluß und extremer Grausamkeit, die bis zur Unverständlichkeit verknappte Erzählform und die kurzen Absätze, die oft nur aus einem Satz bestehen. In *Der Vizekönig von Ouidah* wie in *Un Cœur simple* gibt es eine Frau, die in ihrer Jugend von ihrem Geliebten verlassen wurde und bis ins hohe Alter in selbstgewählter Gottesfurcht lebt: sowohl Flauberts Félicité als auch Chatwins Mama Wewe verwandeln ihr Zimmer in einen Schrein, den sie mit ausgefallenem Krimskrams und herkömmlichen heiligen Objekten ausstatten – in Mama Wewes Schrein befinden sich einige der Gegenstände, die Chatwin in seine »God Box« steckte, die er nach seinem ersten Besuch in Afrika herstellte. Beide Frauen haben im Sterben eine Vision, in der eine ihrer Reliquien zum Leben erwacht.

Um distanziert und ohne moralisierenden Kommentar die erstickende Enge und die Schrecken der Welt des Sklavenhändlers beschreiben zu können, zog Chatwin ein Werk heran, in dem ein klaustrophobes Byzanz mit dem kühlen Blick eines Franzosen beobachtet wird. Racines Tragödie *Bajazet*, die im *Vizekönig von Ouidah* erwähnt ist, wurde Chatwin von Francis Wyndham empfohlen. In einem königlichen Harem des siebzehnten Jahrhunderts spielend, war sie im zwanzigsten Jahrhundert das wohl am wenigsten aufgeführte Drama Racines. Das Stück wurde eine von Chatwins Obsessionen. Das Nebeneinander von Strenge und Sinnlichkeit darin faszinierte ihn so sehr, daß er eine englische Aufführung arrangieren wollte, für die er die Kostüme entwarf – mit vielen Hüten. Einige Schauplätze des Dramas – das Serail, den hermetisch verschlossenen Palast – nimmt er in *Der Vizekönig von Ouidah* auf, und er übernimmt einen Namen: aus Roxane wird Mae Roxa. Doch es war das Gefühl der Beengtheit, das ihn am meisten interessierte. Wann immer er über *Bajazet* sprach, äußerte er seinen Abscheu vor dem beschränkten Raum, in dem die Personen gefangen sind.

Von Chatwins Büchern ist *Der Vizekönig von Ouidah* auf den ersten Blick am wenigsten verführerisch, doch es ist darum nicht weniger vollendet. Es enthält die meisten Kleinode und die meisten Greuel: es gibt Messerstechereien, versengtes Fleisch, Giftmorde, Cholera, Schlägereien, Eiter und Ruhr. Dieses Werk illustriert am besten Francis Wyndhams Erklärung, der zufolge »kunstlose Spontaneität zu jenen Eigenschaften gehörte, deren Resultate er am wenigsten zum Ausdruck bringen wollte«. All das war selbst für eine so glühende Bewunderin von Chatwins Werk wie Sybille Bedford schwer erträglich, die meint, daß es »zu viele lepröse Details enthält« und »zu sehr in abstrusem Wissen schwelgt«. Paul Theroux erinnert sich, daß Bruce Probeabzüge des Buchs an Freunde schickte, die es mit Anmerkungen versahen: »Mein Kommentar war harmlos, doch andere kurze Randbemerkungen waren höhnische Aufschreie: ›Ha! Ha!‹ oder ›Blödsinn‹ oder ›unmöglich‹.«

Auch für Bruce war das Buch fast nicht zu ertragen. Die Grausamkeit seines Sujets bedrückte ihn. Tag für Tag stand er wie ausgehöhlt von seinem Schreibtisch auf, nachdem es ihm oft schwergefallen war, überhaupt irgend etwas zu Papier zu bringen. *In Patagonien* mit seinen vielen Extravaganzen und Schnörkeln, Abzweigungen und neuen und falschen Anfängen war aus ihm herausgeflossen. Er hatte keine Mühe gehabt, ein Motiv auszuweiten oder eine Geschichte hinzuzufügen – und er hatte keine Mühe gehabt, Kürzungen vorzunehmen. Beim *Vizekönig von Ouidah* mußte er sich jeden einzelnen ausgefeilten Satz abringen. Nichts war hastig hingeworfen, nichts war provisorisch. Bruce, der sich nicht scheute, eine unfertige Arbeit zu zeigen, schickte Teile des Buchs an Cape, als es noch längst nicht beendet war. Die Reaktionen waren unterschiedlich. Eine frühe Notiz Tom Maschlers als Reaktion auf die ersten 107 Seiten sprach in dem aufmunternden Ton eines Verlegers von der Notwendigkeit, »die Rolle der Personen« des Buchs weiter auszubauen, das »in seinen besten Momenten (gemeint ist der Abschnitt über Eugenia) *In Patagonien* weit übertrifft«. Sechs Monate später, im Sommer 1978, lag mir das vollständige Manuskript vor, und ich notierte meine Beobachtungen über den besorgten Autor, dessen Verhalten von Empfindsamkeit bis zu Großspurigkeit reichte: »Ich legte ihm nahe, sich eine oder zwei Wochen Erholung von den Sklavenhändlern zu gönnen.« Meine Anmerkungen unterstrichen die Notwendigkeit, Unklarheiten auszuräumen und die Geschichte zusammenhängender und flüssiger zu machen. Es gab Gespräche und Überarbeitungen; das einleitende Kapitel wurde neu geordnet und erläuterndes Material über Ouidah und die Familie da Silva hinzugefügt; auch versuchten wir, zwischen den historischen und aktuellen Teilen einen deutlicheren Zusammenhang herzustellen. Trotzdem gab es im Spätsommer 1978 noch immer sperrige Stellen und Sorgen um das Buch bei Jonathan Cape.

Ich besuchte Bruce in seinem winzigen Apartment im Albany, um diese Stellen mit ihm zu besprechen. Es war Mittag, ein sonniger, warmer Tag. London lärmte und erstickte im Verkehr. Das Albany lag wie ein großes, kühles Schiff abseits von alldem, und Bruce' Zimmer im obersten Stock war von allem städtischen Lärm oder Gestank abgeschlossen. Ich kam zum Ende meiner Predigt über sein Buch und sah halb reumütig zu Bruce auf, der mit dem Rücken an der weißen Wand auf seinem grauen Bett saß. Er paßte zu seiner Umgebung: er war bleich. Ich dachte an diesen Moment zurück, als ich Paul Theroux' Bemerkungen zu Bruce und zum Thema der Schreibhemmung las: »Ich hatte oft das Gefühl, daß er sich nicht wirklich darüber beklagte, sondern eher stolz war auf die Subtilität seiner besonderen Begabung, die so fein abgestimmt war, daß sie gelegentlich ein hohes Quieken ausstieß und abzusterben schien.« Ich habe nie geglaubt, daß Bruce an einer generellen Schreibhemmung litt, eher war das Gegenteil der Fall. Er erteilte seinen Freunden zu diesem Thema freigebig Ratschläge: »Laß dir dadurch bloß keine Angst einjagen«, pflegte er James Knox zu belehren. Doch er war eindeutig gehemmt, als er *Der Vizekönig von Ouidah* schrieb. Bruce war ein vielseitiger Pantomime, doch in diesem Fall gab es weder Verstellung noch Übertreibung: er fühlte sich erbärmlich. Auch mußte ich an seine Grimasse denken, als er meinen Blick auffing. Es war, als wollte er sagen, daß wir beide bei einem schimpflichen Streich ertappt worden waren und nun bis zu unserer Bestrafung zusammenhalten müßten. Nicht daß das fertige Buch schimpflich gewesen wäre: unser beider Gefühl hatte mit der Anspannung zu tun, die die Arbeit mit sich gebracht hatte, mit einem heiklen Inhalt – und mit dem Versuch, einen besorgten Verleger zufriedenzustellen.

8
Beim *Magazine*

Bruce Chatwin wurde Schriftsteller, als er Anfang Dreißig war. In seinen Zwanzigern hatte er zwei Berufswege eingeschlagen und wieder verlassen. Er war bei Sotheby's erfolgreich und vor diesem Erfolg geflohen. Und er hatte sein Achäologiestudium in Edinburgh abgebrochen – in einem Interview für einen französischen Rundfunksender beschrieb er sich als *archéologue raté*. Er hatte ausgedehnte Reisen durch Europa, Afrika und Asien unternommen, die er oft durch den Verkauf von Objekten finanzierte. Als er dreißig wurde, waren seine Passionen und Erfahrungen, die seine Bücher später auszeichnen sollten – die visuelle Intensität, die historische Neugier, sein Gefallen an fremden Ländern, seine Vorliebe für Widersprüchliches und für Nebenwege –, bereits Bestandteile seines Lebens. Nachdem er jahrelang private Aufzeichnungen gemacht hatte, begann er jetzt zu schreiben, um zu veröffentlichen. 1970 reichte er seine Synopsis über Nomaden bei Jonathan Cape ein. Bruce verwandelte sich in einen Schriftsteller. Doch die Bücher, die er schreiben sollte, waren von drei Lebensjahren zu Beginn der siebziger Jahre grundlegend beeinflußt. Es war die Zeit, in der er auf halbwegs freiberuflicher Basis beim *Sunday Times Magazine* arbeitete.

Von Anfang an war das *Magazine* als erste der farbigen Sonntagsbeilagen unter seinem Chefredakteur Mark Boxer eine Mischung aus Kommerz und hohem Anspruch, Enthüllungsjournalismus und Prominentenberichterstattung. In der ersten Nummer im Jahre 1962 wurden Mary Quant und James Bond als Stars herausgestellt; bald sollten Reportagen über Kriege und Putsche folgen. Es veröffentlichte Modefotos von Brian Duffy, Terence Donovan und David Bailey, jungen Männern aus dem Londoner East End, die mit der Atmosphäre der »Swinging Sixties« vertraut waren und – in Francis Wyndhams Worten – »die Verwegenheit und den Geschmack ihrer Zeit« repräsentierten. Ihre groteske Lebhaftigkeit (»David Bailey makes love daily«) wurde von Antonioni in *Blow Up*, seinem Film über ein halluzinatorisches London, festgehalten. Es veröffentlichte Eve Arnolds Fotoreportagen. Und es veröffentlichte Don McCullins Bilder von den harten Zeiten zu Hause und von den Kriegen im Ausland. Als McCullin mit James Fox nach Vietnam ging, wurden ihm – was noch nie dagewesen war – dreizehn Doppelseiten für seine Fotos zur Verfügung gestellt.

Das *Magazine* wurde heftig angefeindet: sein Anspruch auf Ernsthaftigkeit wurde als unangemessen, seine Frivolität als geschmacklos und seine Werbung als zu umfangreich und übertrieben bezeichnet. Man kritisierte die Methode, Schlankheitsfanatiker und Hungernde, Kriegsopfer und Jet-Setter nebeneinander abzubilden. Doch auch in der Redaktion der *Sunday Times* wurden Bedenken laut. Die Zeitung und das *Magazine* nahmen oft unterschiedliche Positionen ein. Am deutlichsten wurde es, als sie im Biafrakrieg gegensätzliche Seiten vertraten – das *Magazine* setzte sich stark für die Sache Biafras ein. James Fox, der einer von Chatwins engsten Freunden beim *Magazine* wurde, erinnert sich an die Kluft zwischen den Journalisten des *Magazine* und denen der Zeitung: »Wenn man am Fahrstuhl den Knopf zur vierten Etage drückte, wanderten ihre Augen zur Decke, wobei sie ihr höhnisches Lächeln kaum verbargen. ›Tendenziös‹ war das Schimpfwort in jenen Tagen, ebenso ›radikaler Schick‹. Ein grober Typ aus der Nachrichtenredaktion nannte uns einmal ›feine Pinkel‹. Ein ›farbiges‹ *Magazine* hatte sogar etwas Verdächtiges und Verweichlichtes an sich, als würde es Halluzinogene oder afghanische Gewänder anpreisen – oder Edna Everages Blick auf Spanien: ›Farbe und Bewegung‹. Die Realität war Schwarz und Weiß.«

Chatwin fand Gefallen an den lebendigen Widersprüchen des

Magazine, an den ständig wechselnden Themen und Stilen. Paradoxa gehörten zu seinen Steckenpferden: für seine Zeitgenossin Angela Carter repräsentierte er »eine Mischung aus erhabenem Camp und erhabenem Denken – einen Fabier in einer Mönchskutte«. Seine journalistischen Arbeiten – die besten schrieb er für das *Sunday Times Magazine* – sind reich an unerwarteten Verbindungen: eine private Kunstsammlung in einem kommunistischen Land, eine Frau, die allein in der peruanischen Wüste lebt, sich jedoch in ihrer Berühmtheit sonnt – »vor der Kamera bin ich Elizabeth Taylor«. In seiner Darstellung sind solche Kontraste meist verschroben, anregend und humorvoll, doch er bevorzugte die mehr pointierte, satirische Verwendung. Bruce und Valerie Wade, die die Rubrik »Wohndesign« des *Magazine* leitete, begeisterten sich für Jean Vigos Film *A Propos de Nice*. In dem kurzen schwarzweißen Dokumentarfilm von 1930 folgen Szenen von Reichen, die sich in dem Badeort die Zeit vertreiben – sie rekeln sich in Liegestühlen, führen ihre Hunde spazieren und spielen Tennis –, kommentarlos und mit ungeheuer trostloser Wirkung auf übervölkerte Szenen in den Straßen der Vorstadt. Von einer Amerikareise kam Chatwin mit der Idee zurück, einen Film mit dem Titel *A Propos de Miami* zu machen.

Es war Valerie Wade, die als erste den Vorschlag machte, Chatwin einen Platz beim *Magazine* zu geben. Francis Wyndham – zu verschiedenen Zeiten Showbusineß-Redakteur und Seniorchef – setzte ihn in die Tat um. Chatwin hatte David Sylvester, dem künstlerischen Berater des *Magazine*, ein Bündel seiner Fotos von Wüstenlandschaften und afrikanischen Türen und Wänden mit leuchtenden Farben vorgelegt, und obwohl dieser beeindruckt und begeistert war, wurde keins der Bilder im *Magazine* abgedruckt. Als Sylvester seinen Beraterposten aufgab, kam Wyndham auf den Gedanken, Chatwin den Job zu geben. Sein Angebot kam in einem Moment, als Chatwin völlig niedergeschlagen war. Er hatte kein geregeltes Einkommen, war mit seinem Manuskript über Nomaden, an dem er in den vergangenen drei Jahren gearbeitet hatte, in einer Sackgasse und kurz davor, es als gescheitert aufzugeben. Er hockte trübselig am Telefon in seiner Küche in

Gloucestershire, nahm den Hörer nach dem ersten Klingeln ab und war sofort bereit, nach London zu kommen. Bei einem Drink mit Francis Wyndham und Magnus Linklater, dem neuernannten Chefredakteur des *Magazine*, im Blue Lion in der Gray's Inn Road gegenüber dem Gebäude der *Sunday Times* bekam er die Stelle. Nun hatte er Gelegenheit, neue Sujets zu finden und einen eigenen Stil zu entwickeln. Auch schloß er mehrere enge Freundschaften.

Eins seiner ersten redaktionellen Projekte hatte sich ein neuer Freund ausgedacht. David King, Designer beim *Magazine*, schlug eine Bilderserie mit dem Titel »Eine Million Jahre Kunst« vor: eine Folge von Fotografien chronologisch angeordneter Kunstwerke mit kurzen erläuternden Bildunterschriften, ohne jeden kritischen Kommentar. Chatwin, von dem Kunstkritiker Edward Lucie-Smith beraten, wählte und beschrieb tausend Illustrationen, die zwischen den Kontinenten und Kulturen hin und her wandern, viele der anerkannten Meisterwerke westlicher Malerei unberücksichtigt lassen und eine anschauliche Einführung in seine eigene Ästhetik sind. Das erste Foto – in einer Nummer, die auch Don McCullins grimmige helldunkle Aufnahmen von Menschen enthielt, die in London unter freiem Himmel schlafen – zeigte Steinwerkzeuge aus der Olduwai-Schlucht in Tansania, die auf etwa zwei Millionen Jahre vor Christus datiert waren. Das tausendste und letzte Bild war 1972 von einer chinesischen Volkskommune gemalt worden: es zeigte einen belebten Operationssaal und hatte den Titel »Akupunktur-Anästhesie«. Zwischen beiden gab es einen haitianischen Zeremonienstuhl aus dem fünfzehnten Jahrhundert – »möglicherweise der Stuhl, auf dem Kolumbus gesessen hat«, lautet Chatwins optimistische Bildunterschrift –, Raeburns Porträt von einem Schlittschuh laufenden Geistlichen der Schottischen Kirche und Andy Warhols Bild von Dosen mit Del-Monte-Pfirsichhälften. Anhand von Reihen kleiner Bilder – ungefähr so groß wie Donald Evans' bewunderte Briefmarkenaquarelle – konnte Chatwin demonstrieren, daß zweckmäßige Objekte ebenso elegant und attraktiv sein können wie Werke der schönen Künste. Er fügte ein japanisches Teezeremonie-Gefäß hinzu, dessen gelbrosa Untergrund mit wenigen braunen zweigähnlichen Strichen verziert ist, eine irokesische Holzkeule mit einem kleinen Gesicht mit getüpfelten Augen und Mund sowie ein Ensemble von Shaker-Möbeln – zwei Stühle mit steifem Rücken, darunter ein Schaukelstuhl, und ein gußeiserner Ofen mit einem langen schwarzen Rohr. Chatwin konnte so die Art von Verbindungen herstellen, wie er sie schätzte, indem er erstaunlich unterschiedliche Artefakte aus derselben Periode nebeneinander plazierte: auf Landseers Bild mit einer Hündin und ihrem Jungen, das den Titel »Erhabenheit und Impertinenz« hat, folgt eine Fetischfigur der Fang aus Gabun.

In dieser Serie ließ Chatwin seinen visuellen Obsessionen freien Lauf. Da sind mehrere gefiederte Gegenstände – ein Kopfschmuck, ein Helm und sein eigener peruanischer Wandbehang – und eine Menge Bilder der russischen Avantgarde. Er blickt auf seine eigene Vergangenheit zurück, wenn er ein Aquarell von John Marin auswählt, dem Maler aus der Gegend, in der er seine Flitterwochen verbrachte. Und er erlaubt sich ein paar Späße. Ein glitzerndes Foto, auf dem man zwei ineinander verschlungene silberne Bananenbüschel zu erkennen glaubt, zeigt in Wirklichkeit Fische, die auf einem türkischen Markt zum Verkauf ausgebreitet sind. Der Fotograf wird nicht genannt, das Foto jedoch als »zeitgenössisch« eingestuft. Ein erstaunliches Muster aus roten, grünen und gelben Rechtecken ist in Wirklichkeit ein Foto von bemalten Türen in einer mauretanischen Barackenstadt – eine von Chatwins Aufnahmen, von deren Veröffentlichung die *Sunday Times* abgesehen hatte.

Es war eine der wenigen Gelegenheiten, bei denen Chatwin in erster Linie als künstlerischer Berater fungierte, doch sollte zumindest eine seiner Passionen später die Gestalt eines Buchs annehmen. Seine Gespräche mit Bruce Bernard über Hercules Segers, einen holländischen Maler des sechzehnten Jahrhunderts mit rätselhaften Obsessionen – seine Gebirgslandschaften, die Hirnwindungen ähneln, fanden zu seinen Lebzeiten keine Beachtung –, führten dazu, daß Bernard Lawrence Gowing mit einem maßgebenden Text über dieses Sujet beauftragte. Chatwins Rolle beim *Magazine* änderte sich bald. Er machte Francis Wyndham Vorschläge für Artikel – darunter einen Text über die Modeschöpferin Madeleine Vionnet. Chatwin wußte, daß ihre Person ein gutes Sujet abgab, aber ihm fiel niemand ein, der über sie schreiben könnte. Wyndham sagte, er müsse es selbst machen – und drängte ihn damit in eine neue Phase seines Lebens.

Madeleine Vionnet, die behauptete, als erste Modeschöpferin auf das Korsett verzichtet zu haben, war eine betagte Französin, einflußreich, aber weitgehend unbekannt. Die von ihr entworfenen Kleider waren schlicht, aber kostspielig. Das Haus, in dem ihre Pariser Wohnung lag, hatte eine ornamentale Belle-Epoque-Fassade, aber die Einrichtung war im Art-déco-Stil gehalten – Lack, Chrom und Aluminium: »Ein Interieur, so klar und unsentimental wie Madame Vionnet selbst.« Sie war stolz und vornehm – für kleine und dicke Leute gab es in ihrem Salon keinen Platz –, aber sie lebte bescheiden. Sie hatte eine Passion für ihre Arbeit und eine scharfe Zunge. Chatwin schrieb einen Artikel – verblümt, ausweichend, bewundernd, aber belustigt –, der seinen späteren Kurzbiographien als Vorbild diente. Unzählige journalistische Arbeiten folgten.

Das *Magazine* verfügte über zahlreiche Talente und viel Geld; Don McCullin sieht sich in der dort verbrachten Zeit als »eingeschlossen in einem U-Boot« voller begabter Leute. Magnus Linklater, der Chefredakteur in dieser »Periode maximaler Arroganz und maximaler Unabhängigkeit«, war von seinem Vorgänger Godfrey Smith belehrt worden: »Es gibt eine überflüssige Substanz in Höhe von etwa achtzigtausend Pfund: du solltest sie insgesamt auf sechzig- bis siebzigtausend reduzieren, aber nicht unter vierzigtausend fallen lassen.« Schriftsteller und Fotografen konnten ihre Ideen ohne größere finanzielle Einschränkungen oder Einmischung von seiten der Redaktion verwirklichen. Don McCullin ging mit Norman Lewis nach Paraguay und mit Edna O'Brien nach Kuba; er ging nach Bangladesh und nach Biafra. Chatwin brachte Geschichten aus Peru, Rußland und Indien zurück.

Seine erste Reportage mit Eve Arnold führte ihn nach Verrières-les-Buissons, wo er André Malraux interviewte: der alternde Abenteurer sprach fließend, war jedoch sehr schwach. Er zitterte so sehr, daß Arnold ihn erst fotografieren konnte, als er seine Hand ans Kinn legte. Zu ihrer letzten gemeinsamen Reportage reisten sie nach Indien, wo sie Mrs. Gandhi auf ihrer Wahlkampagne begleiteten: »Ich kann Ihnen nur meinen kleinen Finger geben«, sagte sie, »mit den anderen ist etwas nicht in Ordnung.« Der indische Journalist Sunil Sethi, in Chatwins Artikel als »Rajiv« getarnt, erinnert sich, wie ein klappriger Wagen der Marke Ambassador in der glühenden Hitze – 44 Grad im Schatten – vor einem schmuddeligen Restaurant vorfuhr und sich ihm »ein äußerst komischer Anblick bot: aus dem Auto stiegen ein sehr rosiger Engländer und eine in meinen Augen sehr vornehme zierliche Dame mit silbrigem Haar, das in einem Knoten auf ihrem Kopf zusammengehalten war ... Beide sahen aus, als würden sie im nächsten Moment ihren Geist aufgeben.« Sethi, der sich mit Chatwin anfreundete, trat sein Bett an die bewunderte Fotografin ab: »Ihre Bilder von Joan Crawford sind absolut fabelhaft!«

Chatwin verstand sich gut mit Eve Arnold, und er verstand sich gut mit Don McCullin, der auf der Hut ist vor Schriftstellern, die sich auf »ihren Fotografen« berufen, als wäre er ihr Stallbursche. Die beiden Männer begegneten sich zufällig, als McCullin einen Fototermin beim Marquess of Dufferin and Ava in Holland Park hatte. Als er die Tür erreichte, schwang diese plötzlich auf und gab den Blick auf Chatwin frei, der »wie Miss World« dastand. In McCullins Erinnerung sah er aus, als hätte er »einen Laden betreten und gesagt: ›Ich möchte das schönste Lächeln, die schönsten Augen und das schönste Haar.‹«

Mehrere ihrer gemeinsamen Reportagen führten sie in High-Society-Kreise. Als McCullin und Nicholas Tomalin zu Recherchen für ein Feature über die Fuchsjagd im Westen Englands aufbrachen, wurden sie von Chatwin begleitet, der den Herzog von Beaufort persönlich kannte und ihnen den Weg ebnen sollte. Doch es machte ihn so verlegen, sich zwischen zwei Freundeskreisen zu befinden, daß er vorsichtig Abstand zu beiden hielt. McCullin entdeckte ihn, als er sich »wie ein trainierter Vietcong«

im hohen Gras versteckte. Ein anderes Mal fuhren sie zusammen nach Südfrankreich und anschließend nach Algerien, um über die Spannungen zwischen den französischen und den nordafrikanischen Einwohnern Marseilles zu berichten – eine Reportage, die durch die Ermordung eines französischen Busfahrers durch einen Algerier veranlaßt wurde. Dieser Aufenthalt hatte einen der eindringlichsten Essays Chatwins zur Folge. »Die sehr traurige Geschichte von Salah Bougrine« beschreibt das harte Leben algerischer *fellahin* – Kleinbauern – und die Lebensbedingungen französischer Nordafrikaner zur damaligen Zeit, schildert die während des algerischen Unabhängigkeitskrieges begangenen Greueltaten und stellt Beobachtungen über den Beitrag der Einwanderer zur französischen Wirtschaft an. Der Essay ist einer von Chatwins hellsichtigsten und – ohne im geringsten an Schärfe zu verlieren – zugleich einer seiner mitfühlendsten. Einige der stärksten Passagen beschreiben das vom Krieg zerstörte Algier, das die Immigranten verlassen hatten, und die heruntergekommenen *bidonvilles*, in denen sie sich in Marseille ansiedelten.

Die eigenen Erfahrungen mit der Stadt waren anderer Art. Gleich nach der Ankunft in Marseille erklärte Bruce, sie seien von der von ihrem Mann getrennt lebenden Ehefrau des Bürgermeisters zum Abendessen eingeladen. Für McCullin war der Abend ein »gesellschaftlicher Prüfstein«. Sie saßen da, blickten aufs Meer und tranken Kaffee, als eine der geladenen Frauen ihre Handtasche aufschnappen ließ und einen kleinen, funkelnden Gegenstand hervorholte, den sie wie einen Miniaturrevolver schwenkte. Es war ein großer Edelstein, den sie »wie einen Chevvy« zu einem großen Schlüsselanhänger hatte zusammenpressen lassen. Sofort ließ eine der anderen Frauen eine Hand in ihre Tasche gleiten und schwenkte einen ähnlichen glitzernden Klumpen. Chatwin saß mit übereinandergeschlagenen Beinen da und beobachtete die Szene mit rollenden Augen. McCullin, der die Sprache nicht verstand und sich bei all diesem Gehabe unbehaglich fühlte, hatte es eilig, sich an die Arbeit und auf den Weg nach Algerien zu machen, doch als sie dort eintrafen, stieß er bei den Leuten, die er fotografieren wollte, auf beträchtliche Feindseligkeit. Er fragte seinen Begleiter, was sie sagten, wenn er seinen Fotoapparat auf sie richtete. Chatwin übersetzte: »Hören Sie mit dem Fotografieren auf. Wir sind nicht länger Frankreichs Sklaven.«

Die meisten Ideen für seine Geschichten holte sich Chatwin aus dem Ausland. Doch als er in seinem letzten Lebensjahr für ein Buch eine Auswahl seiner Artikel aus der *Sunday Times* und aus anderen Publikationen traf, nahm er nur zwei davon in die Rubrik »Reisen« auf. Das Buch enthält ein paar Sticheleien und Lobhudeleien über bekannte Persönlichkeiten und ebenso einige seiner besten Essays. Diese sind, wie die algerische Geschichte, auf eine Person konzentriert, an deren Beispiel er die Kulturgeschichte aufrollt. Keinem der Artikel ist mit dem Titel *Was mache ich hier* besonders gedient, der nahelegt, daß das Buch eine Fülle von Beschreibungen über Reisen in der Fremde enthält. Die Worte sind ein Zitat von Rimbaud – der sich diese Frage in Äthiopien stellte –, und Bruce betont die Frage mit bewußter Selbstironie auf dem Wort »mache«. Auf dem Buchumschlag stehen die Worte merkwürdigerweise ohne jedes Satzzeichen. Einige Leser führten das auf einen Druckfehler zurück, andere, darunter Terence Stamp, glaubten, Bruce habe mit seinem Buch die Bedeutung aller Dinge erklären wollen. Folgendes war geschehen. Ian Craig, Chefdesigner bei Jonathan Cape, hatte 1988 verschiedene Entwürfe für den Umschlag von *Was mache ich hier* vorgelegt. Keiner dieser Entwürfe stellte ihn völlig zufrieden, und schließlich teilte er Tom Maschler seine Schlußfolgerung mit: »Mit dem Fragezeichen sieht es beschissen aus.« Maschler war einverstanden, und als sie dem stets auf Design bedachten Chatwin Alternativen präsentierten, erklärte er, das Fragezeichen sei überflüssig. Worauf es verschwand.

Was mache ich hier war ein Bestseller und ein gutes Buch. Doch sobald es um praktische Vereinbarungen ging, entsprach Bruce keineswegs den Wunschvorstellungen eines Verlegers. Magnus Linklater, der seine Artikel bewunderte und veröffentlichte, hatte immer »ein leichtes Gefühl von Beklommenheit«, wenn Bruce ihm eine Reise vorschlug. Die Kosten und die Unberechenbarkeit seiner Expeditionen – er rief nicht an und hielt sich selten an seine Anweisungen – bewirkten, daß »die Verhandlungen mit ihm etwas Alptraumhaftes an sich hatten«. So blieb es bis zu dem Augenblick, an dem der Reisende zurückkam und seine Geschichten beim Lunch im Restaurant Kolossi oder im Quality Chop House, dem »fortschrittlichen Lieferanten der Arbeiterklasse«, ausbreitete. Nicht allen gefiel, was er schrieb. »Ist es nicht schrecklich? Sie finden ihn furchtbar«, sagte Francis Wyndham zu Chatwin, als dieser bei der *Sunday Times* aus einem Fahrstuhl stieg und wissen wollte, wie sein Text über Mrs. Gandhi bei den Kollegen angekommen war. Der Artikel – persönlich, impressionistisch, abwechselnd fasziniert und entsetzt – war ihnen nicht scharf genug, aber er wurde später stark gekürzt veröffentlicht. Hunter Davies, Linklaters Nachfolger als Chefredakteur des *Magazine*, machte keinen Hehl daraus, daß er kein Chatwin-Fan war: »Nichts als aufgeblähte Prosa und Selbstgefälligkeit, dachte ich.« Davies wurde von Harold Evans, dem Herausgeber der Zeitung, angewiesen, »die Zügel straffer anzuziehen, das Budget zu reduzieren und stärker auf die Leserschaft einzugehen. Daher schufen wir mit ›Lifespan‹ eine neue Rubrik und kürzten die Summen für die aufwendigen, tuntigen Auslandsreportagen von Leuten wie B. Chatwin.«

Es war Francis Wyndham, der Chatwin beim *Magazine* am stärksten unterstützte, und Bruce hat das nie vergessen. »Ich habe bei meinem einsamen Lunch darüber nachgedacht«, schrieb er 1977 aus Siena an Wyndham, »daß ich Dir enorm viel schuldig bin.« Er sagte oft, er habe von Wyndham gelernt, seine Artikel zusammenzustreichen oder aufzupolstern. Und Wyndham war für ihre Existenz verantwortlich, weil er Chatwin geraten hatte, über seinen Bereich als künstlerischer Berater hinauszugehen. Beim *Magazine* fand Chatwin seinen persönlichen Stil. Zwischen der lebendigen, straffen Sprache seiner journalistischen Arbeiten und dem angestrengten Theoretisieren in seinem frühen Werk über Nomaden besteht ein gewaltiger Unterschied. Auch entwickelte er eine Methode, seine Prosa zu strukturieren, die er immer beibehalten sollte. Alle seine Bücher setzen sich aus Abschnitten zusammen, die jeder für sich als Essay gelesen werden können.

Es gab andere, die ebenfalls Grund hatten, Wyndham dankbar

zu sein. Beim *Magazine* förderte er James Fox, David King und Don McCullin. Als Lektor beim Verlag André Deutsch hatte er zur Veröffentlichung von V. S. Naipauls ersten Büchern und zur Wiederentdeckung der in Vergessenheit geratenen Jean Rhys beigetragen. Sein Eintreten für Bruce Chatwin und die sich daraus entwickelnde Freundschaft waren um so überraschender, als beide Männer in ihrem Temperament und in ihren Neigungen Gegensätze waren.

Wyndham graut es vor Reisen: »Meine Theorie ist die«, sagt er zu der abgedroschenen Behauptung, jemand wie Chatwin, der ständig unterwegs sei, laufe zwangsläufig vor etwas davon, »daß Reisende auf der Flucht sind und Leute wie ich sich verkriechen.« Er liegt gern auf der faulen Haut. Sein Roman *The Other Garden*, für den er in den sechziger Jahren mit dem Whitbread Award ausgezeichnet wurde, spielt im Zweiten Weltkrieg und ist eine Elegie über das Nichtstun. Er hält sich für einen Mann mit visuellen Mängeln und einen eingefleischten Literaten: wenn der Rhododendron blühe, schlendere er durch Savile Gardens und lese die Schilder an den Bäumen. Chatwin hatte wenig Gespür für die Popkultur seiner Zeit: George Melly hat bis heute nicht verwunden, daß Bruce, der so viel wußte, nie von den Muppets gehört hatte. Der rund fünfzehn Jahre ältere Wyndham verfügt über ein enzyklopädisches Gedächtnis für die populären Lieder, Musicals und Filmstars der Vergangenheit – Alice Faye, Connee Boswell, Ruth Etting, Helen Morgan. Beim *Magazine* waren er und die Moderedakteurin Meriel McCooey, mit der er ein Büro teilte, für ihre Duette aus Hollywoods Musicals berühmt – und auch für ihren tagtäglichen Kauf um 18 Uhr, oder um 17.30 Uhr, einer halben Flasche Teacher's-Whiskey für »einen Drink vor den Drinks«. Schließlich wurden die beiden getrennt – »wie Kinder in der Schule« –, weil sie angeblich einen schlechten Einfluß aufeinander hatten.

Die Romanschriftstellerin Ada Leverson, von ihrem Freund Oscar Wilde mit dem Spitznamen »die Sphinx« bedacht, war die Großmutter Wyndhams, der ihre »selbstlose Frivolität« und ihre »Verherrlichung der Inkonsequenz« mit warmen Worten beschrieb.

Er selbst hat etwas von diesen Eigenschaften – und ist für seine eigenen Freunde so etwas wie eine Sphinx. Richard Wollheim und Colin MacInnes wurden einmal bei einer Party auf einem Balkon belauscht, als sie über Wyndham sprachen: »Da standen wir«, sagte MacInnes, »wie zwei chinesische Beamte im Schnee, die über den Kaiser redeten.« Als Bruce Wyndham kennenlernte, hielt er ihn für »die *absolut* glamouröseste Person, der ich je begegnet bin« – für Bruce war »Glamour« ein großes Lob.

»Niemand würde sich je mit Francis anlegen«, sagt McCullin in Erinnerung an den frostigen Blick, der jeden traf, der sich auf Wyndhams Schreibtisch setzte, und an die Art, wie er mit dem kleinen Finger Asche von der Tischplatte fegte – doch er bezieht sich damit auch auf sein Schreiben und seine Begabung als Lektor. In der Blütezeit des *Magazine* verfaßte Wyndham eine Flut von Kurzbiographien und Interviews, die humorvoll, merkwürdig, melancholisch und wie Kurzgeschichten geschrieben waren. Offensichtliches ließ er darin oft ungesagt, er verzichtete auf äußerliche Beschreibungen und konzentrierte sich nicht nur auf die Aussagen seiner Personen, sondern auch auf ihre Art zu erzählen: die aufschlußreichsten Äußerungen waren oft ziemlich exzentrische Nebenbemerkungen. Als die Kray-Zwillinge – die die Gewohnheit hatten, beim *Magazine* hereinzuschauen, und die Wyndham im Gefängnis aufsuchte – ihn baten, ihre Biographie zu schreiben, verlangten sie, daß das Buch »so echt wie ein Harold Robbins« sein sollte. Die Mühen, die mit all diesen Aktivitäten verbunden waren, nahm er auf die leichte Schulter. Die Kochbuchautorin Arabella Boxer holte den Rat des Experten ein, als sie sich auf ihr erstes Interview vorbereitete: sollte sie ein Tonbandgerät benutzen, Notizen machen, oder beides? Sein Vorschlag war: »Ich würde einfach zwei Amphetaminpillen schlucken und abwarten, was passiert.« Wyndham selbst konnte sich auf sein ausgezeichnetes Gedächtnis verlassen.

Chatwin und Wyndham, beide leidenschaftliche Redner mit präzisen Vorstellungen von dem, was in ihren Texten nicht gesagt werden mußte, brachten sehr unterschiedliche Begabungen in ihre Arbeit beim *Sunday Times Magazine* ein. Chatwin war ein phantasievoller, visueller Mensch. Wyndham war persönlicher – ein scharfsinniger Beobachter verwirrter und zärtlicher Gefühle. Jeder schätzte das Werk des anderen – Wyndham beschreibt die malerische Komponente von Chatwins Stil als »etwas, was den Dingen verwandt war, die ihn visuell ansprachen: eine Mischung aus Übertreibung und starker Zurücknahme«, und er behauptet, er habe an Chatwins Artikeln für das *Magazine* kaum je etwas geändert, nur gelegentlich Preziöses entfernt. Bruce wußte, daß er mehr als das getan hatte, und widmete ihm und Diana Melly sein drittes Buch.

Chatwins Trennung von der *Sunday Times* ist seit seinem Tod von Mutmaßungen umgeben. 1974 bereitete das *Magazine* eine Serie illustrierter Artikel unter dem Titel »Große amerikanische Familien« vor, die drei Jahre später als Buch erschien. Zu den Autoren zählten Gore Vidal über die Adams', V. S. Pritchett über die Vanderbilts und Peter Conrad über die Roosevelts. Am Abend vor Wyndhams Abreise mit David King nach New York, wo sie für die ersten Artikel recherchieren wollten, erzählte er Bruce Chatwin von dem Projekt. Bruce sollte später einen lebendigen Artikel über die Guggenheims schreiben. Am Abend seiner Ankunft in New York besuchte Wyndham eine Party bei John Richardson und sprach mit seinem Gastgeber über Chatwin. Richardson hatte den Chatwin aus der Sotheby's-Zeit gehaßt: er hielt ihn für »machtbesessen« und einen »bösen Boten« seines früheren Liebhabers, des Kunsthistorikers Douglas Cooper – Botschaften, die vermutlich von ihrer Entfremdung herrührten. Doch als er Chatwin später kennenlernte, begann er ihn zu mögen, und so nahm er Wyndhams Information, daß er inzwischen schreibe und gut schreibe, freundlich zur Kenntnis. Während ihres Gesprächs öffnete sich die Tür, und eine Schar besonders eleganter New Yorker stürzte ins Zimmer. In ihrer Mitte befand sich Chatwin.

Es stellte sich heraus, daß er einen Flug später als Wyndham aus London abgereist war und im leerstehenden Apartment seiner Schwiegereltern hauste, wo er an dem für New Yorker Häuser typischen langen Korridor, an der Markise und am Türsteher Gefallen fand. Wyndham und King aßen dort mit ihm zu Mittag und verabredeten sich später zu einem Drink im Chelsea Hotel. Dort erzählte ihnen Bruce – in Shorts und mit Rucksack –, als wäre er soeben auf die Idee gekommen, daß er auf dem Weg nach Patagonien sei, und stürmte davon. Ein paar Stunden später, als sie in einem Taxi durch einen anderen Stadtteil fuhren, sah King aus dem Fenster und rief: »Da ist Chatwin.« Wyndham blickte hinaus und sah »diese Gestalt, die den Broadway entlangschritt, als wandere sie buchstäblich nach Patagonien«.

Für dieses plötzliche Auftauchen und Davonrennen hätte sich eine Begründung finden lassen: Bruce war überraschend aus England abgeflogen, weil er von Elizabeth, die sich in Amerika aufhielt, erfahren hatte, daß ihr kranker Vater gestorben war. Er wollte schon seit längerem für das *Magazine* auf den Spuren von Butch Cassidy und Sundance Kid wandern; es stand ihm frei, das *Magazine* zu verlassen oder zurückzukehren, da er Honorare und kein Gehalt bezog, und er hatte von dieser Freiheit immer Gebrauch gemacht. Doch eine solche Begründung blieb aus. Bruce war in seinem Leben mit Erklärungen genauso sparsam wie in seinen Büchern. Ein Brief an Wyndham vom Dezember 1974 aus Lima zeigt seinen Hang, mehrere Andeutungen miteinander zu verweben – rätselhafte Anspielungen auf die *Sunday Times*, ein verlockender Hinweis auf eine türkische Geschichte, die nie geschrieben wurde, ein kurzer Hinweis auf das, was sein erstes Buch werden sollte:

> Ich habe getan, was ich angedroht hatte. Ich war NY plötzlich leid und bin nach Südamerika geflohen. Ich habe mich in der vergangenen Woche bei einer Cousine in Lima aufgehalten und fahre heute abend nach Buenos Aires. Ich habe vor, Weihnachten im Herzen Patagoniens zu verbringen. Ich werde dort an einer Geschichte für mich selbst arbeiten, es ist etwas, was ich seit langem aufschreiben will. Aus verständlichen Gründen möchte ich in Argentinien nicht mit der Zeitung in Zusammenhang gebracht werden, doch wenn sich etwas finden sollte, lasse ich es Dich oder Magnus wissen. Ich arbeite an etwas, was wunderbar sein könnte, aber ich muß es auf meine eigene Weise tun.

Der dritte Teil der Guggenheim-Saga ist in Form von Notizen bereits fertig, zum Schreiben werde ich kaum mehr als einen oder zwei Tage brauchen, doch wir werden das Ganze gemeinsam komprimieren müssen. Irgendwann werde ich mir die Guggenheim-Minen in Zentralchile ansehen, weil der Mann meiner Cousine ein Bergwerk in der Nähe von Chuquicamata leitet.

Könntest Du Magnus mitteilen, daß Ahmet Ertegun endgültig zugesagt hat, aber ich möchte bis zum Frühjahr warten und mit ihm in die Türkei fahren (auf seine Kosten), um den König der Rockmusik, der fest entschlossen ist, türkischer Präsident zu werden, in Aktion zu beobachten.

Ich werde Dir eine Adresse in Buenos Aires geben, über die ich zu erreichen bin, aber ich möchte keine offizielle S. T. Post in Argentinien bekommen.

In seinem Bericht für die *New York Times Book Review* über sein Schriftstellerleben und in einem Interview mit mir wenige Jahre vor seinem Tod sagte Bruce, er habe der Redaktion telegrafiert: »Bin nach Patagonien gefahren.« Keiner kann den Beweis dafür erbringen, daß er es getan hat. Magnus Linklater erinnert sich deutlich an die »plötzliche Offenbarung«, daß Bruce nach Südamerika aufgebrochen war. Seine Reaktion: »Chatwina ist wieder unterwegs.« Ein Telegramm paßt zu Linklaters Einschätzung der Episode und war »eine ausgefallene Geste von der Art, wie man sie inzwischen von Bruce erwartete«, aber er erinnert sich nicht, tatsächlich eins bekommen zu haben. Auch Francis Wyndham weiß nicht, ob er es je gesehen hat. Im einen wie im anderen Fall kann nichts bewiesen werden, doch als Nicholas Murray in seiner Studie über Chatwin erwähnte, daß das Telegramm nicht bestätigt werden könne, fand er sich unfreiwillig in eine Attacke gegen sein Sujet verwickelt, die nicht nur Chatwins »Mythen«, sondern auch seine Bewunderer einschloß – »Langweiler mit ungewissem Geschlecht« und »Denker in Polohemden aus Notting Hill«. Telegrafisch angekündigt oder nicht – Chatwins Aufbruch nach Patagonien bedeutete nicht das Ende seiner Zusammenarbeit mit der

Sunday Times; er erhielt nach wie vor ein Honorar von zweitausend Pfund, bis Hunter Davies die Zahlungen einstellte; seine Artikel über Maria Reiche in Peru, über die Guggenheims und über Mrs. Gandhi erschienen nach seiner Abreise nach Patagonien. Er betrachtete diesen Aufbruch jedoch als Anfang seines Lebens als Buchautor.

9
Zwillinge

»Es hat mich immer irritiert, als Reiseschriftsteller bezeichnet zu werden. Daher beschloß ich, etwas über Leute zu schreiben, die nie ihr Haus verließen.« Chatwin fiel einer interessanten Verwechslung anheim, als er sich über sein drittes Buch äußerte, denn er tat so, als sei es das Sujet und nicht der Schriftsteller, der aus Reisen Reiseliteratur macht. Er wollte einen weiteren plötzlichen Umschwung in seiner literarischen Arbeit begründen. Die fünf Bücher, die er zu Lebzeiten veröffentlichte, bilden eine Serie von Kontrasten, manche davon sind gewollt. Auf *In Patagonien*, kühl und elliptisch, folgte das extravagante, fieberhafte *Der Vizekönig von Ouidah. Utz* hat einen geringen Umfang, ist sorgfältig fokussiert und mit sparsamen Mitteln geschrieben: ihm war *Traumpfade* vorausgegangen, das lang und spekulativ ist und einen lockeren Aufbau hat. In der Mitte seines Schriftstellerlebens nahm Bruce erstmals ein Werk der Fiktion in Angriff. Er schrieb das poetischste seiner Bücher und das einzige, dessen Handlung auf die Britischen Inseln führt.

Auf dem schwarzen Berg ist die Geschichte von zwei Bauern in der walisischen Grenzregion; eineiige Zwillingsbrüder, die ihr langes Leben zusammen in ländlicher Abgeschiedenheit verbringen. Diese Brüder sind absonderlich, anomal – und sie haben einen Hauch von telepathischer Magie. Sie sind unverheiratet, bewegen sich nicht von der Stelle und sind nahezu unberührt von technologischem Wandel. Werden sie doch einmal mit dem Weltgeschehen und mit urbanen Sitten konfrontiert, treiben sie in eine noch größere Isolierung, deren Härte sie selbst gewählt haben. Im Ersten Weltkrieg werden sie von Patrioten und Soldaten brutal behandelt; später kommt es zu einem beunruhigenden Zusammenstoß mit kurzberockten weiblichen Wesen. Die Beziehungen zu ihren nächsten Nachbarn sind oft gespannt.

Es ist ein Roman, in dem die Dinge zu zweit auftreten, in Form von Paarungen und Kontrasten. Es gibt die zwei Jones-Brüder, zwei Gehöfte – »The Vision« und »The Rock« genannt – und zwei Lieblingsspaziergänge. Eine Uhr im Haus des Gutsherrn ist von den Figurinen der Himmelszwillinge Kastor und Pollux eingerahmt. Es gibt zwei Länder – Wales und England, zwei Religionen – die der Anglikaner und die der Dissenter; zwei Wege – den breiten und den schmalen. Es gibt die irdische Welt und die Welt danach. Chatwin hatte ursprünglich vor, seinen Roman »The Vision and The Rock« zu nennen, eine Anspielung darauf, daß sein bodenständigstes Buch bisweilen auch etwas Überirdisches hat. Das Motto stammt von Jeremy Taylor, einem Kleriker des siebzehnten Jahrhunderts, dessen Werk ihm immer gefallen hatte und der, wenn er über die Grenzen irdischen Lebens spricht, den Himmel mit dem Ausland vergleicht: »Da wir hier nicht verweilen, da unsere Tage gezählt sind und unsere Lebenszeit wie die einer Fliege ist und wir nicht länger da sind als ein Kürbis, müssen wir anderswo nach einer bleibenden Stadt suchen, nach einem Ort in einem anderen Land, wo wir unser Haus bauen …«

Der Reiz und die Meisterschaft von *Auf dem schwarzen Berg* liegen in der Erfindung einer Region und einer Landschaft, die lokal festgelegt und zugleich visionär, reell und zugleich imaginär ist. Wie in allen Büchern Chatwins vermischen sich auch hier Erfundenes und Dokumentarisches. Im Mittelpunkt stehen Personen, die nie existiert, und Ereignisse, die nie stattgefunden haben, doch das Buch enthält auch historische Episoden, Vorfälle aus Bruce' Kindheit und Beschreibungen existierender Häuser und Terrains. Er kombinierte und bearbeitete Anekdoten, die man ihm erzählt, und Fakten, die er entdeckt hatte. Er ließ verschiedene Aspekte von Menschen, denen er begegnet war, zusammenfließen, und er gab seinen imaginären Orten Namen, die existieren –

zwischen Hay und Llanthony an der walisischen Grenze gibt es noch heute einen Bauernhof, der »The Vision« heißt. Der Verlag Jonathan Cape entlockte Bruce einen Brief mit der Erklärung, daß es »kein *roman-à-clef*« sei, legte das Manuskript aber trotzdem seinem Justitiar vor.

Chatwin hatte das walisische Grenzgebiet erstmals als Kind besucht, zusammen mit seinem Vater und seinem Bruder. Er ging dort in Marlborough zur Schule, und später kehrte er mit seiner früheren Freundin Gloria Birkett und seiner künftigen Frau Elizabeth dorthin zurück. Die landschaftlichen Merkmale in seinem Roman entnahm er verschiedenen Grenzregionen, in denen es mehr als einen »schwarzen Berg« gibt – Chatwin sagte, die Geschichte könnte ebensogut »irgendwo zwischen South Shropshire und Monmouthshire« angesiedelt sein, und das Buch trägt die Spuren mehrerer Freundschaften. Er verbrachte viel Zeit in Diana Mellys Haus in Scethrog in der Nähe von Brecon: ein mittelalterliches Gebäude mit dicken Mauern, das errichtet wurde, um streunende Räuberhorden abzuwehren, und das heute von Schriftstellern, Schafen und Fischern belagert wird. Durch das kleine Fenster im obersten Zimmer, wo der größte Teil von *Auf dem schwarzen Berg* geschrieben wurde – es ist das klösterlichste der Zimmer –, hatte Chatwin einen Blick auf Wiesen, die Biegungen des Usk, bewaldete und grasbewachsene Hügel. Von hier aus machte er Ausflüge mit Diana Melly, bei denen sie Episoden aus seinem Buch erprobten. Sie fuhren nach Pembrokeshire und nach St. David's am Meer, wohin die Zwillinge in einem Sommer geschickt werden; sie gingen um Monolithen herum und stellten sich vor, wie diese auf ein Kind wirken mochten; sie überflogen die walisische Landschaft in einem Viersitzer, wie es die Zwillinge an ihrem achtzigsten Geburtstag tun. Im Turm selbst wurden harmlose territoriale Schlachten ausgetragen. Nach Aussage seiner Gastgeberin führte Bruce das Zepter: er wählte die anderen Gäste aus – die Anwesenheit Wyndhams, dessen Urteil er vertraute, war ihm besonders angenehm –, und er breitete seine Arbeit über drei Stockwerke aus. Bruce sah das anders: »Dianas Behauptung, ich hätte das ganze Haus mit Beschlag belegt, ist völlig unfundiert«, schrieb er an Wyndham. »Sie ist die Puppenspielerin, die mich am Gängelband führt.«

Auf dem schwarzen Berg ist Francis Wyndham und Diana Melly gewidmet: in Anerkennung der Bedeutung, die dieser Turm und diese beiden Freunde für das Buch hatten. Aber sie waren nicht die einzigen Verbindungen Chatwins zum Grenzland. Er hielt sich im Cottage seines Verlegers Tom Maschler in den Black Mountains auf, oberhalb des Klosters, in dem der Dichter und Maler David Jones geweilt hatte. Weiter nördlich, in Clunton in der Grafschaft Shropshire, schrieb er – umgeben von Fotokopien der *Hereford Times* und von Landvermessungskarten in großem Maßstab – einen Teil des Romans in einem Stallgebäude, das Martin Wilkinson gehörte. Eines Tages kam er hierher von einem Spaziergang mit dem Ausruf zurück: »Ich habe meinen Titel!« Auf einem Schild der Forstverwaltung hatte er die Aufschrift »Schwarzer Berg« gelesen. Und hier sah er, als er mit seinem Gastgeber in einem Pub saß, einen jungen Landarbeiter schweißüberströmt von der Feldarbeit hereinkommen und bemerkte: »So eine *Odaliske*!« Von Bruce kursiv gesetzt.

In Radnorshire besuchte er Louisa und Alexis de la Falaise; er radelte von Abergavenny durch die Black Mountains zu ihrem Bauernhof. Sie erzählten ihm von einer einheimischen Familie, mit der sie befreundet waren und die, wie Bruce' Familie in »The Rock«, zusammen mit einer Meute mordlustiger Hunde wie Zigeuner lebte. Sie nahmen ihn zu einer Weihnachtsaufführung in der Schule mit, bei der ihre beiden Kinder den ersten von vielen öffentlichen Auftritten hatten: Daniel de la Falaise, der auf dem Umweg über Fontainebleau und Paris in New York landete, wurde Schauspieler und pflegte zeitweilig Umgang mit der Frau, die sich später Madonna nannte; Lucie, in der Aufführung ein Engel, wurde Mannequin bei Saint Laurent. Chatwin verwendete die Aufführung – und den Bühnenvorhang aus Armeedecken – in seinem Roman. Die Familie machte Chatwin auch mit Mary Hayward bekannt, die seit den fünfziger Jahren Distriktkrankenschwester war und ihn zu einem Bauernhaus oberhalb von Paincastle mitnahm, wo zwei vierzigjährige Junggesellen mit ihren unverheirateten Schwestern lebten. Sie zeigten ihm das Schlafzimmer ihrer verstorbenen Eltern mit der hohen Federmatratze und dem Waschgestell mit dem großen Wasserkrug und der Schüssel. Schwester Hayward erinnert sich, daß Bruce »durch die Küche ging, um ein Bild an der Wand zu betrachten. Ich glaube, es war eins von den Bildern, die den ›Breiten und den Schmalen Weg‹ darstellten und die ich an den Wänden vieler Bauernhäuser hängen sah.« In der Stadtbücherei von Hereford überflog er gebundene Ausgaben der *Hereford Times*, die bis zum Ersten Weltkrieg zurückreichten. Beiläufige Details für seinen Roman stöberte er in der Rubrik »Stellenangebote« auf: »Freundliche Person für Pflege eines sechs Monate alten weiblichen Säuglings gesucht.« Aus den Berichten über die Friedensfeiern von 1918 holte er sich Informationen über einen Wolkenbruch und eine dramatische Schicksalswende: »Ein Soldat mit Namen Thomas, als Invalide aus Saloniki repatriiert, der eine Zeitlang taubstumm war, fand die Sprache wieder, als er dem Hissen der Flagge beiwohnte.« Bruce war besonders erfreut, als er auf die Geschichte von Herbert Rowse Armstrong stieß, einem korrupten Anwalt aus Hay, der 1922 für den Mord an seiner Frau gehängt wurde, und brachte ihn als Mr. Arkwright in *Auf dem schwarzen Berg* unter. In alten Rechnungsbüchern des in der Nähe von Diana Melly lebenden Bauern Simon Harpur schlug er Einzelheiten über die Preise von Landwirtschaftsprodukten nach. Aus A. J. P. Taylors Buch *Englische Geschichte* und Julian Bells *Wir kämpften nicht* entnahm er Material über die Behandlung von Kriegsdienstverweigerern. Auch las er »die Erinnerungen eines methodistischen Geistlichen, der aus Wales verjagt wurde, weil er sich ein einziges Mal betrunken hatte – *Leben und Ansichten von Robert Roberts, wandernder Gelehrter.* Es ist mein Buch des Jahres.«

Die Idee für die Hauptpersonen seines Romans stammte von Penelope Betjeman, die ein Haus in den Ausläufern der Black Mountains besaß. Sie machte Chatwin mit zwei unverheirateten Brüdern bekannt – sie nannte sie »die jungen Männer« –, die zusammen auf einer benachbarten Farm lebten, und erzählte ihm eine Geschichte über sie, die ihn beeindruckte: »Kurze Zeit vor dem Krieg wurden sie von ihrer Mutter, die sah, daß sie keinerlei

Interesse am anderen Geschlecht zeigten, zum Jahrmarkt nach Hay-on-Wye geschickt, damit sie ein paar junge Frauen kennenlernten. Sie kamen mit niedergeschlagenen Gesichtern zurück, weil sie noch nie Mädchen in kurzen Röcken gesehen hatten. Woraufhin sie ihnen für immer verleidet waren.«

Bei seinen ersten Nachforschungen für sein Buch hielt er sich oft in Penelope Betjemans Haus auf, das sie »Kulu-on-Wye im Hereford-Himalaja« nannte. Betjeman machte in ihren letzten zwanzig Lebensjahren ausgedehnte Reisen durch Indien, wo sie Treckings organisierte, die Tempelarchitektur studierte und hinduistische Rituale erforschte. Die Einrichtung ihres Hauses im walisischen Grenzgebiet war so geplant, daß sie das einfache Leben, das sie in Indien geführt hatte, fortsetzen konnte. Einzelheiten über ihre spartanische Unterkunft teilte sie ihrer Familie begeistert mit: »Auch ist ein NEUES CHEMISCHES KLO IN IRLAND ERFUNDEN WORDEN, DAS 100 PFUND KOSTET ... Wir haben einen hübschen kleinen Raum dafür gebaut, dem ich einen braunroten Anstrich geben werde.« Am Kopf ihres Briefpapiers stand »KEIN TELEFON, GOTT SEI DANK«; das Wasser kam aus einer Quelle im Garten. »Jeder Moment der Entspannung, den ich nicht auf dem Rücken eines Pferdes verbrachte, war für mich vergeudet«, erklärte sie – und Bruce war ein begeisterter Fahrgast in ihrer Ponykutsche. Als Gegenleistung für ihre Gastfreundschaft hackte er Holz für ihren Ofen: James Fox traf ihn einmal mitten im Wald bei seiner harten Arbeit an, »schweißglänzend wie jemand aus *Sieben Bräute für sieben Brüder*«.

Penelope Betjeman hat in *Auf dem schwarzen Berg* einen kurzen Auftritt als überschwengliche Besucherin der Zwillinge – sie ruft aus voller Kehle »Bei Gott! Zimttoast!«, und sie radelt jedes Jahr einige Zeit allein durch Indien. Sie ist »eine kleine und sehr beherzte Frau mit Lachfältchen in den Winkeln ihrer schiefergrauen Augen, und sie trug ihr silbriges Haar zu einer Ponyfrisur geschnitten«. Im Leben war sie klein, rundlich, vergnügt und eine überzeugte katholische Konvertitin: Evelyn Waugh zeichnete ihre Eigenschaften nach, als er in seinem Roman *Helena* die Gestalt der Mutter von Kaiser Konstantin schuf. Wenn Penelope Chatwin nach langer Abwesenheit wiedersah, brach sie vor Freude in lautes Lachen aus – und er sollte in ihrem Leben die Rolle eines Schutzengels spielen. Er war zufällig bei ihr, als sie bei dem Versuch, ihren Terrier aus dem Haus zu werfen, ausrutschte, sich das Handgelenk brach und ins Krankenhaus gebracht werden mußte. Er saß mit ihr beim Lunch in ihrem eingeschneiten Haus, als sie einen Malariaanfall bekam und delirierte. Und 1986 befand er sich zufällig auf einer Reise durch die Missouri-Berge, als er aus der *Times of India* von ihrem Tod erfuhr. Sie war durch das Sutlej-Tal getreckt, auf einem steilen Pfad oberhalb eines Tempels, den sie soeben besichtigt hatte, von ihrem Pony gestiegen, hatte sich auf einen Stein gesetzt und war gestorben. Chatwin, der oft davon gesprochen hatte, mit ihr durch Indien zu reisen, wozu es jedoch nie gekommen war, traf gerade noch rechtzeitig ein, um dabeizusein, wie ihre mit Blumen vermischte Asche im Beas-Fluß am Fuß des Tals ausgestreut wurde.

Das walisische Grenzgebiet ist eine Region mit hohem Himmel und niedrigen Kirchen, alten Bauernfamilien, Einsiedlern und farbenfrohen Kolonisten. Seit den sechziger Jahren haben sich dort Angehörige der Alternativbewegung niedergelassen – Aromatherapeuten, Reflexologen und Astrologen mit langen Locken und perlenbesetzten Samttäschchen; ihre Kinder tragen die Namen von Vögeln und Edelsteinen. Die weniger seßhaften Neuankömmlinge waren nicht immer willkommen: Flugblätter mit der Aufschrift »Keine Hippies« wurden in den umliegenden Städten verteilt. Gerüchte nahmen überhand, darunter eins über Defäkationen in der Ecke eines Gasthauses – »sie taten es *absichtlich*«. Etwas von diesem Mißtrauen wird in *Auf dem schwarzen Berg* registriert, auch wenn der bekannteste Hippie des Romans sich in ungewöhnlich kurzer Zeit mit den Bauernbrüdern anfreundet. Dieser Zeltbewohner mit dem mystischen Namen Theo hat einiges mit Bruce Chatwin gemein: er glaubt, daß »alle Menschen zu Wanderern geboren« sind; er zitiert den chinesischen Dichter Li Po; abgelegene Orte und seltene Wörter faszinieren ihn. Er liest, wie Chatwin es tat, die Bibel in einem Bethaus am Ort: »Ich kenne die Steine des neuen Jerusalem«, sagt Theo dem Prediger, als dieser ihn auffordert, aus dem Buch der Offenbarung vorzulesen, und in einer der sanfteren Passagen des Buchs zählt er, »ohne auch nur eine Silbe falsch zu betonen … den Jaspis und den Hyazinth, den Chrysopras und den Chalzedon« der Heiligen Stadt auf. Dabei beschwört er eine andere Vision von Reinheit und Edelsteinen herauf, die der stark autobiographische Fin-de-siècle-Romancier Frederick Rolfe, alias Baron Corvo, schuf. In seinem Roman *Hadrian VII.* läßt Rolfe seinen verarmten, nunmehr zum Papst gewordenen Helden zwischen Edelsteinen wandern, die ekstatischer beschrieben, doch nicht seltener oder unvergänglicher sind als Chatwins Steine: »Er badete in der Schönheit meeresblauer Berylle, Korunde, Katzenaugen und Chalzedone. Ein großer rötlicher Alexandrit wechselte auf geheimnisvolle Weise von Myrtengrün zu Purpurrot, als Er ihn wendete.« Im Jahre 1904, als *Hadrian VII.* veröffentlicht wurde, badete Rolfe im Usk und weilte bei Freunden außerhalb von Abergavenny.

Die abgelegenen Plätze der Gegend wurden schon früher beschrieben und gepriesen. Und gefürchtet. »Ach!« klagt die Heldin in Jane Austens *Love and Freindship* in einem Brief, »wie soll ich diesen Übeln aus dem Weg gehen, wenn ich sie doch nie erleben werde? Welche Aussicht besteht, daß ich je den Müßiggang Londons, den Luxus von Bath oder den stinkenden Fisch Southamptons kosten werde? Ich, die dazu verurteilt ist, die Zeit der Jugend und Schönheit in einer bescheidenen Hütte im Usktal zu vergeuden.« Austens argwöhnische Beurteilung des Tals war möglicherweise eine Reaktion auf William Gilpin, der die pittoresken Eigenheiten 1782 mit Lob überschüttete. Gilpin – der eine »unregelmäßige« Landschaft als Schauplatz für Romanzen erachtete – hatte die Gegend als »äußerst romantisch, reich an geborstener Erde, Sturzbächen, zerstörten Türmen und jeder Art von Ruinen« und »frei von regelmäßigen und unerfreulichen Formen« beschrieben. Trotzdem waren einige Leser gegen diese Eigenheiten gefeit. Dr. Johnson verschmähte das Fürstentum, »walisische Flüsse« waren für ihn nichts anderes als Bäche. Zweihundert Jahre nach ihm erklärte Teddy Millington-Drake, einer von Chatwins anspruchsvollsten kosmopolitischen Freunden, seine Vorbehalte gegen *Auf dem schwarzen Berg*: »Irgendwie bin ich an den Leuten in Wales nicht besonders interessiert.«

Es hat immer Menschen gegeben, die interessiert waren. Francis Kilvert war von 1865 bis 1872 stellvertretender Vikar in Clyro, das in der Nähe von Hay-on-Wye liegt. Chatwin hielt sich während der Verfilmung von *Auf dem schwarzen Berg* in der Nähe von Kilverts Pfarrhaus auf. In seinem Tagebuch beschrieb Kilvert eine vom Wetter gezeichnete Landschaft, die in Chatwins Roman wiederzuerkennen ist: »Dunkler, hoffnungsloser Regen«, »zartes, regnerisches Licht«, »das strahlende Blau der Beacons«. Er schrieb über Orte, die Chatwin kannte: »Vor ein paar Tagen trat ein Mann namens Evans in Rhulen seine Frau zu Tode. Er stampfte ihren Busen schwarz, und ihr Herz erstarb.« Der Name Rhulen taucht in *Auf dem schwarzen Berg* auf, doch Chatwin behauptete, die Beschreibung der Stadt könnte auf Knighton oder Kington oder Clun oder Hay-on-Wye zutreffen. Kilvert schilderte die Obduktion der Leiche einer Barfrau aus dem *Blue Boar* in Hay, die sich ertränkt hatte. Eine spätere Barfrau im *Blue Boar* in Hay beobachtete Chatwins »theatralisches Gebaren« und befand: »Wäre er im zwölften Jahrhundert geboren, wäre er ein Magier gewesen.«

Es gibt viele Möchtegern-Magier in der Gegend, und viele überlieferte Volksmärchen. Chatwin interessierte sich für die Sage von einem See, aus dem die Lady von Llyn y Fan Fach, ein angesehenes Mitglied des Feenvolks, von ihrem Wasserhaus aufstieg, um einen einheimischen Bauern zu heiraten. »Der schwarze Berg hat Seltsames an sich, aber ich bin zu allen Stunden, Tag und Nacht, durch die Hügel gewandert und habe nie etwas Schlimmes gesehen«, erfuhr Kilvert von einem alten Wahrsager. Chatwins Roman spricht von wildem Wetter, von harten Zeiten und klaren Köpfen. Gefühle treten in seinem Werk nicht in den Vordergrund, doch *Auf dem schwarzen Berg* zeigt einen Sinn für Gerechtigkeit: trotz seiner Schwäche für Herzoginnen übt Chatwin hier strenge Kritik an den Privilegierten und macht sich zum Anwalt der Schwachen und Weltfremden gegen ihre Unterdrücker. Manchmal tut er des Guten zuviel.

Er übertreibt ein bißchen mit einem prahlerischen Brigadier, der ein »purpurrotes Gesicht« hat und kein »R« aussprechen kann. Und bei der Beschreibung von Meg, seinem verehrten scheuen Naturkind, erlaubt er sich zu viele grobe Züge – sie war keine Erfindung, sondern auf zu schwärmerische Weise dem Leben nachgezeichnet. Ihr Vorbild, eine Frau im mittleren Alter, mit der Chatwin, wie Diana Melly beobachtete, »auf flirthafte Weise« umging, schlief auf einem unordentlichen Haufen alter Matratzen auf dem Boden neben einem Feuer. Über den Flammen hing ein schwarzer Kessel, in dem sie manchmal eine Kartoffel kochte. Eine Kuh nahm eine Ecke des Zimmers ein. Sie sprach, oft mit großer Anstrengung, mit einer hohen, monotonen Stimme. Wenn sie ins Freie ging, ließen sich Vögel auf ihrem Kopf nieder. Chatwin hackte Holz für sie und holte den Rat von Anwälten ein, als ihr Pachtvertrag bedroht war. Er hielt sie für »eine Heldin unserer Zeit«. Ihre Beschreibung in seinem Notizbuch – mit einem ausgefaserten Pullover und einer Reithose über einer nagelneuen Männerhose – hätte so, wie sie ist, in *Auf dem schwarzen Berg* gepaßt: »Ein echter Auftritt à la Shakespeare, mit zwei Birkenzweigen über ihrer Schulter.«

Die Gegend wimmelt von Einsiedlern. Chatwin hatte ein lebhaftes Interesse an Kilverts »Einzelgänger von Llanbedr«, einem Vikar und Gelehrten, der einen Frack und einen Zylinder trug und in einer mit Bibelkommentaren vollgestopften Hütte lebte. Er nahm Kamillepillen gegen innere Entzündungen und verbrachte seine Zeit damit, sich zwei Arten von Kurzschrift auszudenken, in denen er seine Predigten verfaßte. Kilvert »saß verwundert da, und ich machte mir im Kopf Notizen über die sonderbarste Inneneinrichtung, die ich je gesehen hatte«. Chatwin – dessen Schuljungen-Begeisterung für Eremiten nie nachgelassen hatte – fand in Wales seinen eigenen religiösen Einzelgänger, der ihn faszinierte, über den er jedoch nie schrieb: einen Eremiten und Priester, der in einem aus dem Felsen gehauenen terrassenförmigen Haus mit einem rückwärtigen Garten lebte, das für sich allein ein griechisch-orthodoxes Kloster darstellte, dessen Weihwasserbekken in einem Schuppen im Garten stand.

Literarische Verbindungen und Anspielungen reichen viel weiter zurück als zu Austen und Kilvert: Chatwins Zwillinge sind nicht die einzigen, die in der Gegend der Black Mountains gesehen und gefeiert wurden. John Aubrey widmete eine seiner Kurzbiographien den Vaughan-Zwillingen, eineiigen Brüdern und Dichtern aus Llansantffraed im Usktal: »Ihre Großmutter war eine Aubrey, ihr Vater ein Stutzer und nicht ehrlicher als unbedingt nötig – er schwatzte mir einmal fünfzig Shilling ab.« Thomas Vaughan, zu Lebzeiten der berühmtere des Paars, war ein Alchimist, den sein Zeitgenosse Samuel Butler in »Gestalt eines hermetischen Philosophen« karikierte. Der Historiker Anthony Wood behauptete, er sei beim Experimentieren mit Merkur ums Leben gekommen, von dem einiges »zufällig in seine Nase geriet und ihn ins Jenseits beförderte«.

Der Dichter Henry Vaughan, von Aubrey als stolz und schwermütig beschrieben, überlebte seinen Zwilling um dreißig Jahre, und sein Ruhm hat den von Thomas jahrhundertelang überschattet. Er ist auf dem Kirchhof von Llansantffraed begraben, vier Kilometer von Diana Mellys Turm in Scethrog entfernt: auf einem großen, flachen Stein sind das Familienwappen und drei rundliche Gesichter mit markanten Zügen abgebildet. Bruce Chatwin besuchte dieses Grab, und es faszinierte ihn, daß eine Verwandte von Vaughans Mutter im siebzehnten Jahrhundert in dem Turm gelebt hatte. Sein walisischer Roman ist in derselben Landschaft angesiedelt wie Vaughans Dichtung und hat etwas von ihrer Atmosphäre.

Das Werk Henry Vaughans, des großen Dichters des Lichts, wird als Vision gelesen. Seine Worte werden als religiöser Trost gesungen. Er ist auch ein lyrischer Botschafter seiner Heimat. Er bezeichnete sich selbst als »Silurer« – eine Anspielung auf den alten keltischen Stamm, der früher in Brecon ansässig war; er machte sich auch als »Schwan von Usk« einen Namen. Breconshire mit seinen »kalten Dunstschwaden« und Schatten, seinen »windgepeitschten Bergen« und »weiten Tälern« durchzieht Vaughans Dichtung. Die Konturen der Landschaft sind dem Dichter auch dann gegenwärtig, wenn er sein Auge fest entschlossen auf eine Welt jenseits der hiesigen richtet. Seine Gedichte beschreiben eine Gegend mit Wald und Wasser und grauem und hellem, doch schnell wechselndem Himmel. Wie heute, so gab es auch im siebzehnten Jahrhundert große Wolkenmassen und unerwartete lichte Stellen am bewölkten Himmel. Es gibt Wälder und Moore und glänzende Wasserflächen. Die Schatten riesiger Wolken und überraschende Sonnenstrahlen ziehen über die Hügel hinweg. Berge versinken im Nebel und kommen plötzlich wieder zum Vorschein – man könnte fast glauben, daß dort oben ganze Städte im verborgenen liegen. Die Black Mountains sind voller Licht.

Diese Landschaft ist für ein Schauspiel von Visionen und Offenbarungen wie gemacht. Bei Vaughan – der hier auf den Pharisäer Nikodemus anspielt, den Jesus nachts in seinen Lehren unterwies – wurde daraus ein Ort, dessen Illuminationen und Okklusionen ein Beispiel für geistige Erkenntnis darstellten:

Durch diesen reinen *Jungfrauen-Schrein*,
Dies heilige Tuch vor dem Gipfel Deines Ruhms,
Sollen Menschen schauen und leben, wie Glühwürmer leuchten,
Und das Gesicht zum Mond erheben:
Der weise Nikodemus sah solches Licht,
Als ihm sein Gott bei Nacht Erleuchtung schenkte.

Gottes stiller, forschender Flug:
Wenn meines Herren Kopf mit Tau benetzt, all
Seine Locken naß von den nächtlich klaren Tropfen;
Sein stiller, sanfter Ruf;
Die Stunde, wenn er klopft; der Seele dumpfe Wacht,
Wenn Geister ihresgleichen fangen.

In seiner Dichtung sprach er von Schatten und Aufhellungen und plötzlichem Aufleuchten, vom Sehen im Dunkeln, von weißen Tagen, Blendungen und von Finsternis – und von »einer blendenden Finsternis«. Er schrieb auch ein Gedicht, das Chatwin hätte zitieren können, um seinen Glauben an die Ruhelosigkeit auszudrücken. Vaughan – für den das Wort »unregelmäßig« noch nicht seine spätere pittoreske Bedeutung hatte – sagt darin: Der Mensch

Ist wurzellos und nicht an einen Platz gebunden,
Doch ewig ruhelos und unregelmäßig von Natur
Reitet und rennt er über diese Erde,
Er weiß, daß er ein Heim hat, nur weiß er nicht recht, wo,
Er sagt, es ist so fern,
Daß er den Weg dorthin fast vergessen hat.

In der Zwischenzeit schrieb auch sein Zwilling Thomas Lobgedichte auf den »kristallenen Usk« und Prosa, in der Licht als Quelle des Lebens betrachtet wird.

Die Fälle der Vaughans und Chatwins weisen Analogien zwischen einem echten und einem imaginären Zwillingspaar auf. Beide Paare blicken zugleich auf England und auf Wales (die Vaughans sollen zweisprachig gewesen sein), auf eine Landschaft, deren geographische Beschaffenheit eine sowohl mystische als auch praktische Lebensanschauung förderte. Im Fall Chatwins schließt diese Analogie eine intensive Beschäftigung mit Licht in spiritueller und meteorologischer Hinsicht ein, mit innerem und äußerem Wetter. Das Licht, das Henry Vaughans Gedichte durchflutet, strahlt auf der ersten Seite von *Auf dem schwarzen Berg* in Holman Hunts Stich »Licht der Welt«, das im Schlafzimmer der Brüder hängt. Die Verse aus dem Matthäus-Evangelium, in dem Bild »Der Breite und der Schmale Weg« veranschaulicht – das für die Zwillinge von *Auf dem schwarzen Berg* zu den frühen Kindheitserinnerungen gehört –, waren auch in Henry Vaughans Gedanken mit den Tagen seiner Jugend verbunden. In seinem Gedicht »Kindheit« beschwört er die Unschuld seiner kindlichen Pläne herauf – jene »weißen Absichten, die Kinder bewegen« – und schreibt:

Bedenke die Mitte, den hohen Mittag!
Gewiß bist auch du dann auf dem *Schmalen Weg*.

Chatwins Vorstellung vom Grenzland war durch eine Erinnerung an seine Kindheit am Ende der Kriegshärten beeinflußt: »1949 waren die schweren Zeiten endgültig vorüber, und eines Abends fuhr mein Vater stolz mit einem neuen Wagen vor. Am nächsten Tag nahm er meinen Bruder und mich auf eine Spritztour mit. Am Rand eines Steilabhangs hielt er an, zeigte auf eine graue Hügelkette im Westen und sagte: ›Jetzt fahren wir nach Wales.‹ Wir übernachteten im Wagen, in Radnorshire, beim Rauschen eines Gebirgsbachs. Bei Sonnenaufgang lag überall Tau, und Schafe umringten uns von allen Seiten. Ich glaube, das Ergebnis dieses Ausflugs ist mein vor kurzem veröffentlichter Roman.« Manchmal verschoben sich die Konturen dieser Erinnerung: später meinte er, der Anlaß für den Ausflug sei gewesen, »unseren alten Wagen abzuholen, einen Lanchester, der schon vor Ausbruch des Krieges in der Scheune meines Großonkels stand«. Doch die wesentlichen Merkmale – der Vater, die harten Zeiten, der Krieg und die walisischen Berge – blieben unverändert.

Die Kindheitserfahrungen der Zwillinge vom *Schwarzen Berg* stellen sich oft als Bruce Chatwins Kindheitserfahrungen heraus. Die Malerin, bei der sich die kleinen Zwillingsbrüder am Meer aufhalten, ist die Verkörperung einer seiner Großtanten. Als Kleinkinder bekommen die Zwillinge einen Teddybären und einen flaumigen Humpty-Dumpty geschenkt. Sie verbrennen den Teddybären und stoßen das andere Spielzeug, das sie »The Dump« getauft haben, in einen Bach und erklären ihrer besorgten Mutter: »Wir mochten den Dump sowieso nie leiden.« Der junge Chatwin verlor Teddybären, ohne einen Klagelaut von sich zu geben – doch er hing treu an einem hölzernen Kamel, das er Laura nannte, und an dem »prächtigen rosafarbenen Mund« einer Muschelschale, die Mona hieß. Auch er besaß einen flaumigen Humpty-Dumpty, den er eines Tages auf einem Bahnsteig vergaß. Als seine bestürzte Mutter losrannte, um das geliebte Objekt zurückzuholen, piepste ihr Sohn auf: »Ich mochte den verdammten Dump nie leiden.«

Als die Zwillinge zum erstenmal Schnee sehen, verstecken sie sich davor und sagen ihrer Mutter: »Gott spuckt.« Dahinter verbirgt sich ein Vorfall, an den sich Bruce' Mutter erinnert. Als Knirps gab er seine Beobachtungen über Schnee an sie weiter: »Ist das Gott, der spuckt? Für mich sieht es wie gefrorene Spucke aus.«

Diese Erinnerung hat womöglich auch bei einer anderen Gelegenheit eine Rolle gespielt. Er hatte fast dreihundert Seiten seines walisischen Romans zusammengetragen, als er einem seiner Briefe an Diana Melly aus Yaddo die »ungefähre Übersetzung« eines Gedichts von Dafydd ap Gwilym hinzufügte, einem walisischen Dichter des vierzehnten Jahrhunderts, »dessen Grab wir uns ansehen müssen«. Chatwin hatte sich mit früher keltischer Naturdichtung beschäftigt, als er versuchte, einen jahreszeitlichen Zyklus für seinen Roman zu finden. Dafydd, ein lustiger Trinker, Freier und erhabener Naturpoet, erzeugte mit seinen Gedichten wunderbare Effekte:

> Eine zarte Möwe auf der flutenden See,
> Eins im Weiß mit Mond und Schnee.

»Das Weiße Gedicht« – schon der Titel muß Chatwin erfreut haben – ist düster, schön und bitter. Es beginnt so:

> Nicht schlafen kann ich,
> Ich rühre mich nicht bei Tag.
> Traurigkeit ist über mich gekommen,
> Die Welt ist dahin.

Es geht von einem Lieblingsbild Chatwins – die Erde ist mit einem »Mantel aus weißen Federn« bedeckt – zu einem anderen über, zu den Einsiedlern, die ihn faszinierten:

> Ich will keine mehlige Müllerschürze tragen, auch keinen hohen Hut,
> Ich will mich nicht hinauswagen in einem Mantel aus weißem Pelz.
> Jedes Jahr wieder, um Neujahr, leben wir wie Eremiten.
> Er hat die dunkle Erde weißgewaschen.

Es geht weiter:

> Winde wehen über der Heide,
> Blasen nach hier und nach dort.

Die Spreuhaufen tragen Hermelin über ihren Bäuchen.
Weißer Staub deckt die Pfade zu.
Er bedeckte die Wege, wo wir unsere Lieder sangen.

Ich frage: Wer ist es, der auf uns spuckt in der weißen Jahreszeit?

Worte des Kindes Chatwin werden Benjamin und Lewis Jones in den Mund gelegt, auch ähneln die Brüder ihrem Schöpfer. Benjamin bäckt Kuchen, wie Chatwin es tat, er studiert die Klassiker und hat Mühe mit den Oden des Horaz. Wie Chatwin träumt Lewis Jones von Reisen und Abenteuern. John Updike hat darauf hingewiesen, daß »ihre Zwillingsexistenz in Wirklichkeit eine homosexuelle Ehe ist«, mit einem nachgiebigen und einem aktiveren Partner und einem gemeinsamen, wenn auch keuschen Ehebett: »Zweiundvierzig Jahre lang«, heißt es im einleitenden Satz des Buchs, »schliefen Lewis und Benjamin Jones Seite an Seite im Bett ihrer Eltern.« Einer der ersten Titel Chatwins für das Buch lautete »Mr. und Mr. Jones«.

Chatwin sagte, was er zunächst für eine Kurzgeschichte gehalten habe, sei zu einem Roman geworden, als er den Satz »Die Brüder waren eineiige Zwillinge« niederschrieb. Er begann über Zwillinge zu lesen, und ein französischer Freund, der mit einem eineiigen Zwilling verheiratet war, empfahl ihm die Lektüre von Michel Tourniers *Zwillingssterne*, das in England mit dem Titel *Gemini* veröffentlicht wurde. Verschiedene Themen Tourniers – Kain und Abel, Robinson Crusoe – deckten sich mit seinen eigenen Interessen, und Bruce hatte, wie er Francis Wyndham sagte, mit Tournier »einen echten Versuch machen« wollen. Doch sobald er eins seiner Bücher in Angriff nahm, mußte er klein beigeben: »Entweder ist mein Französisch ihm nicht gewachsen, oder ich habe mehr und mehr den Eindruck, daß seinem Schreiben etwas unerträglich Pompöses anhaftet, daß er eine ›wichtige‹ literarische Persönlichkeit ist und daß ihm daran liegt, das wissen zu lassen.« Die *Zwillingssterne* schaffte er bis zur Hälfte, dann wandte er sich psychoanalytischer Literatur zu, durch die er sich zu seiner Freude in ein Netz zwillingsähnlicher Analogien verwickelt sah, und er berichtete Wyndham:

> Das einzige Buch, das mich wirklich beeindruckte, stammte von einem Professor Zazzo und wurde, glaube ich, in den vierziger Jahren geschrieben. Im vergangenen Januar war ich in Paris zum Lunch bei dem Übersetzer des *Vizekönigs*, auf dessen Schreibtisch Michel Tourniers *Zwillingssterne* lag. »Komisch«, sagte ich, »ich schreibe gerade ein Buch über Zwillinge.« »Komisch«, sagte er, »meine Frau ist Psychiaterin und arbeitet mit dem führenden Spezialisten für Zwillinge zusammen, einem Professor Zazzo.« Wir vereinbarten telefonisch eine Verabredung. Der Professor war in den Achtzigern. Äußerst charmant! ... Ich wollte sicher sein, daß meine Geschichte stichhaltig war. »Aber Monsieur«, sagte er, »mir liegen 1200 Fallstudien über Zwillinge vor, und wenn ich Ihr Talent hätte, wäre ich Balzac.« Dann korrigierte er mich in einer Anzahl von Punkten und erwähnte Tournier. Auch Tournier war offensichtlich von seinem Buch fasziniert gewesen und hatte seine Geschichte mit Zazzo überprüft, wie ich es mit meiner tat.

Zwillingssterne handelt von eineiigen Zwillingen, die Sex miteinander haben, und einige Interpreten – darunter Edmund White – glauben, daß die Beschäftigung mit Zwillingen in der Literatur für Homosexuelle oder für jene, die darüber schreiben, ganz besonders attraktiv ist. Eineiige Zwillinge erregen den Protagonisten in Thomas Manns *Felix Krull*; in Manns Version der *Walküre*, »Wälsungenblut«, lieben sich ein männlicher und ein weiblicher Zwilling auf einem Bärenfell. Genet war fasziniert von Zwillingen. Patrick Whites *The Solid Mandala* handelt von zurückgezogen lebenden männlichen Zwillingen in einem Vorort von Sydney, deren Beziehung an eine Ehe denken läßt. Chatwins Zwillinge sind in sexueller Hinsicht erstaunlich abstinent, doch er äußerte Edmund White gegenüber, er sei sicher, daß sechzig Prozent aller eineiigen Zwillinge Geliebte seien – er lebte nicht lange genug, um von Berichten amerikanischer Ärzte über Föten zu erfahren, die sich im Mutterleib küssen und bekämpfen. White erinnert sich, daß die meisten Geschichten Chatwins, wenn er sie erzählte, »schwuler« waren als auf dem Papier, und er schätzte die mündliche Wiedergabe des Romans, in der die beiden Männer »wahnsinnig ineinander verliebt waren und eine Menge Sex hatten«. Es war eine Version, die Bruce eher dem bekanntermaßen homosexuellen White lieferte als anderen Leuten und die keine Chance hatte, in einem Buch zu erscheinen, in dem das Zölibat von den Brüdern nur einmal gebrochen wird, nämlich als einer der beiden vorübergehend weiblichen Reizen erliegt. Bruce graute es bei dem Gedanken an die Beschreibung dessen, »was Michael Ignatieff die ›Hydraulik des Geschlechtsverkehrs‹ nennt«.

Die Geschichte, die in *Auf dem schwarzen Berg* erzählt wird, ist nicht die Geschichte von Chatwins Sexualleben, sondern ein Zeugnis seines Dilemmas. Er war mit sich im Zwiespalt. In dem Notizbuch, das er schrieb, während er den Roman vorbereitete, heißt es: »Lunch mit Elizabeth. Quälend. Traurig. Wir sprachen über unser Leben in der Vergangenheit.« Seine homosexuellen Freundschaften, auch die mit Edmund White, waren meist von kurzer Dauer, doch das änderte sich nach dem Erscheinen des Buchs. Er begann eine langjährige Affäre mit einem Australier, den ein Freund als »männliches Äquivalent einer glamourösen Blonden am Arm eines Mannes« beschrieb, und es hieß, er habe auf einer Postkarte geschwärmt, daß er mit ihm in einem Zelt Sex hatte, während draußen ein Löwe brüllte. Er trennte sich eine Zeitlang von seiner Frau, aber er haßte den Gedanken an Scheidung. Kaum waren er und Elizabeth zu einer legalen Übereinkunft gekommen, wollte er sie wieder öfter sehen. Er behauptete, die Vorstellung von zwei Männern, die zusammenleben, sei »entsetzlich« für ihn. Doch ein oder zwei Jahre nach der Veröffentlichung von *Auf dem schwarzen Berg* im Jahre 1982 spielte er mit dem Gedanken, ein Cottage in Wales zu kaufen – ein Cottage in den Bergen, zu dem keine Straße führte –, um dort mit dem Modedesigner Jasper Conran zu leben. Conran war der andere Mann – der erste war Teddy Millington-Drake –, von dem Bruce am Ende seines Lebens sagte, daß er ihn geliebt habe.

10
Nomaden

Nomadentum war von Bruce Chatwins großen Themen das größte. Es war mehr als ein interessantes Sujet, über das er schreiben konnte: es war eine Obsession, die zugleich ein Glaube war und die ihm die Möglichkeit gab, seinen archäologischen Forschungen und geographischen Studien, seiner eigenen Geschichte und Neurose Sinn – und Gewicht – zu verleihen. Sein erstes – unveröffentlichtes – Buch handelte von Nomaden. Nomaden machte er zum Gegenstand mehrerer Essays. Sie gaben den Anstoß für *Auf dem schwarzen Berg*, das als Anti-Nomaden-Buch gedacht war, als ein Buch über Menschen, die nie ihr Haus verließen. Doch erst mit *Traumpfade* gelang es ihm, eine ausführliche Untersuchung über das Thema vorzulegen, das er oft zur Sprache brachte und das viele seiner Freunde als beunruhigendes, durch sein Werk und durch seine Unterhaltungen geisterndes Gespenst empfand. Für Salman Rushdie, der mit Bruce Australien bereiste, als dieser Material für sein Buch sammelte, war Bruce' »ungeschriebenes Buch die Last, die er schon sein ganzes Schriftstellerleben hindurch mit sich trägt. Wenn er dies erst einmal geschrieben hat, denke ich, wird er frei sein, wird er in alle möglichen Richtungen davonfliegen können.« Das Traurige an *Utz* war für Rushdie, daß »Bruce hier bereits zu jener neuen, leichtherzigen Phase des Fluges ansetzte. *Utz* ist alles, was uns geblieben ist von dem, was für ihn möglich wurde, nachdem die australische Odyssee ihm dazu verholfen hatte, die Ideen auszudrücken, die er so viele Jahre mit sich herumgetragen hatte.«

In *Traumpfade* haben diese Ideen eine sowohl belebende als auch lähmende Wirkung. Im Schöpfungsmythos der Aborigines fand Chatwin eine leuchtende Metapher von großer Suggestionskraft, die ihm als Vehikel für seine eigenen Ideen diente. Seine Darstellung des Mythos ist anschaulich. In der Traumzeit, die bei den Aborigines jener Periode entspricht, die die ersten beiden Kapitel der Genesis umschließt – eine Zeit, oder Un-Zeit, in der alles zum erstenmal gedacht und erschaffen wurde –, werden die mineralischen Formen, Tierarten und verschiedenen Pflanzen Australiens durch Gesang ins Leben gerufen. Legendäre, als Ahnen bezeichnete Wesen erschufen sich selbst aus Lehm und begannen, über den Kontinent zu wandern. Während ihrer Wanderungen »benannten sie singend alles, was ihre Wege kreuzte – Vögel, Tiere, Pflanzen, Felsen, Wasserlöcher«. Sie sangen das Land ins Dasein. Dabei hinterließen sie unsichtbare Spuren von Wörtern und Noten – »Spaghetti aus Iliaden und Odysseen, die sich hierhin und dorthin schlängelten« –, mit denen die Merkmale der Landschaft als heilige Stätten gepriesen wurden und die in den Ritualen und Liedern der Aborigines immer wieder neu erschaffen werden. »Ganz Australien kann wie eine Partitur gelesen werden.«

Diese Darstellung des Mythos ist anregend und elegant. Sie ist auch subjektiv. Indem Chatwin besondere Betonung auf den Gesang legt – »Songlines« sind in Australien allgemeiner als »Traumpfade« bekannt –, wertet er die anderen legendären Handlungen herab, mit denen die Welt ins Leben gerufen wurde, und simplifiziert die vielfältigen Wege, auf denen die Aborigines diese Schöpfung immer wieder neu darstellen. Die Rituale der Aborigines werden einförmiger beschrieben, als sie tatsächlich sind. Die Komplexität von Totem und Tabu verschwimmt.

In Chatwins Wiedergabe enthält dieser Mythos die Version eines Schriftstellers, der seine Welt lebendig werden läßt – und die eines Menschen, der seine eigene Geschichte neu erschafft. Es ist ein Mythos, der das Wandern und die Wüstenlandschaften verherrlicht und der nahelegt, daß Bewegung natürlicher ist als Seßhaftigkeit. Für Chatwin waren es Glaubensartikel. Er schwärmte für verdorrte Landschaften – für Gestrüpp, Geröll und Dornbüsche.

Auch machte er sich für Fußwanderungen stark, zum Erschrecken seiner eher seßhaften Bekannten: »Wir sind den größten Teil des Juli hier«, schrieb er an Michael Davie, der rund acht Kilometer vom Haus der Chatwins in Oxfordshire entfernt wohnte, »und da wir einander zu Fuß erreichen können …« Und er schätzte Reisen, auf denen unbekannte Gegenden erschlossen wurden. Es wird berichtet, daß er eines Abends mit einem BBC-Kameramann an einem wunderschönen, verschwiegenen Ort irgendwo in der Wildnis eintraf. Der Kameramann sagte, er bedauere es, diesen Anblick nicht mit seinen nächsten und liebsten Menschen teilen zu können. »Oh, tatsächlich?« sagte sein Begleiter und verscheuchte den Kameramann mit der Hand aus seinem ganz speziellen Foto, während er erklärte, der Reiz derart verlassener Gegenden bestehe für ihn darin, der einzige zu sein, der sie betrachte.

»Er reiste zu all diesen trostlosen Plätzen«, sagte die amerikanische Schriftstellerin Elizabeth Hardwick besorgt. Er tat es selten allein. Seine erste Reise nach Afghanistan unternahm er mit Robert Erskine, der ihn auf mehreren Expeditionen in den Orient begleitete, und die nächste mit seinem Schulfreund David Nash, der sich erinnert, daß Bruce eine Geschichte über einen alten Admiral erfand, der im Hindukusch ums Leben kam, als er eine seltene Art von Wiesenkerbel suchte, die es nur dort gab. Er besuchte das Land erneut mit Peter Levi und Elizabeth: alle drei sammelten ungewöhnliche Steine. Dort bereitete Bruce ein Abendessen aus drei verschiedenen Aprikosensorten zu. Elizabeth kam einer Wachtel, die von Kindern gequält wurde, zu Hilfe und trug den gestutzten Vogel während der ganzen Reise mit sich. In einer liebevollen Passage in Bruce' Notizbuch beschreibt er diese Rettung und hält eines ihrer Gespräche unter Ehepartnern fest: »›Wie geht es dir?‹ rufe ich Elizabeth zu, als wir über die steinige Straße rennen. ›Der Vogel trinkt‹, ruft sie zurück.« Mit Elizabeth besuchte er auch Nepal, Pakistan, Norwegen, Deutschland, Spanien, Tunesien. Mit Kasmin ging er nach Haiti und Botswana, nach Benin, wo er einem Nachfahren des Vizekönigs von Ouidah begegnete und Huysmans Handbuch zur Fin-de-siècle-Ästhetik *Gegen den Strich* las, und nach Namibia, wo sie in einem Werkzeugschuppen neben einer Reparaturwerkstatt inmitten von Dünen übernachteten. Der australische Schriftsteller Murray Bail war mit ihm in Indien und amüsierte sich über seine ungeheure Menge Gepäck – »als wäre man mit Greta Garbo auf Reisen« – und über seinen schicken Pyjama, in den er bei ihren nächtlichen Zugfahrten stieg.

Die Reisen, auf denen er Material für *Traumpfade* zusammentrug, hatten geselligen Charakter. Bei seinem ersten Besuch hatte er Australien gehaßt: »Australien ist die Hölle«, hieß es auf einer Postkarte an seinen italienischen Verleger Roberto Calasso. »Ich halte es nicht aus – es ist so *alt*. Ich wäre so gern in ein paar neuen Bergen«, jammerte er Elizabeth vor. Doch er änderte seine Meinung. Er fuhr mit Salman Rushdie in einem Toyota mit Vierradantrieb durch Zentral-Australien. Er besuchte das Festival von Adelaide, von dem er sagte, es sei »irgendwie so, als ginge man für eine Woche in die Klinik, denn überall ist man von jungen, entgegenkommenden, krankenschwesterähnlichen Personen umgeben, die einen mit freundlichen Worten darauf aufmerksam machen, daß es Zeit ist, dieses oder jenes zu tun«.

Während des Festivals wollte ihn Rushdie unbedingt mit seiner Freundin Angela Carter bekannt machen. Sowohl Carter als auch Chatwin scheuten zunächst vor einer Begegnung zurück, weil jeder der Art des anderen mißtraute. Doch als es dazu kam, ließ Bruce seinen Charme spielen. »Das müssen wir feiern«, sagte er, als sie sich die Hand gaben. »Wir werden einen ausgezeichneten Wein trinken. Ich besorge ihn.« Er verschwand für eine halbe Stunde und kam mit zwei eisgekühlten köstlichen Flaschen unter dem Arm zurück, stolz wie jemand, der zu einem besonders exklusiven Weinkeller gewandert ist. Diesmal sollte sein Charme seine Wirkung nicht verfehlen, aber Bruce war nicht immer erfolgreich. Während einer Literaturdebatte, die im offenen Zelt des Festivals stattfand, war Rushdie von einer jungen Frau abgelenkt worden, die sich am Rand seines Blickfelds befand. Sie hatte kurzes blondes Haar und trug Khakishorts. Sie war, wie er glaubte, womöglich die schönste Frau, die er je erblickt hatte, und sie sah genauso aus wie Chatwin. Beim anschließenden Lunch erzählte er Bruce von der Schönheit, und dann entdeckte er sie in der

Nähe. Chatwin betrachtete sie und gestand, daß sie entgegen seinen Erwartungen tatsächlich die schönste Frau der Welt sei: »Ich werde sie einladen, an unserem Lunch teilzunehmen.« Carter und Rushdie beobachteten, wie Bruce mit einem strahlenden, verführerischen Lächeln auf seinen Zwilling zuging. Die beiden in Khaki gekleideten goldhaarigen Gestalten nickten und gestikulierten etwa eine Minute, dann änderte sich Bruce' Ausdruck, und er kam mit beschämtem Gesicht zu seinen Begleitern zurück. »Sie sagt«, erklärte er, »daß sie an Schriftstellern kein Interesse habe. Sie ist nur wegen der Sonne hier.«

Später beeindruckte Chatwin einen Bekannten in Adelaide mit seinem Bericht über die Klassentrennung in England. Als Jonathan Hope einige Jahre nach dem Festival in Singapur geschäftlich mit einem chinesischen Malaysier zu tun hatte, erzählte ihm dieser, er habe von »dem Schriftsteller Bruce« alles über die Ungerechtigkeiten des Klassensystems erfahren. In Sydney wohnte Bruce bei dem Filmemacher Benny Gannon. Er führte ein anstrengendes Strandleben, wurde Spezialist für Fruchtshakes aus Ziegenmilch und erwarb sich in den östlichen Vororten der Stadt ein gewisses Ansehen als gesellschaftliche Trophäe. In Byron Bay im Regenwald weckte er das Mannequin Penelope Tree im Morgengrauen, um ihr seine Ideen anzuvertrauen, fand Gefallen an einer possierlichen riesigen Seeschildkröte und fiel vorübergehend einer verzweifelten Sprachlosigkeit anheim, als das Wetter so naß und stürmisch wurde, daß man den Himmel nicht mehr sehen konnte: Bruce, der im dichten Nebel in einem Liegestuhl auf dem Dach saß, steckte den ganzen Haushalt mit seiner Melancholie an. Als er bei Maisie Drysdale, der Witwe des Malers Russell Drysdale, in ihrem großen Bungalow in einem Vorort Sydneys zu Besuch war, ertappte sie ihn dabei, wie er andere Gäste durch ihr Haus führte: »Sieht es nicht aus wie eine russische Datscha?« »Nein, mein Lieber«, protestierte seine Gastgeberin. »Es ist ein australisches Haus.«

Er wurde ein Bewunderer von Frederick Williams' minimalistischen australischen Landschaften, von Ian Fairweathers grauen abstrakten Bildern und von Tom Roberts' hektischem Zickzackbild

Der Ausreißer mit einem Viehhüter, wirbelndem Staub und Hunden, die eine Herde umkreisen. Auch war er ein Bewunderer der Australierinnen: »Warum bin ich von den Frauen fast zu Tränen gerührt, während mir die Männer gleichgültig sind? Mit der Ausnahme, möchte ich hinzufügen, des betrunkenen LKW-Fahrers in einem Pub, das für die dort geäußerten reaktionären Ansichten bekannt war und wo er wegen seiner Aborigine-Frau verhöhnt und beschimpft wurde. Als er seinen Peinigern die ungeheure Komplexität der Aborigines-Gesellschaft erklären wollte, verschlug es ihm plötzlich die Sprache, bis er ausrief: ›Ich sag's euch, sie ist so kom ... verdammt ... pliziert!‹« Bruce interessierte sich auch für die Abenteurerin Daisy Bates, die dreißig Jahre lang in der südaustralischen Wüste lebte, ein Buch mit dem Titel *The Passing of the Aborigines* und ausführliche, widersprüchliche Berichte über ihr Leben verfaßte. Bei all seiner Begeisterung konnte er das Prahlen nicht lassen, was zwar seine Freunde amüsierte, seinem Ruf jedoch schadete. Als Murray Bail ihn in die Blue Mountains mitnahm – eine Region mit überwältigenden Gipfeln und Schluchten – und hoffte, ihn mit der großartigen Landschaft zu überraschen, warf Chatwin einen Blick in die Runde und zögerte nur einen Moment, bevor er auftrumpfte: »Nächste Woche um diese Zeit stehe ich am Fuße des Mount Everest.«

Chatwin war ein einfallsreicher und verwegener Reisender. Er war kein Pionier. Die Erschließung neuer Gebiete gelang ihm am besten in den Beschreibungen seiner Expeditionen – indem er andere Menschen bestimmte Orte zum erstenmal sehen ließ. *Traumpfade* profitiert von der Intensität dieser Beschreibungen. Da ist der Priester, der in seiner Einsiedelei aus Wellblech lebt und von »meinem Bruder, dem Wallaby« spricht; da ist die weite, mit Stachelkopfgras bewachsene, staubige Ebene mit ihren roten Felsen, und da sind die Bilder der Aborigines, mit denen sie ihr Land interpretieren: farbenprächtig, voll verschlungener Linien, gesprenkelt, getüpfelt, kompliziert, undurchdringlich. Das Buch ist auf kunstvolle Weise auch so angelegt, daß es Chatwins private Mythologie enthüllt. Diese Geschichte über Reisen hat die Form einer Reise. Diese Erzählung über die »Songlines« schließt ein, was einige seiner Freunde für Bruce' persönliche »Songline« hielten – eine Auswahl von Aufzeichnungen aus seinen Notizbüchern, die den Zugang zu seiner eigenen Geschichte und seinen Überzeugungen eröffnet.

Doch ungeachtet seiner kühnen und reizvollen Thesen knirscht *Traumpfade*, wenn Chatwin versucht, großangelegte Theorien zu vertreten. Zwischenzeitlich spielte er mit dem Gedanken, das Buch in Form eines Briefes an seinen italienischen Verleger Roberto Calasso zu verfassen. Damals stellte er sich einen dünnen Band von rund einhundertzwanzig Seiten vor, der seine Theorien über Nomaden enthalten und den Titel »Ein Brief aus ...« mit einem unbekannten australischen Ortsnamen tragen sollte. Er erwog ebenfalls, das ganze Buch als einen Dialog zwischen zwei Männern anzulegen, die in Alice Springs unter einem Baum sitzen. Er besprach diese Idee mit Salman Rushdie und sagte, er wolle das Buch »Arkady« nennen. Er beabsichtigte, einen großen Roman über ein russisches Sujet zu schreiben, und hatte den Namen wahrscheinlich Turgenjews *Väter und Söhne* entnommen. In der veröffentlichten Fassung von *Traumpfade* ist die Person des Arkady, die mit der Person Bruce ein Gespräch über die »Songlines« führt, ein Mann mit erhabenen Gedanken, strengen moralischen Prinzipien und wenig Besitz – ein unermüdlicher Wanderer und Redner, der in einem aufgeräumten weißen Zimmer mit einem Cembalo und indonesischen Stoffen lebt. Einige Leser haben ihn sofort als einen Mann russischer Herkunft mit Namen Tolly Sawenko identifiziert, obwohl Bruce später behauptete, bei dieser Person habe es sich »selbstverständlich« um Salman Rushdie gehandelt. Doch Rushdie erkennt keins der Worte wieder, die dem Arkady des Buchs in den Mund gelegt werden, und vertritt die plausiblere These, daß »Bruce sowohl Arkady als auch die Person ist, die er Bruce nennt. Er ist beide Seiten des Dialogs.« Nicht zum erstenmal.

Arkady – zu offensichtlich eine zweckmäßige Erfindung, um überzeugend zu sein – ist einer von Bruce' unzulänglichen Kunstgriffen, anhand deren er seine Argumente vortragen möchte. Die Notizbücher sind ein anderer. Nach zwei Dritteln des Buchs setzt

Bruce den Gesprächen, seinen Skizzen von Landschaften und Menschen, seinen anschaulichen Lebensbeschreibungen ganz plötzlich ein Ende und reproduziert Seiten aus den Notizbüchern, in der ersten Person geschrieben, die weniger zweideutig ist als die Person, die sich am Dialog beteiligt. An diesem Punkt bricht die narrative Struktur des Buchs auseinander und findet nie wieder zu einer gänzlich befriedigenden, geschlossenen Form zurück.

Chatwins Notizbücher enthalten eine Menge Material, das für sich allein und auch als Hintergrundinformation für jeden, der sich für seine Schreibmethode interessiert, faszinierend ist. Sie sind, zusammen mit seinen anderen Manuskripten, in der Abteilung für moderne westliche Manuskripte in der Bodleian Library deponiert, in vierzig grauen Pappschachteln, die sein ganzes Werk enthalten: acht davon betreffen *In Patagonien*; andere enthalten gebündelte Karteikarten und in Leinen gebundene Geschäftsbriefe. Die Schachteln Nummer 31 bis 35 enthalten die Notizbücher: insgesamt fünfundachtzig, unter anderem die mit dem in *Traumpfade* beschriebenen Moleskin-Einband. Sämtliche Dokumente sind bis zum Jahr 2010 für Leser gesperrt. Es waren vor allem die Notizbücher, die nach Chatwins Tod fieberhafte Diskussionen auslösten. Die Vorliebe des Schriftstellers für bestimmte Schreibwarenartikel – nach Parker- und Schaeffer-Füllern avancierte er zu einem Montblanc, seine Bleistifte spitzte er lieber mit einem Messer als mit einem Bleistiftspitzer, und seinen ersten Entwurf schrieb er auf grünlinierte gelbe amerikanische Kanzleiblöcke – hat sowohl Ehrfurcht als auch Irritation hervorgerufen. Seine kleinen schwarzen Bücher mit ihrem Millimeterpapier, ihren strammen Gummibändern und den mysteriösen »Moleskin«-Einbänden wurden in der rue de l'Ancienne Comédie in Paris gekauft. »Warum nicht bei Ryman's?« fragte ein Londoner Skeptiker. Diese Notizbücher haben auch zu finsteren Grübeleien Anlaß gegeben. Man behauptete, sie seien kodiert geschrieben und höchstwahrscheinlich sehr intim, aufschlußreich und sexuell explizit; Redmond O'Hanlon erklärte, sie seien »André Gide mit allen Details darin«.

In Wirklichkeit schrieb Chatwin kaum eine bekennende Zeile

in seinem Leben. Die Notizbücher sind eine lose Ansammlung von Gesprächsaufzeichnungen, Leselisten, Beschreibungen von Landschaften und Menschen, Zitaten aus Büchern, Farbskalen, Federzeichnungen von Türöffnungen und Bögen, höchst spekulativen Thesen, winzigen Anekdoten. Sie lassen erkennen, wie sehr Chatwin seine Sätze stutzte, ausfeilte und komprimierte, bevor sie in Druck gingen. Sie zeigen aber auch, wie wenig Bearbeitung manchmal notwendig war. Sie enthalten Absätze von einer Kraftlosigkeit, die er in einer fertigen Arbeit nicht zugelassen hätte. Aber sie enthalten auch Absätze, die schwungvoller sind, weil sie nicht überarbeitet wurden. Es sind lebendige Fragmente, Überlegungen, gedankliche Ansätze. Doch in *Traumpfade* dienen die Zitate aus den Notizbüchern nicht nur dazu, Obsessionen und besondere Anliegen darzulegen, sondern auch dazu, Argumente zu stützen. Die Grenze zwischen dem brillanten Bruce und dem exaltierten Bruce war immer fließend, und in manchen Passagen gibt er sich wilder denn je. Er geht, wie es seine Art ist, unbesorgt vom Privaten ins Theoretische über und behauptet, Menschen in Bewegung seien geistig gesünder und glücklicher. Für ihn gehen Herrschaftsmuster und hierarchische Strukturen mit der Seßhaftigkeit einher; die Geburtsstätte und die wahre Heimat des Menschen ist die Savanne, sein Repertoire kämpferischer Fähigkeiten hat der Mensch nicht erworben, um andere Stämme zu erobern, sondern um sich gegen ein nichtmenschliches, räuberisches Wesen zu wehren – eine große Raubkatze, die auf den Verzehr von Primaten spezialisiert ist. Seine gewagtesten Spekulationen wirken etwas bemüht. Die Passagen, in denen Chatwin in Ellipsen explizit wird, sind mit schwülstigen Ausdrücken – »auf einem tiefen Niveau der Psyche« – und ausweichenden Formulierungen durchsetzt – »man könnte behaupten«, »ich habe es manchmal für möglich gehalten, eine Theorie zu unterbreiten«, »scheinbar existiert ...« Seine Kontinente umspannenden, Epochen überspringenden gewagten Thesen haben einen Anflug von mitternächtlicher Konversation.

Mit Bruce war es immer Mitternacht. Seine quirlige Eloquenz war eine Quelle der Irritation für jene, die gegen seinen Charme immun waren, und konnte Basiliskenblicke provozieren: »Er kam in seinen Turnschuhen ins Zimmer, ließ sich auf dem Boden nieder und schwang seine Reden.« Es war eine Vorstellung, die er da gab, wenn auch auf eine besonders unbesonnene Art, wie ein Kind. Als er im Verlauf einer Fernsehaufzeichnung über sein Werk mitten in einer Flut wilder Mutmaßungen unterbrochen wurde – er hatte das Herannahen eines asketischen Zeitalters angekündigt –, sorgte er für einen ungewöhnlichen, heiklen und aufschlußreichen Fernsehmoment. »Vielleicht haben Sie mich ertappt«, antwortete er seinem Interviewer Melvyn Bragg – worauf Bragg protestierte und sagte, das Gespräch sei nicht dazu gedacht, ihn zu ertappen.

Es gab auch Menschen, denen er nicht quirlig genug war. John Michell, ein Guru der Hippiewelt, in der Chatwin eine Nische fand, glaubt, daß Chatwin sie zu spät verließ, um sein Nomadenbuch zu schreiben, daß er »sich literarischen Leuten gegenüber viel zu ehrerbietig« verhielt, Angst davor hatte, didaktisch zu sein, und in das Buch zu bereitwillig aufnahm, was Michell Klatsch nennt – »nichtssagende Anekdoten über Bulldozerfahrten«. Michell und Chatwin waren Freunde mit gegensätzlichen Temperamenten. John Michell, der über halluzinogene Pilze, fliegende Untertassen und jüngst auch über die Urheberschaft von Shakespeares Dramen geschrieben hat, ist ein Merlin mit sanften Sitten – und der grübelnde Zauberer von Notting Hill Gate. Chatwin mit seiner Schlagfertigkeit und Lebendigkeit und seinen Hemden von Brooks Brothers hatte nie viel von einem Blumenkind an sich. Doch beide interessierten sich für alte Glaubenssysteme.

Als Michell Chatwin Mitte der sechziger Jahre zum erstenmal begegnete, lebte er in Bath, einer Stadt, die Chatwin verabscheute – er mochte keine verschlafenen Nester – und die Angela Carter, die in den siebziger Jahren dort lebte, auf denkwürdige Weise beschrieben hat. Die Stadt habe »mehr als das durchschnittliche Kontingent von Okkultisten, Neuplatonikern, Yogis, Theosophen, kleinen alten Damen, die mit indianischen Squaws spiritistische Gespräche führen, religiösen Fanatikern, senilen Geistesgestörten,

Naturfreaks, Makrobiotikern, Leuten, die parfümierte Kerzen herstellen und Drachen fliegen lassen, glauben Sie an Feen?« In Bath stattete Henrietta Moraes auf ihrer damaligen Hippieroute John Michell einen Besuch ab:

> Bei meiner Ankunft hieß er mich willkommen, und dann sagte er, er würde ein paar Tage bei seinem Bruder verbringen. »Wenn du ein paar von den Broschüren für mich einbindest, solange ich weg bin«, sagte er, »werde ich dir das nie vergessen.« Er wies auf einen Tisch, auf dem ein Stapel Papiere lag. Ich nahm eins in die Hand. Die Überschrift lautete: »Jesus Christus, der allmächtige Gockel«.

Michell sammelte damals Material für sein Buch *The View over Atlantis*, in dem er eine Welt beschreibt, die von weitgehend unbekannten, aber sichtbaren Mustern bedeckt ist, von astronomisch beeinflußten, geometrisch festgelegten und religiös bedeutsamen Mustern. Riesige Tierkreiszeichen, deren Umrisse von den Rundungen von Flüssen und Bergen gezeichnet und von künstlich erbauten Gräben und Straßen ergänzt sind, wurden auf dem Land in der Nähe von Glastonbury entdeckt. Die Oberfläche der peruanischen Wüste ist mit den »Dreiecken, Rechtecken, Spiralen, Mäandern, peitschenähnlichen Zickzacklinien und übereinanderliegenden Trapezen« bedeckt, über die Bruce Chatwin in einem Essay berichtet. Bruce war skeptisch angesichts der übernatürlichen Bedeutung, die diesen Pampa-Zeichnungen zugeschrieben wird, doch er verfaßte einen nicht ganz so skeptischen Artikel über die »Drachenlinien«, denen nachgesagt wird, daß sie den chinesischen Kontinent durchqueren und Einfluß auf die Atmosphäre nehmen. Michell sieht in diesen Konfigurationen, zu denen er auch die Traumpfade der Aborigines zählt, Anzeichen dafür, daß prähistorische Geomanten am Werk waren, die eine befruchtende kosmische Kraft erahnten und beherrschten.

Moderne archäologische Ausgrabungen lehnt Michell ab, weil sie »Schatzjägern und Grabplünderern« überlassen worden seien. Doch er bewundert die Intuitionen einzelner Seher. Er schätzt

John Aubrey, der die prähistorischen Steinkreise in Avebury zu einem Zeitpunkt erkannte, als die Dorfbewohner sie abzutragen begannen, um neue Häuser daraus zu machen. Er rühmt William Stukeley, der in den Anlagen von Erdwerken und Steinstrukturen in ganz Großbritannien eine heilige Ordnung erkannte. In Avebury identifizierte er eine große Schlange, die sich durch einen Kreis über das Land wand und das Symbol alchimistischer Fusion darstellte. Sowohl Aubrey als auch Stukeley haben Chatwins Leben gestreift – und Michell ist der Ansicht, daß Stuart Piggott sich mit seinem Buch über Stukeley »einen akademischen Scherz« erlaubt habe. Beide waren – wie Michell und wie Chatwin – Träumer, Grübler, Rutengänger, Kenner des Fremdartigen, Meister der Koinzidenz und der Analogien, magische Anthropologen.

Michell glaubt, daß Chatwin in *Traumpfade* einige Informationen aus Furcht weggelassen habe, für einen Spinner gehalten zu werden. Er hat ihn auch als Liebhaber von gutem Essen in Erinnerung, der als erklärter Gegner einer gleichbleibenden, ausgewogenen Ernährung auftrat. Die Ernährung sollte, wie Chatwin einmal verkündete, den jahreszeitlichen Zyklus von Überfluß und Mangel widerspiegeln. Das deckt sich mit Michells These, der zufolge alles ständigem Wandel und ständiger Bewegung unterliegt. Als Beweis führt er alljährliche Festivals an, bei denen verschiedene Aspekte der menschlichen Natur zelebriert würden, die immer auf Extreme spezialisiert seien: »Sie haben immer mit Sex oder Trinken oder Abstinenz oder Läuterung zu tun.« Es habe »nie ein Festival des gesunden Menschenverstands gegeben«, betont er. Hätte es eins gegeben, wären Michell und Chatwin sicher nicht von der Partie gewesen.

Sie unternahmen mehrere gemeinsame Ausflüge. Sie besuchten West Cornwall, um sich Megalithen anzusehen. Sie gingen nach Wales, wo sie einem Anwalt namens Mr. Williams begegneten, der sich wie sie für die linienförmige Anordnung von Megalithen interessierte. Und in einem Februar besuchten sie mit Christopher Gibbs die Orkney-Inseln. Sie sahen sich die Grabhügel und Megalithen von Stenness an, erforschten die Grabpassagen von Maes Howe und picknickten an der Stätte des neolithischen Dorfes

Skara Brae. Sie gingen nach Hoy, um Melsetter zu besichtigen, eins der wenigen Häuser, die W. R. Lethaby entworfen hatte, der Architekt der Arts-and-Crafts-Bewegung im neunzehnten Jahrhundert. Gibbs erinnert sich, daß »Bruce und ich über die kleinen Alleen mit ihren gestutzten Dornbüschen, die hölzernen Abflußrohre, das Morris-Resonanzglas in der winzigen Kapelle und die Gipsfriese mit wilden Inselblumen faselten. Für John sah das Haus wie eine trostlose Vorschule aus.« Sie unternahmen eine Tageswanderung bis zur Spitze einer Insel, wo sie am äußersten Ende einer langen Straße eine Telefonzelle entdeckten. Sie betraten sie und riefen ein Taxi, das sich durch die Berge zu ihnen herunterschlängelte. Auf diesem Ausflug las John Michell *De abstinentia* des Neuplatonikers Porphyrios und weckte bei Chatwin Interesse für das, was es über Fleisch als Nahrung aussagte. Chatwin las Porphyrios' Lehrer Plotin.

Bruce machte es Spaß, über Nobelvolk und Nomaden zu reden und über große Ideen und Individuen zu schreiben. In Sachen Politik war er zurückhaltender: soziale und wirtschaftliche Überlegungen kommen in seinen Schriften kaum vor. Als er im Jahr 1970 von der Verlautbarung des NSPCC hörte, daß Kinder, die über lange Zeit in Hochhauswohnungen eingepfercht seien, Gefahr liefen, geistig zurückzubleiben, stürzte er sich auf eine Erklärung, die finanzielle und erzieherische Mängel zugunsten seiner eigenen psychologischen Interpretation außer acht ließ: »Reisen trägt nicht nur zur Entfaltung des Geistes bei. Es formt ihn. Unsere ersten Streifzüge sind das Rohmaterial unserer Intelligenz … Kinder brauchen Wege, die sie erforschen können, um sich auf der Erde, auf der sie leben, orientieren zu können, so wie ein Seefahrer sich an vertrauten geographischen und anderen Wahrzeichen orientiert. Sobald wir unsere Kindheitserinnerungen ausgraben, fallen uns zuerst die Wege, erst später Dinge und Menschen ein – Wege durch den Garten, der Schulweg, der Weg um das Haus, die schmale Spur durch das Farnkraut oder durch hohes Gras. Das Verfolgen von Tierspuren war die erste und wichtigste treibende Kraft, die zur Bildung der Menschen in der Frühzeit beitrug.«

Für seine Frau war Bruce »in politischer Hinsicht ein hoffnungsloser Fall«, weil er sich von den Meinungen der Menschen, die er mochte, beeinflussen ließ. Francis Wyndham erinnert sich, daß Bruce nach seiner Rückkehr aus Südafrika seinen linksgerichteten Kollegen von der *Sunday Times* wohlwollende Berichte über ambivalente liberale Weiße auftischte, so daß man ihm »geradezu ins Gewissen reden mußte«. Doch nach dem Falkland-Krieg hatte er plötzlich einen gewissen Ruf als politischer Prophet. Im letzten Absatz von *In Patagonien*, das fünf Jahre zuvor erschienen war, hatte er einen Jungen von den Inseln mit merkwürdigen Zähnen und einer Mütze aus Seehundfell beschrieben, der sagt: »Höchste Zeit, daß die Argentinier uns übernehmen … Wir sind so verdammt inzüchtig.« Er bewies Hellsichtigkeit angesichts der wachsenden Einflußnahme von Moslems in Osteuropa – eines seiner obsessiven Themen. Und in Australien hat ihm sein Vertrauen auf seine Intuition gegenüber politischen Persönlichkeiten nicht immer einen schlechten Dienst erwiesen: »Gestern abend kam ich nach Sydney zurück, und wir blieben auf und sahen zu, wie Bob Hawke neuer Premierminister wurde. Ich glaube im Ernst, auch wenn es etwas verfrüht ist, daß sie es bedauern werden: nicht weil er LINKER oder Republikaner usw. ist, sondern weil er den denkbar unangenehmsten Mund und einen schrecklich verschlagenen Blick hat.«

Er war überzeugt, in *Traumpfade* die Aktivitäten der Aborigines gerühmt zu haben: »Bei einem Dinner in Sydney suchte ein sehr intelligenter Mann Streit mit mir; er sagte, er sei nie einem Aborigine begegnet, und gab zu verstehen, daß Aborigines für die australische Realität keinerlei Bedeutung hätten. Daraufhin löste sich meine Zunge, und ich antwortete ihm, daß die Aborigines, oder ihre Ausrottung, im Bewußtsein der Australier ebenso wichtig seien wie die Strafkolonie.« Doch mehrere australische Kommentatoren und Anthropologen hielten ihm vor, das Buch vermittle ein semi-kolonialistisches Bild vom Weißen als einem Helden, verlasse sich zu sehr auf Berichte Weißer über die Aborigines-Kultur und unterschätze die Arbeit jener, die sich in der Landrechte-Bewegung engagiert hätten.

Es war nicht nach Chatwins Geschmack, Fragen der Sexualpolitik zu diskutieren. Als Peter Eyre wagte, das Modewort »Sexualität« auszusprechen, gab Bruce einen höhnischen Aufschrei von sich: »›Sexualität‹ – ach du *lieber* Gott!« Als der Schriftsteller Richard Sennett eine Begegnung zwischen Chatwin und dem französischen Philosophen Michel Foucault arrangierte, Autor einer dreibändigen Geschichte der Sexualität, *Sexualität und Wahrheit*, blieb diese ergebnislos. Die beiden Männer »maßen sich mit einem Blick und beschlossen: Nein!« Und als Bruce an Aids erkrankte, sprach er in der Öffentlichkeit nicht darüber.

Traumpfade endet mit dem Bild von drei sterbenden Aborigines, die im Freien auf Bettgestellen liegen. Sie sind kaum mehr als Skelette, fast ohne Haar, und sie sind gefaßt: »Sie wußten, wohin sie gingen. Im Schatten eines Geistereukalyptusbaums lächelten sie dem Tod entgegen.« Chatwin war krank, als er das Buch begann; als er es beendete, glaubte er, daß er sterben würde. Die Eintragungen in seinen Notizbüchern, die von einem Raubtier, von Finsternis und vom Kampf ums Überleben handeln, spiegeln das wider; einiges von ihrer Ungeschliffenheit und wirren Argumentation ist auf die Eile zurückzuführen, mit der sie niedergeschrieben wurden – und auf die fehlende Zeit, sie zu bearbeiten. Angela Carter, die im Abstand von einer Woche im selben Jahr wie Chatwin geboren wurde und mit Einundfünfzig drei Jahre nach ihm starb, berücksichtigte diesen Umstand, als sie *Traumpfade* rezensierte: »Die wahre Romanze dieses immer faszinierenden, manchmal ärgerlichen Buches ist ... die zwischen einem Engländer und der Wildnis. Die Reise des einen in die andere führt zu dem einzigen glücklichen Ende, das sich der Reisende ehrlich erhoffen kann – zu einem glücklichen Tod.«

1982 blätterte Chatwin in einer Ausgabe des *Time Magazine*, die einen Artikel über ihn enthielt, und stieß dabei auf einen Text, in dem von der »Homosexuellenpest« die Rede war. Später erzählte er seiner Frau, er habe sofort gedacht, daß sich dieser Text auf ihn beziehe, doch die Diagnose »HIV positiv« wurde erst vier Jahre später gestellt – als er bereits schwer krank war. Im November 1985 war er nach China gereist, wo er sich eine Pilzinfektion zuzog. Im darauffolgenden Sommer war er anscheinend soweit,

Traumpfade für beendet zu halten. Er hinterlegte ein Exemplar des Manuskripts bei seiner Agentin Deborah Rodgers, der er mitteilte, er sei auf dem Weg in die Schweiz und nehme »nur einen Zeichenblock, keine Bücher« mit. Von dort rief er seine amerikanische Lektorin Elisabeth Sifton an und sagte ihr, daß er sehr krank sei und von einem Arzt behandelt werde, der auf seltene chinesische Krankheiten spezialisiert sei. Er äußerte den Wunsch, daß sie zu ihm kommen und mit ihm am Manuskript arbeiten solle. Er bat sie, etwas Musik mitzubringen – Brahms und ein paar Mazurkas von Chopin. Ein Brief, den er in jenem Jahr an Shirley Hazzard schrieb, vermittelt etwas von dem geistig-seelischen Zustand, in dem er mit Sifton an *Traumpfade* arbeitete:

> Ich bin froh, daß 1986 bald vorüber ist. Im vergangenen Winter, als wir in Yünnan waren, muß ich mir durch Einatmen von Staub einen Pilz geholt haben, der zuerst die Lungen angreift, später in den Blutkreislauf gerät und sich dann im Knochenmark festsetzt, wo er die Produktion roter Blutkörperchen verhindert. Bisher wurden zehn Fälle dieser sonderbaren Plage registriert: alle bei chinesischen Bauern (im Westen Chinas, wo wir waren), alle mit tödlichem Ausgang. Den ganzen letzten Sommer bin ich gegen immer schlimmer werdende Asthmaanfälle behandelt worden, und man riet mir, die reine Bergluft der Schweiz aufzusuchen, von der man sich Besserung erhoffte. Als ich am ersten Morgen in Zürich kaum durch das Hotelzimmer gehen konnte, war klar, daß mit mir ernsthaft etwas nicht in Ordnung war. Am erstaunlichsten war, daß ich am Tag vor meiner Abreise aus England mein australisches Opus eingereicht hatte (mir war nicht ganz klar, wie krank ich war), und dann ging der Sturm los. Die Schweizer Ärzte, obwohl ausgezeichnet, konnten die Ursache nicht entdecken. Ich wurde nach Oxford zurückgebracht, zu einem erstklassigen Team junger Ärzte, die auf Tropen- und exotische Krankheiten spezialisiert sind. Sie glaubten, wie sie selbst zugaben, daß ich die Nacht nicht überleben würde. Nach fünf Tagen hektischer Aktivität hinter den Kulissen fanden sie heraus, welche Art von Penicillin

notwendig war; ich könnte noch hinzufügen, daß der einzige andere Fall, abgesehen von den Bauern, bei einem toten Schwertwal diagnostiziert wurde, der an den Küsten Arabiens gestrandet war. Und als der Arzt mich im Nebel meines Deliriums fragte: »Haben Sie mit chinesischen Bauern oder mit Schwertwalen verkehrt?«, konnte ich nur schwach flüstern: »Mit Bauern.«

In Zürich ging Elisabeth Sifton jeden Morgen mit Chatwin das Typoskript durch, bevor er sich zu Untersuchungen in eine Klinik um die Ecke begab. Meistens nahmen sie in einem nahegelegenen vegetarischen Restaurant einen Lunch zu sich; Chatwin, dessen Kräfte zunahmen und schwanden, war zu schwach, um abends zum Essen auszugehen. Er sprach von Tieren, die sich davonschleichen, wenn sie krank sind, und die keine Aufmerksamkeit auf sich lenken wollen. Er sagte, er habe niemandem gesagt, wo er sich aufhalte. Er rief ein paar Freunde in Großbritannien an und sagte ihnen, er liege im Sterben.

Das Manuskript war viel zu lang, und sowohl Chatwin als auch Sifton stellten sich die Frage, wie die Auszüge aus den Notizbüchern verwendet werden könnten. Sifton kam zu dem Schluß, daß die Beziehung der Auszüge zum restlichen Material am einfachsten zu klären sei, indem man »mehr aus ihnen macht statt weniger«: die Aufzeichnungen, die zu einem frühen Zeitpunkt den Anhang des Buches bildeten, wurden in den Text integriert, vorgestellt und erklärt. Chatwin verwendete einen großen Teil seiner schwindenden Energie darauf, über die Quellen von *Traumpfade* zu sprechen. Jede Zeile konnte eine Flut von Erinnerungen auslösen. Er war bereit, das Manuskript Seite für Seite durchzugehen und Sätze umzuformulieren, aber er weigerte sich, längere Passagen zu streichen oder die Struktur des Buches zu ändern. Als Sifton nach New York zurückkehrte – Elizabeth Chatwin war auf dem Weg in die Schweiz, weil ihr Mann endlich eingewilligt hatte, daß sie sich um ihn kümmerte –, ließ sie ihn mit einem Manuskript zurück, in dem sie ihre Vorschläge für Kürzungen und Änderungen vermerkt hatte. Einige übernahm Chatwin. Später sollte er sagen, daß er das Buch für gescheitert halte und es besser überarbeitet hätte.

Bruce hatte seine eigene Art, zugleich zu verbergen und zu erklären, was mit ihm nicht stimmte. Er mochte es nicht, wenn man ihn über seine Krankheit ausfragte, aber er rief ein paar enge Freunde zu sich, um ihnen zu sagen, daß er Aids habe. Allgemeiner sprach er von einer Krankheit, die durch chinesische Eier hervorgerufen wird und die tatsächlich existiert: er habe eine Pilzinfektion, von der man annahm, daß er sie sich entweder durch den Verzehr eines schwarzen Eis in Lijiang oder bei einem Besuch auf dem Vogelmarkt in Hongkong zugezogen hatte. Auch sprach er von einer Krankheit, die er sich durch Fledermäuse in Kellern zugezogen hatte, und von einer Expedition nach Afrika, wo er eine nicht virulente Form des HIV-Virus entdecken wollte – für die Finanzierung wollte er sich an den Aga Khan wenden. Er sagte, daß er ein Buch mit dem Titel »Söhne des Donners« schreiben wolle, das die Forschung über das Aids-Virus behandeln würde. Er hatte die Absicht, Ärzte des Radcliffe-Krankenhauses in Oxford einzubeziehen, einen historischen Überblick über Virusforschung hinzuzufügen – zusammen mit einigen Beobachtungen, die auf seinen archäologischen Studien basierten – und das Thema mit einer Untersuchung über Heiler auszuweiten. Er sprach davon, in Oxford ein Forschungsteam über das Virus ins Leben zu rufen, und manchmal trat er selbst als Spezialist auf. Als er im Sommer 1988 in einem Brief an die *London Review of Books* zu einem Aids-Artikel von John Ryle Stellung nahm, tat er das im Namen dieses Teams – wobei er seine eigene Betroffenheit zugleich verleugnete und öffentlich machte:

> *Aidspanik*
> In seiner Besprechung von drei amerikanischen Büchern, *And the Band Played On*, *Crisis: Heterosexual Behaviour in the Age of Aids* und *The Forbidden Zone* (*LRB*, 19. Mai), beginnt Mr. John Ryle wie folgt: »Die Nachrichten über Aids sind nicht gut. Anfang des Jahres wurden insgesamt 85 000 Fälle registriert, doch nach Schätzungen der Weltgesundheitsorganisation beläuft sich

die Zahl eher auf 150 000. Ihre globale Schätzung für HIV-Erkrankungen liegt zwischen fünf und zehn Millionen. Die meisten HIV-positiven Menschen weisen keine Symptome auf und wissen nicht, daß sie infiziert sind: doch die meisten von ihnen – möglicherweise alle – werden mit der Zeit Aids entwickeln und sterben; bis es soweit ist, können sie natürlich jede Person, mit der sie geschlechtlich verkehren, und jedes Kind, das sie gebären, infizieren.« Das ist schlicht Unsinn. Das Word »Aids« ist einer der grausamsten und absurdesten Neologismen unserer Zeit. »Aid« bedeutet Hilfe, Beistand, Trost – doch mit einem Zischlaut am Ende wird das Wort zu einem Alptraum. Es sollte nie in Gegenwart von Patienten ausgesprochen werden. HIV (Human Immuno-Deficiency Virus – Immunschwächesyndrom) ist eine leichtverständliche Bezeichnung, mit der man leben kann. Das Wort »Aids« ruft Panik und Verzweiflung hervor und hat womöglich zur Verbreitung dieser Krankheit beigetragen. In Frankreich konnte sogar Monsieur Le Pen mit *le Sida* nicht viel anfangen. Er machte einen Anlauf, stand am Ende jedoch vollkommen lächerlich da. Das HIV ist keine schwule *Götterdämmerung*: es ist ein weiteres afrikanisches Virus, und zwar ein sehr gefährliches, das die Medizin seit der Tuberkulose vor die größte Herausforderung stellt, aber man wird ein Heilmittel finden. Jedes Virus, sei es Windpocken, Mumps oder HIV, produziert eine Art Spiegelbild von sich selbst, als »Antikörper« bekannt, der die infizierte Person mit der Zeit resistent macht. Das sollte als Vorbild dienen. Doch das HIV ist ein schwer zu fassender Zeitgenosse. Es gibt noch keine sicheren Beweise dafür, daß Antikörper am Werk sind, nur negative Beweise, daß eine große Zahl infizierter Personen am Leben sind. In den USA hat es einen Fall gegeben, bei dem eine infizierte Person plötzlich HIV-negativ wurde. Doch wir sollten uns Mr. Ryles eigene Zahlen vornehmen. In den Vereinigten Staaten wurden achthunderttausend Personen infiziert, von denen achtzigtausend gestorben sind, was neun Überlebende für einen Toten bedeutet. Das kann nur eins bedeuten: daß irgendein Mechanismus, pharmakologischer oder sonstiger Art, sie am Leben hält.

Auf eins kann nicht ausdrücklich genug hingewiesen werden. Eine infizierte Person sollte nie die Zahnbürste oder den elektrischen Rasierer eines anderen benutzen. Jeder von uns hat hin und wieder eine Zahnfleischentzündung.

Das Erschreckendste an Mr. Ryles Artikel ist die gleichgültige Grausamkeit, mit der er Hunderttausende von Menschen zum Tod verurteilt. Ein junger Mann, der soeben erfahren hat, daß er HIV-positiv ist, und diesen Artikel in die Hand bekommt, läuft Gefahr, Selbstmord zu begehen. Es hat viele solcher Fälle gegeben.

Bruce Chatwin
Forschungsteam für infektiöse tropische Krankheiten,
Oxford University

Dieser Brief, mit seiner Betroffenheit und seiner divergierenden Logik, durchlief mehrere Versionen. Die erste Fassung, die Bruce einsandte, war zu konfus und schwer verständlich. Als der Brief veröffentlicht wurde, sahen einige Leser darin Bruce' erstes öffentliches, wenn auch ambivalentes Bekenntnis zu seiner eigenen Erkrankung.

11
Das Ende

In seinen letzten Lebensjahren wirkte Bruce, zeitweise fieberkrank und zeitweise high aufgrund der Drogen, die ihm verschrieben wurden, wie ein Hyper-Bruce, eine exaltierte, gehetzte Variante seines ohnehin emphatischen Selbst. Er neigte zu erregten Reden, zu großartigen, großzügigen Gesten, und er hatte ehrgeizige Pläne für die Menschen, die ihm nahestanden – und für die Welt. Sein Redeschwall und seine Intensität hatten etwas Hypnotisches an sich, und es war nicht immer leicht zu erkennen, ob er Wahnvorstellungen hatte. Seine Augen wurden um so größer, je mehr sein Gesicht einfiel; er war fragil, aber feurig. Seine Obsessionen waren, auf eine verstärkte und hochtrabendere Weise, die Obsessionen, die ihn sein Leben lang beherrscht hatten. Doch er wurde eher liebenswürdiger und sanfter im Umgang mit Menschen, war eher bereit, sie anzuerkennen und ihnen zu helfen. Er steckte voller Ideen, was als nächstes zu tun sei.

Er hatte immer zahlreiche Projekte, von denen viele nie realisiert, andere als Scherz oder als Parodie auf sich selbst hingestellt wurden. Er hatte die Idee für ein Einakter-Ballett, das »Der Messerschleifer« heißen sollte, den er gern mimte, indem er vor einer Wäschemangel eine statuenhafte Haltung einnahm und seine Muskeln spielen ließ; das Ballett sollte selbstverständlich an der Met aufgeführt werden. Er hatte die Absicht, längs der Grenze zwischen Ost- und Westberlin zu wandern, und ihn reizte der Gedanke, eine Reihe von Artikeln über Grenzen zu schreiben. Er hatte begonnen, Nachforschungen zu einem Roman über die

Bewohner eines südafrikanischen Dorfs anzustellen. Er war daran interessiert, ein Stück zu schreiben, und um sich mit den äußeren Zwängen des Theaters vertraut zu machen, holte er sich Rat bei dem Regisseur Richard Eyre, dem er von Arabern vorschwärmte, die in Sumpfgegenden leben.

Er hatte auch eine Oper im Kopf. Mit Peter Eyre sprach er über die Zusammenarbeit an einem Libretto, doch beide Männer hatten Vorbehalte gegen eine Oper in englischer Sprache. Chatwin ging mit seinem Projekt auf diese Bedenken ein. Er schlug eine Oper über Florence Gould vor, die *grande dame* aus San Francisco, die vor ihrer zweiten Ehe mit dem Sohn eines amerikanischen Eisenbahnmagnaten Erster Sopran an der Opéra Comique in Paris gewesen war. Im Zweiten Weltkrieg hatte Gould als freiwillige Krankenschwester in Paris gearbeitet. In einer Uniformjacke, die Lanvin für sie entworfen hatte, teilte sie *foie gras* und Champagner an ihre Patienten aus. In ihrer riesigen Villa in Cannes baute sie eine Sammlung von Porzellan und impressionistischen Gemälden auf. Im Alter von achtzig Jahren besichtigte sie, mit Diamanten und Saphiren geschmückt, auf dem Rücken eines Elefanten die Tempel von Angkor. Doch es war Goulds Salon im Paris der Kriegsjahre, der als Kernstück von Chatwins Oper vorgesehen war, die er für die English National Opera bestimmt hatte. Jeden Donnerstag, zunächst im Hôtel Bristol und später in ihrer Zimmerflucht in der Avenue Malakoff, servierte sie ihren Gästen, zu denen Jean Cocteau, der Schriftsteller und Kritiker Paul Léautaud (der die Speisereste für seinen verhätschelten Affen mit nach Hause nahm) und deutsche Propagandaoffiziere gehörten, exquisite Weine und rar gewordenen echten Kaffee. In diesem Salon wurden viele Sprachen gesprochen, und er konnte, so sah Peter Eyre Chatwins Absicht, den Stoff für »eine Oper in Englisch, in der kaum ein Wort Englisch gesprochen wird«, hergeben.

Jahrelang hatte Bruce daran gedacht, einen großen russischen Roman zu schreiben, und am Ende seines Lebens nahm das Projekt eine klar umrissene Form an. Das Buch sollte »vier dekadente Kulturen« – die USA, die UdSSR, Frankreich und Großbritannien – mit einer Hauptperson aus jedem dieser Länder darstellen, und es sollte viel über die orthodoxe Kirche aussagen. Einer Amerikanerin war die degenerierteste Rolle zugedacht – sie sollte hin und her reisen und alles aufkaufen –, wohingegen ein russischer Mann, seit jungen Jahren entschlossen, das notwendige Geld aufzutreiben, um nach Paris zu gehen und zu malen, den vornehmen Part übernehmen sollte. Die Heldin – im Krieg als Kind aus Paris evakuiert, wo ihre Mutter zurückbleibt und möglicherweise mit den Deutschen kollaboriert – sollte in den Vereinigten Staaten aufgewachsen sein, in einer Familie des Ostküsten-Establishments am oberen Hudson, wo viele Verwandte von Elizabeth Chatwin leben; schließlich sollte sie den russischen Maler heiraten. Bruce hatte beschlossen, ihr den Namen »Lydia Livingstone« zu geben, der sowohl die slawischen als auch die westlichen Elemente des Romans andeutete, und das Buch nach ihr zu benennen. Dieser Name war, wie andere Aspekte des Buchs, unmittelbar aus dem Leben gegriffen. Bruce hatte einen Freund über eine Australierin namens Lydia Livingstone reden hören und der Frau auf einer Postkarte mitgeteilt, er habe die Absicht, ihren Namen »auszuleihen«. Er lernte sie später kennen und freundete sich mit ihr an. Er schätzte ihren »ausgeprägten Sinn für das Lächerliche«. Er bat Diana Melly, ihn auf einer langen Zugreise zu begleiten, die in dem Roman beschrieben werden sollte. Als Vorbild für die Mutter der Heldin schwebten ihm eine ihm bekannte Französin, die einen deutschen Offizier geheiratet hatte, und Louise de Vilmorin vor, eine Aristokratin mit einer zwielichtigen Kriegsvergangenheit, die in ihren letzten drei Lebensjahren die Gefährtin von André Malraux war.

Bruce war mit der Geographie vertraut, die in dem Buch beschrieben werden sollte. Vor meiner Reise in die Sowjetunion im Jahr 1987 rasselte er eine präzise Liste von Instruktionen herunter über das, was ich sehen mußte – Tschechows Haus, Rubljows Ikonen, Rodtschenkos Atelier –, doch er betonte, daß der Komsomolsk-Platz in Moskau die beste Einführung in das Land sei. Hier treffen in drei Bahnhöfen Züge aus St. Petersburg, aus Kasan und aus Jaroslawl ein, die die Gesichter des Nordens und Zentralasiens in die Hauptstadt bringen und dem Beobachter eine Vorstellung von der Weite, der Vielgestaltigkeit und der prekären Einheit der UdSSR vermitteln. Bruce drängte mich, herauszufinden, ob das geheizte Freiluftbad hinter dem Puschkin-Museum noch geöffnet war, wenn ja, in welcher Jahreszeit: er wollte es in eine Geschichte aufnehmen. Auch hatte er einmal über die deutsche Gemeinde schreiben wollen, die sich zur Zeit Katharinas der Großen in Rußland niedergelassen hatte.

Er hatte über russische Emigranten in Paris gesprochen, als *Auf dem schwarzen Berg* erschien, und er war fasziniert von einer russisch-orthodoxen Kirche, die er in der Stadt entdeckt hatte. Rund ein Jahr vor seinem Tod setzte er seine Nachforschungen fort, als er in Paris auf einer PEN-Konferenz über russische Exilschriftsteller auftauchte und bat, russischen Jesuiten vorgestellt zu werden: er sagte, er wolle bei ihnen in Paris Russisch lernen.

Es gab viele improvisierte Besuche, lange und erregte Gespräche, überraschende Rendezvous in diesen letzten Jahren. Bei einem ländlichen Tanzabend in Wiltshire erschien er im Rollstuhl, mit glänzenden Augen unter einem Buschhelm. In diesem Stuhl wirbelte er durch London, auf der Suche nach Freunden, die ihn zu sich einluden. Mit Taxifahrern ging er auf eine Weise um, daß sie taten, was er wollte – laut Kasmin »eine Mischung aus Charme und Befehl«. Doch manche Leute erschreckte er mit seiner Wildheit und Gebrechlichkeit, so daß sie ihn nicht bei sich duldeten. In einem Artikel für den *Spectator* berichtete Grey Gowrie über eine Reihe von Benefizveranstaltungen zugunsten Aids-Kranker und erinnerte sich, ihn nach einem solchen Ereignis gesehen zu haben: »Der inzwischen verstorbene Bruce Chatwin rief mich auf dem Trottoir zu sich. Bruce, der in einem Rollstuhl saß und sich seine Situation anscheinend nicht eingestehen wollte, bestand darauf, zum anschließenden Dinner mitgenommen zu werden. Die Gäste empfingen ihn mit leidlichem Wohlwollen, die Gastgeberin verhielt sich perfekt. Bei diesem Fest wurde er wie ein schwaches Gespenst behandelt, und so sah er auch aus. Doch er war auf eine bezaubernde Weise unterhaltsam.« Er verleugnete seine Situation nicht immer. Als er bei einer Benefizveranstaltung darauf bestand, in Kasmins Loge zusätzlich einen Platz zu erhalten, erklärte Bruce: »Ich bin einer von ihnen« – was bedeuten sollte: eins der Opfer.

Er rief mich eines Tages in meinem Büro an und fragte, ob ich – sofort – zum Kaffee in sein Zimmer im Ritz kommen könne. Ich konnte nicht, stimmte aber zu, ein Picknick in der Rebecca-Hossack-Galerie in der Windmill Street zu besuchen, einer Seitenstraße der Tottenham Court Road. Bruce saß in seinem Rollstuhl, mit dünnen, baumelnden Beinen, und als Elizabeth ihn über die Schwelle schob, fiel einer seiner Schuhe zu Boden; als ich ihn an den Fuß zurückschob, saß er wie ein Boot um seine magere Fessel. In der Galerie, die sich darauf spezialisiert hat, Aborigines-Kunst nach London zu bringen, waren große pastellfarbene Bilder ausgestellt: Bruce lobte sie und sprach davon, mehrere zu kaufen. Draußen auf dem Trottoir stand ein hölzerner Gartentisch, auf dem Elizabeth den Lunch ausbreitete – Brot, Pasteten und Reineclauden, die sie für Bruce mit einem Schweizer Armeemesser in winzige Stückchen zerschnitt. Bruce blieb nur kurze Zeit im Freien: als die laue Augustsonne hinter den Wolken hervorkam, spürte er sie auf seinem Kopf brennen – sein Haar war dünn und schütter geworden.

Er steckte voller Pläne. Wenige Tage vor dem Picknick hatte er aus dem Krankenhaus angerufen, um zu sagen, er – oder war es Hugh? – habe von einem Kunststoff gehört, der leicht herzustellen sei, nach Indien und in den Osten verschifft und für die Herstellung ordentlicher Unterkünfte verwendet werden könne. Als er mit seinem Bruder, der ihn in Elizabeths Abwesenheit betreute, durch London fuhr, erblickte er einen Geschäftsführer des Verlags Jonathan Cape, zerrte den Mann auf den Rücksitz des kleinen Citroën und berichtete ihm in allen Einzelheiten über das Buchprojekt der Chatwin-Brüder: »Wir werden ein Buch über *Öl* schreiben.«

Er wollte, daß alle seine Freunde heirateten, und stellte sie ordentlich zu Paaren zusammen. Die Hochzeiten sollten am Weihnachtstag in der Kirche von Ewelme stattfinden, einem Dorf in Oxfordshire, wo Geoffrey Chaucers Sohn und Enkelin begraben sind. Der plötzliche Zusammenschluß von zwei Personen zu einem Paar am Ende von *Traumpfade* ist so unumstößlich und überschwenglich wie Bruce' Ehestiftung im Leben. Als Diana Mellys Tochter Candy 1986 ihre Tochter zur Welt brachte, behauptete Bruce, er habe die exakte Zeit der Niederkunft gewußt: im selben Moment sei sein aufgeblähter Magen plötzlich in sich zusammengefallen.

Auch sagte er mir, ich solle mir von seinem Geld für fünfhundert Pfund ein Bild kaufen und dieselbe Summe für ein Bild für Francis Wyndham ausgeben – ein Angebot, auf das ich nicht einging. Bruce hat immer großzügig Geschenke gemacht. George und Diana Melly gab er eine Radierung von Max Klinger, dem deutschen Vorläufer des Surrealismus, die aus der fetischistischen Serie »Ein Handschuh« stammte. Mir selbst schenkte er ein wunderschönes weißes Tongefäß, das mit blauen, grünen, roten und gelben Spritzern verziert war. Yvette Day, der Haushälterin der Mellys in Wales, schenkte er französische Seife und einen Marmeladentopf. Als er krank war, wollte er allen Leuten ständig Geschenke machen. Francis Wyndham erhielt eine Erstausgabe von Flauberts *Trois Contes*, die einen Stempel mit Bruce' Namen in Mandarin-Chinesisch trug. Kevin Volans, der sich für einige Zeit in Homer End aufhielt, wo er ein Streichquartett komponierte und bei Bruce' Betreuung half, bekam ein Klavier und eine japanische Lackdose aus dem sechzehnten Jahrhundert. Christopher Gibbs erhielt einen ägyptischen Spielstein aus Türkis, einen von Bruce' Talismanen. Nach Bruce' Tod erhielt Salman Rushdie einen anderen dieser Talismane, der in einer Schachtel unter Bruce' Bett in seinem Arbeitszimmer in Homer End gelegen hatte. Rushdies Geschenk war ein geschliffener grauer Stein, dessen natürliche blaugrüne Maserung wie eine mit sparsamen Mitteln gezeichnete chinesische Landschaft wirkt. Der Stein ist zu einer achteckigen Form geschliffen worden, um das Bild zu rahmen; an seinem oberen Ende befindet sich eine chinesische Kalligraphie, und auf der Rückseite steht in Bruce' Handschrift: »Bergdorf im Nebelwald«.

Als Bruce in die Schweiz fuhr, um George Ortiz ein Geschenk zu überreichen, kam er mit dem Plan zurück, eine eigene Sammlung von Objekten anzulegen, die er Elizabeth hinterlassen wollte. Das Sammeln, gegen das er so oft gewütet und das er in seinen Texten kritisiert hatte, wurde ein weiterer obsessiver Zeitvertreib für ihn: »Die Sammlung Chatwin« war in seinen letzten Lebensjahren eine seiner leidenschaftlichsten Beschäftigungen. Die Objekte, die er erwarb, hatten ihn immer interessiert. Er unternahm hektische Einkaufstouren. Von Kevin Volans bei strömendem Regen durch die Bond Street geschoben, während die kostbaren Erwerbungen in Plastiktüten am Rollstuhl hin und her schwangen, hielt sich Bruce in jeder Galerie gerade so lange auf, um sagen zu können: »Ich nehme das, das und das.« Volans erinnert sich, daß er ein Fragment vom Roten Fort mit einer Blumenmusterintarsie kaufte sowie prähistorische Ritualäxte und eine Kalligraphie mit einer Lobpreisung Allahs, die irgendwie mit Tamerlan zusammenhing. Alles, was er nach Homer End zurückbrachte, wurde sehr sorgfältig plaziert: Christopher Gibbs rannte mit einem keltischen Kopf die Treppe rauf und runter auf der Suche nach einem Platz, wo die Sonne das rechte Profil beschien. Bruce sagte auch, daß er einen Annex zur National Gallery eröffnen und ihn mit Coracle-Booten und Kleidungsstücken füllen wolle. Er kaufte eine Menge Designermodelle – Kleider von Fortuny, Kostüme von Balenciaga, eine Chanel-Jacke, die einer Rüstung ähnelte –, die er Jasper Conran schenken wollte. Taxifahrern erzählte er, er sei reich, und Geschäftsinhabern verkündete er: »Ich werde zu Ihren besten Kunden gehören.« Die Summen, die er ausgab, waren unerheblich im Verhältnis zu dem Geld, das er besaß. George Melly erklärte er: »Gott füllt mein Bankkonto ununterbrochen auf.« »Dann ist ja alles in Ordnung«, erwiderte Melly, während Elizabeth und Bruce' Freunde damit beschäftigt waren, seine Schecks zu annullieren und Objekte an Händler zurückzugeben.

Er zog für kurze Aufenthalte in Londoner Hotels. Im Portobello in Notting Hill Gate traf Francis Wyndham an Bruce' Bett einen Mann an, »den man nicht anders als einen Händler bezeichnen konnte«. Er tauchte seine Hand in einen Beutel, aus dem Juwelen herausrollten, die sich zwischen den Bettlaken verloren. Auch Robert Erskine besuchte ihn dort, als Bruce von seinem

Auge im Stich gelassen wurde und sich verwundert über Objekte äußerte, die er nicht erkannte. Im Ritz – »Ich muß schon sagen, daß es schrecklich billig ist«, erklärte er, als er seinen Scheck ausstellte – versuchte Kevin Volans, Bruce von einigen Abstechern aus seinem Zimmer abzuhalten, und gab ihm an einem Punkt den Rat: »*Keine* Urinflaschen im Speisesaal des Ritz.« Bruce, absolut ungerührt, hatte eine Lösung parat: »Wir werden meinen Schal mitnehmen.« Im Ritz empfing er eigenen Worten zufolge seine Besucher wie eine Komteß, führte unzählige Telefongespräche, rief Kunsthändler mit ihrer Ware zu sich, um sie zu prüfen. Als Jonathan Hope ihn besuchte, wurde ihm ein Abschiedsgeschenk überreicht. »Es ist ein Subinzisionsmesser der Aborigines«, sagte Bruce, der auf dem Bett lag, während seine Frau seine dünnen Beine massierte, und hielt ihm einen kleinen runden Gegenstand mit geschärften Kanten entgegen. Er hatte ihn im Busch gefunden und zutreffend als ein Instrument identifiziert, mit dem die Aborigines bei einem Initiationsritus die Unterseite der Harnröhre aufschlitzen. Dann hielt er ihn gegen das Licht. »Es ist offenbar aus einer Art Wüstenopal hergestellt«, sagte er. »Die Farbe ist wunderbar, fast die Farbe von Chartreuse.« Einige Wochen später kam der Direktor der australischen Nationalgalerie zu Hope ins Haus, um sich indonesische Textilien anzusehen. Er nahm den Opal vom Tisch und hielt ihn seinerseits gegen das Licht: »Hmm! Erstaunlich, was die Abos aus der Scherbe einer alten Bierflasche machen können.«

In all diesem Tumult schrieb Bruce Chatwin ein Buch, das von seinen Büchern die komplizierteste Struktur hat. *Utz*, die Geschichte eines Sammlers von Meißner Porzellan im kommunistischen Prag, vereinte eine Anzahl von Sujets, die ihn seit langem oder auch erst seit kurzem interessierten. Jahrelang hatte ihn die Situation des privaten Kunstsammlers in einem kommunistischen Land fasziniert. Er hatte dieses Thema 1973 in seinem *Sunday-Times*-Artikel über die von George Costakis in der Sowjetunion gesammelten Kunstwerke der Avantgarde angesprochen. In *Traumpfade* hatte er einen Schöpfungsmythos beschrieben. *Utz* enthält einen anderen mit der Geschichte des Golems, in der jüdischen

Legende ein Mensch aus Lehm, der durch kabbalistisches Ritual und Rezitieren zum Leben erweckt wird. In *Utz* wird diese Legende mit der Herstellung von Keramikskulpturen in Zusammenhang gebracht, und der Sammler mit seinen Porzellanfigurinen hat etwas mit dem Autor gemein, der seine Geschöpfe herumkommandiert; auch wurde er mit der Figur eines promiskuitiven Homosexuellen verglichen, der Eroberungen sammelt.

Während Chatwin *Utz* schrieb, sprach er über den großen russischen Roman, den er in Vorbereitung hatte, und die Beschreibung Osteuropas – düster und majestätisch zugleich – gehört zu den besten Seiten des Buchs. Diese Geschichte über Miniaturen ist selbst eine Miniatur – kurz und elliptisch, manchmal bis an die Grenze zur Karikatur. Sie enthält kaum äußerliche Beschreibungen Prags, doch die Strenge und die Stille der Stadt sind stark nachempfunden. Als ein Zug Utz über die tschechoslowakische Grenze nach Deutschland bringt, beobachtet er, wie ein gieriges Mädchen eine Orange schält, deren Saft »über die Finger des Ungeheuers« tröpfelt. Der Duft der Schale, der das Abteil erfüllt, scheint der Duft des Westens zu sein.

Im Mittelpunkt des Romans steht eine Untersuchung über den zwanghaften Sammler. Utz und seine Porzellansammlung sind von aktuellen und historischen Variationen des Themas umgeben: Utz' Freund Dr. Orlik sammelt Fliegen; Kaiser Rudolf II. sammelte – neben anderen Exotika – Nägel von der Arche Noah; Friedrich Wilhelm von Preußen sammelte Riesen; Bruce Chatwin sammelte Sammler. »Der Sammler« war eine andere Gattung, die Chatwin am Herzen lag: das Gegenteil des Nomaden, ein Mensch – wie er hin und wieder erklärte –, den es eigentlich nicht mehr geben dürfte. Wie so oft in Chatwins Texten liegt die Lebendigkeit nicht in einer großen Idee, sondern in ihren Ausläufern und Abzweigungen, in dem, was seine Lehrer als seine Vorliebe für »die Nebenwege historischer Zufälle« bezeichneten. Bruce mochte kein Meißner Porzellan, und Utz' Figurinen sind nicht so brillant beschrieben wie die Objekte aus Chatwins eigener Sammlung. Das Aufregende an Utz' Sammeln ist die Mühe, die er sich gibt, um die Objekte zu beschaffen: seine Tricks und

Ausflüchte, das Schmuggeln über Grenzen, seine Zweifel in einer Schweizer Tresorkammer, seine Absprachen mit den tschechischen Behörden. *Utz* ist die Geschichte eines Doppellebens.

Die Geschichte beruhte auf Fakten und auf Bruce' persönlichen Erfahrungen. Wenige Monate nach seiner Ankunft bei Sotheby's war eine junge Frau der Firma beigetreten. Kate Foster arbeitete zunächst am Verkaufstisch in der Eingangshalle, Sotheby's öffentlicher Fassade, wo sie allgemeine Nachfragen über Kataloge und Verkäufe beantwortete und Kunden, die ihre Bilder oder Objekte schätzen lassen wollten, an die jeweiligen Experten verwies. Es war an diesem Verkaufstisch, wo George und Diana Melly, die ein surrealistisches Bild bewerten lassen wollten, Bruce zum erstenmal sahen. Er trug einen grauen Anzug und tat mit hochmütigem Blick den Schatz eines Kunden als unbedeutend ab – ein »Brucey«, den Chatwin später bereute. Nach einem Jahr wurde Miss Foster ein Posten in der Abteilung für Kunsthandwerk angeboten, die von Emailarbeiten, antiken Skulpturen und Glas bis zu Briefbeschwerern und japanischen Schwertausrüstungen alles mögliche umfaßte. In einem Flur im ersten Stock, der völlig mit Porzellanwaren zugestellt war, tippte sie zunächst die Katalogtexte ihrer Vorgesetzen, später schrieb sie eigene Beiträge. Sie wusch Dutzende von Porzellanteilen. In den kunstvollen Riechfläschchen, von der berühmten Chelsea-Fabrik im achtzehnten Jahrhundert hergestellt, fand sie ein Sujet für ein Buch. Und weil es soviel Literatur über Porzellan in Deutsch gibt, beschloß sie, diese Sprache zu lernen. 1966 bekam sie einen zweimonatigen bezahlten Urlaub und verbrachte kurze Zeit bei einer Wiener Familie, Verwandten Wittgensteins, bevor sie nach Dresden weiterreiste. Sie fuhr nach Dresden auf dem Umweg über Prag, wo sie einem großen Porzellansammler vorgestellt wurde. Es war der Mann, der Bruce Chatwin als Vorbild für »Utz« diente.

Die undefinierbare Gestalt im Mittelpunkt von Chatwins Roman stimmt durchaus mit Kate Fosters Erinnerung an den Mann überein, dem sie dreißig Jahre früher begegnet war, den sie Chatwin beschrieben hatte und den Chatwin ausfindig machte, als er kurz nach ihrem Besuch selbst nach Prag fuhr. In *Utz* wird viel

Wesen gemacht um die Gesichtszüge des Mannes, »die man im nächsten Moment wieder vergessen konnte«. Sein Gesicht ist »wächsern«, er hatte einen Schnurrbart oder vielleicht auch nicht. Er ist wie ein Gegenstand, der darauf wartet, geformt zu werden, ein Beispiel für die Anpassungsfähigkeit und Ausflüchte der Tschechen angesichts der sowjetischen Übermacht. Diese Verschwommenheit war keine Erfindung: Kate Foster bezeichnet die äußere Erscheinung ihres Sammlers als »schwer klassifizierbar«. Er war ein zäher, zynischer Mann mit einer hellen, trockenen Stimme und einem scharfen Blick, nicht besonders charmant, doch von wacher Intelligenz. Auch stimmt der Roman in großen Zügen mit seinem Leben überein, wie sie es in Erinnerung hat: die Existenz der Sammlung und ihr unerklärliches Verschwinden, die Details von besonders überladenen Porzellanstatuetten, der Kampf des Sammlers mit den tschechischen Behörden, seine Ehe mit der Haushälterin, das von den Parteigenossen frequentierte Restaurant.

Es wurden ein paar Modifikationen vorgenommen, um den Sohn von »Utz«, der in Prag lebte und vielleicht wußte, was aus der Sammlung geworden war, und den Händler, den »Utz« im Westen traf und der ihn mit Kate Foster bekannt machte – und der in Wirklichkeit weder ein Mann noch Amerikaner war –, zu tarnen und zu schützen. Andere Änderungen waren für den Roman wichtig. Seiner Beschreibung von Utz' Wohnung fügt Chatwin eine Note dandyhafter Überraschung hinzu, indem er das Porzellan – die kunstvollen Terrinen und Teekannen, die Harlekins, die flirtenden Höflinge, die musizierenden Affen – in einem Zimmer unterbringt, das nur wenige moderne Möbel enthält. Das Zimmer, das Kate Foster sah, war dämmrig, vollgestopft, schmutzig und mit alten, schweren Möbeln eingerichtet, auf denen Decken mit Troddeln lagen.

Die Sammlung selbst ist bei Chatwin viel weniger eklektisch. Kate Foster erinnert sich an eine bunte Ansammlung von altem Tafelgeschirr, schlangenförmigen Trinkgefäßen und Schalen mit Silberfassungen, wunderschönen Gläsern aus Deutschland und ausgefallenen Nippes aus Glas und Stein. Bei ihrer Abreise bekam sie ein rituelles Axteisen geschenkt, in das überkreuzte Hämmer und Figuren sächsischer Bergarbeiter aus den Silberminen graviert waren, darunter eine winzige trollähnliche Gestalt, die einen Karren schiebt. Dieses Andenken ist eine Kopie von Figurinen, die in der Meißner Manufaktur hergestellt wurden und die Bergmänner mit überkreuzten Schwertern oder Hämmern an den Hüten darstellten. Außerdem fügte Chatwin ein paar spektakuläre Objekte hinzu. In der Prager Wohnung, die Kate Foster besuchte, wäre kaum Platz gewesen für die großen weißen Porzellanplastiken von Tieren, die für das Japanische Palais in Dresden modelliert worden waren. Die größte dieser Skulpturen ist fast sechzig Zentimeter lang, die Nashörner sind riesig. Der auf einem Baumstumpf sitzende, einen Krug schwenkende Harlekin ähnelt einem seltenen Modell, das bei Sotheby's verkauft wurde, als Chatwin dort arbeitete; der Schlapphut, im Buch gelb, war in Wirklichkeit blau. Es gab nicht viele Meißner Figurinen: Kate Foster hat »eher ein Kuriositätenkabinett als eine Porzellansammlung« in Erinnerung. In Chatwins Darstellung wurde sie weniger abwechslungsreich, obsessiver – und viel weniger zu etwas, für das er sich interessiert hätte. Die von ihm beschriebenen raffinierten Gegenstände – für Francis Wyndham besaßen sie eine »wahnsinnige Künstlichkeit« – waren das Gegenteil von den Dingen, die er mochte.

Utz ist eine Folge von Geheimnissen, Überraschungen und Rätseln – von denen die meisten ungeklärt bleiben. Da sind die Geheimnisse der Porzellanherstellung, das Geheimnis des Golems, das Rätsel über den Verbleib von Utz' Sammlung. Und da sind die Überraschungen, die das Sexualleben des Sammlers betreffen. Der Morgenrock, der in Utz' Wohnung hängt, offenbart sich als eine kitschige Mischung aus Rosen, Federn und pfirsichfarbener Kunstseide; sein Schlafzimmer ist drapiert mit rosa Satin, Rüschen und Volants. Diese Entdeckungen, die den Sammler in die Rolle eines Transvestiten drängen, werden mit komischem Erschrecken geschildert. Als Bruce, vier Jahre bevor er diese Szene beschrieb, einem Freund von Miranda Rothschild vorgestellt wurde, der sich gern als Frau verkleidete, »flippte er aus« und war nicht imstande, sich dem baumlangen Kerl gegenüber wie ein »Girlie« zu verhalten. Es stellt sich heraus, daß die weibliche Note in Utz' Wohnung das Werk seiner Haushälterin Marta ist. Es stellt sich auch heraus, daß Marta – ein Mädchen vom Lande und eins von Chatwins feenähnlichen Naturgeschöpfen – mit ihrem Arbeitgeber verheiratet ist. Kate Foster, die Martas Vorbild kennenlernte, ist überzeugt, daß der Sammler sie zu seiner zweiten Frau machte, weil er in einer Wohnung bleiben wollte, die laut Ansicht der Behörden für einen einzelnen Mann zu groß war. Chatwin stellt das in *Utz* anders dar: er entwirft das Bild einer Vernunftehe, doch am Ende läßt er durchblicken – eine von mehreren sich umkehrenden Situationen in diesem kurzen Roman –, daß es eine echte Liebesgeschichte war.

Bruce' eigene Ehe – die unabhängigen Reisen, die vielen Trennungen – wirkte auf viele Leute verwirrend. »Was für eine sonderbare Ehe führt ihr doch«, sagte sein Schwiegervater, was Bruce nicht besonders amüsierte: »Einer kommt durch die eine Tür herein, und der andere geht durch die andere hinaus.« Es gab Freunde, die Elizabeth nie begegneten, und andere, wie Paul Theroux, denen ihre rätselhafte Rolle in Bruce' Leben gefiel:

> Alle wußten, daß Bruce verheiratet war – wir hatten seine Frau Elizabeth kennengelernt. Doch was für eine Ehe war das? »Eine *mariage blanc*«, sagte mir ein Freund einmal mit spitzen Lippen. Auf seine Art hing Bruce an seiner Frau, doch die Tatsache, daß er überhaupt eine Frau hatte, war so unwahrscheinlich, daß niemand wirklich daran glaubte.
>
> Bei einem Abendessen hörte ich, wie Bruce, kurz bevor er vom Tisch aufstand, deutlich über seine Pläne für die nahe Zukunft sprach und sagte: »Ich treffe meine Frau in Tibet.« Anschließend fragte einer der Anwesenden: »Hat er gesagt, seine Frau ist tot?«, und ein anderer antwortete: »Nein. Er sagte, sie liegt im Bett.«

Einige waren der Ansicht, daß er auf Elizabeth' Gefühle keine Rücksicht nahm, andere entdeckten Zeichen großer Vertrautheit.

Als Michael Ignatieff die beiden in Südfrankreich beobachtete, erinnerten sie ihn an gewisse russische Exzentriker, über die er und Bruce gern sprachen: Elizabeth kämmte ihrem Mann unter einem Maulbeerbaum das Haar, Bruce saß da und ließ die Behandlung »wie ein alter Pavian« über sich ergehen. Die untypische Gefühlsanwandlung am Ende von *Utz* ist ein Tribut an die Freuden und Verpflichtungen einer unkonventionellen Verbindung.

Als der Roman im September 1988 veröffentlicht wurde, war Bruce physisch auf Elizabeth angewiesen, die ihn, wenn er nicht im Krankenhaus lag, fast ohne professionelle Hilfe pflegte. In seinem letzten Lebensjahr wurde das Auf und Ab seiner Krankheit sehr deutlich. Als er im Januar letzte Hand an *Utz* legte, war er beweglich und voller Energie. Er hatte mich angerufen, als er die erste Fassung des Buches fertiggestellt hatte, und mich gefragt, ob ich es lektorieren wolle. Ich hatte den Verlag Jonathan Cape einige Jahre zuvor, nach der Arbeit am *Vizekönig von Ouidah*, verlassen; Elisabeth Sifton, die Lektorin von *Auf dem schwarzen Berg* und *Traumpfade*, hatte in New York den Verlag gewechselt. Bruce wünschte Kontinuität.

Er ließ das Exemplar des Manuskripts, das Michael Ignatieff gelesen hatte, an mich schicken. Die beiden Männer hatten stundenlang miteinander über die Romane gesprochen, die sie planten – beide sollten von Rußland und von der Emigration aus Rußland handeln. Bruce war von den Kontrasten in Ignatieffs Lebenslauf sehr fasziniert – Slawe, Kanadier, adlig und liberal –, und der heterosexuelle Ignatieff hat von »einer starken Portion Erotik« in ihrer Freundschaft gesprochen, die mehrere platonische Männerfreundschaften Chatwins in seinen letzten Jahren kennzeichnete. Kurz vor seinem Tod schickte Bruce Ignatieff einen Jiffy-Umschlag mit seinem persönlichen Exemplar von Isaak Babels *Budjonnys Reiterarmee*. Ein Foto von Chatwin steht noch heute auf Ignatieffs Schreibtisch.

»Ich bin nicht mit *allem* einverstanden, was er sagt«, äußerte Bruce zu Ignatieffs Bemerkungen zu *Utz*, »aber mit dem meisten durchaus.« Er schrieb inmitten hektischer Aktivitäten. Er und Elizabeth reisten »nach Guadeloupe, nichts weniger als das, wo wir ein paar Wochen schwimmen wollen. Der Flug dahin ist besonders billig, weil es zum französischen Mutterland gehört und die Flugpreise subventioniert sind. Wir haben unseren Rückflug für den 25. gebucht, aber es ist möglich, daß wir, was von verschiedenen Dingen abhängt, anschließend nach Südfrankreich gehen. Ich habe das Auto am 15. Oktober zur Reparatur in einer Werkstatt gelassen und gesagt, ich sei am nächsten Tag zurück – und nun das!« Da ich nicht nach Südfrankreich fahren konnte – eine Reise, die Bruce bezahlen wollte –, um das Manuskript dort zu bearbeiten, fuhr ich einen Monat später nach Homer End.

Die am Manuskript von *Utz* vorgenommenen Korrekturen waren geringfügig: es mußte nur leicht geordnet und gestrafft werden. Ein paar Adjektive gingen verloren, einige Sätze wurden gekürzt oder umgestellt. Anders als *In Patagonien* war dieses Manuskript nicht so überladen, daß es an Schwülstigkeit grenzte, noch mußte es wie *Der Vizekönig von Ouidah* erschlossen werden. Obwohl voller Rätsel, war es doch immer präzise in seinen Einzelheiten. Seine verschiedenen Komponenten bildeten ein geschlossenes Ganzes. Doch Bruce wäre ohnehin nicht imstande gewesen, irgendwelche größeren Veränderungen vorzunehmen. Als ich nur einmal den Vorschlag machte, eine Geschichte des Buchs an eine andere Stelle zu setzen – was bedeutete, daß er den Text umschreiben mußte –, sagte er, das gehe über seine Kräfte. Doch er arbeitete ungewöhnlich hart an dem Buch. An einem kalten, strahlenden Morgen saßen wir mehrere Stunden ohne Unterbrechung im Wohnzimmer, jeder mit einem Exemplar des Manuskripts, und gingen es Satz für Satz durch. Wenn ich zögerte, mit einer Bemerkung herauszurücken, kam Bruce meiner Tüftelei mit einem triumphierenden Lächeln zuvor: »Ich war schneller.« Beim Lunch in der Küche – Spaghetti mit Speck – lief sein Gesicht plötzlich ganz blau an. Er hüllte sich in eine Decke, saß zusammengekauert da und sah aus wie ein Zehnjähriger: »Ich bin ein Kind der Tropen«, klagte er.

Ein paar Tage später sagte er, er habe eine Erkältung. Als ich am folgenden Wochenende nach Homer End kam, ging es ihm bedeutend schlechter. »Mein Bauch ist wie eine Kalebasse«, verkündete er und trommelte eher stolz auf seinen geschwollenen Leib. Auch seine Stimme war trauriger, als er wie ein verzweifeltes Kind über seine Beschwerden sprach. Er hatte Husten, und seine Füße waren taub. Bei einem Spaziergang mit Elizabeth hinter dem Haus bewegte er sich steif, wie ein Zinnsoldat, überwand Dornsträucher mit großer Mühe und mußte sich von seiner Frau helfen lassen, als er über einen niedrigen Zaun stieg. Beim Abendessen bat er um Milch, und Elizabeth beugte sich über ihn und versuchte, ihn zum Essen zu verführen, indem sie ihm in Schokoladensoße getunkte Birnen reichte.

Als ich ihn zwei Monate später Ende April besuchte, lag er im Bett, dünn und matt, aber munter. Er wollte mir ein Foto zeigen und stand auf, um es zu suchen. Als er sich bewegte, rutschte seine Pyjamahose von seinem mageren Rücken und Gesäß. Er konnte das Bild nicht finden und begann zu weinen. Elizabeth wurde aus der Küche herbeigerufen, um ihm zu helfen, und beide wühlten in verschiedenen Schachteln, die mit Papieren gefüllt waren. Eine davon war während Bruce' Krankheit zusammengestellt worden und trug die Aufschrift »Nette Briefe«. »Es wird sich schon wieder finden«, tröstete ihn Elizabeth. »Das sagst du immer«, schluchzte Bruce. Dann wurde er plötzlich ruhig, und er sagte: »Es macht nichts.«

Kevin Volans war damals zugegen, und Bruce spielte ein Band mit seiner Musik, deren Summen, Klopfen und Rascheln ihn erregten – er bezeichnete sie als »die Geräusche des afrikanischen Dornbuschs«. Er hörte sehr unterschiedliche Musik, als er bettlägerig war. Er bat die Mezzosopranistin Tisi Dutton, Tochter seiner australischen Freundin Nin Dutton, nach Homer End zu kommen und für ihn zu singen. Sie erinnert sich, daß Bruce »ständig darauf bedacht war, Menschen zusammenzubringen«, und glaubt, daß ihm ebenfalls daran lag, daß Volans ihre Stimme hörte. Sie sang Brahms, Schubert und Fauré. Francis Wyndham und James Fox machten ein Band für ihn, das Musik aus Mali und »Parlez-moi d'amour« enthielt, wie in *Utz* von Lucienne Boyer gesungen. Er schwärmte für die Lieder von Cole Porter und für Poulencs schelmische, einschmeichelnde Klarinettensonate.

Seinen Geschmack in zeitgenössischer Musik hat der Komponist Michael Berkeley als »allseitig und anspruchsvoll« definiert. Er mochte Giles Swaynes großes Choralwerk *Cry*. Ihn faszinierte Peter Maxwell Davies' *A Mirror of Whitening Light*, ein für die London Sinfonietta komponiertes Stück, dessen Titel und Inhalt – es zelebriert das nördliche Licht in Hoy auf den Orkney-Inseln, wie es mit dem Wasser zusammentrifft – sich auf ein Gedicht Henry Vaughans beziehen könnte. *A Mirror of Whitening Light* ist ein turbulentes Werk mit einer dichten Struktur, das Gegenteil von Volans' schmucklosem Stil. Doch beide Komponisten haben einen starken Hang zum Visuellen – Volans wäre beinahe Maler statt Musiker geworden –, den Chatwin reizvoll fand. Dieser Hang ist in den phantasievollen, narrativen Titeln zu erkennen, die Volans seinen Werken gibt: »Bedecke ihn mit Gras«, »Knietanz«, »Sie, die mit einer kleinen Decke schläft«. Bruce hatte Spaß daran, Volans mit weiteren Titeln zu versorgen. Er schlug ihm vor, ein Werk nach den wie Fuchsien geformten hellrosa Ohrringen zu benennen, die ich bei einem meiner Besuche getragen hatte.

Volans, der bei Stockhausen in Köln studierte und auch von Zulu-Gitarrenmusik beeinflußt wurde, bringt europäische und afrikanische Musik zusammen. Eins seiner Streichquartette enthält »Fenster« mit natürlichen Geräuschen – Kuhglocken, Zikaden, Vogelrufe –, die er in Afrika aufgenommen hatte. Ein anderes basiert auf den Geräuschen von Angehörigen des Basotho-Stammes bei der Arbeit – Holzspalten, Singen, Straßenbau, Rufe. Mehrere seiner Kompositionen haben einen Wanderrhythmus, und seine Idee, *Traumpfade* als Vorlage für ein Theaterstück zu benutzen, führte zu seiner ersten Begegnung mit Chatwin. Er hatte Bruce einen Brief und ein Band mit seiner Musik geschickt. Bruce hatte ihn daraufhin in Belfast angerufen, wo sich Volans als »composer-in-residence« an der Queens University aufhielt, und ihn nach Homer End eingeladen. Einen Tag nach Volans Ankunft kamen beide Männer überein, daß *Traumpfade* für eine Bühnenbearbeitung nicht handlungsreich genug sei, und Chatwin schlug ein anderes Thema vor: Rimbauds Tod. Das führte zur Entstehung einer kurzen Oper, die als ein indirektes Porträt Bruce Chatwins in seinen letzten Monaten angesehen werden kann.

Chatwins Notizbücher enthalten Zitate von und über Rimbaud, und er hatte schon früher ein Stück über den Tod des Dichters schreiben wollen. Aber er war zu schwach, um das Libretto für Volans in Angriff zu nehmen. Er umging das Problem, indem er als Mitarbeiter den Schriftsteller Roger Clarke gewann, der Bruce kurz zuvor einige seiner Gedichte geschickt und ihn im Krankenhaus besucht hatte. Als Volans und Clarke einander begrüßten, strahlte Bruce sie aus seinem Rollstuhl an: »Dies ist ein *bedeutendes* Ereignis.«

Der aus dieser Zusammenarbeit hervorgegangenen Oper gab Chatwin den Titel »Der Mann mit Fußsohlen aus Wind« – Verlaines Beschreibung von Rimbaud –, doch sie wurde als *The Man Who Strides the Wind* im Almeida Theatre in Islington im Norden von London uraufgeführt. Volans und Clarke legten das Stück in zwei Teilen an. Der erste zeigt den kranken, bettlägerigen Rimbaud im Bauernhaus seiner Mutter und später in einem Krankenhaus in Marseille, wo er stirbt; im zweiten Akt reist er mit seinem Diener und Gefährten Djami durch die äthiopische Wüste. Volans wollte mit seiner Musik den Unterschied zwischen den beiden Teilen der Oper hervorheben: die europäische Episode war kompliziert und »neurotisch«; im afrikanischen Teil hatte er Chatwins Beschreibung von *Traumpfade* – »ein imaginäres Gespräch auf einer imaginären Reise« – im Sinn; auch hatte er einen afrikanischen Webstoff vor Augen, »der völlig verschiedene, auf überraschende und aufregende Weise nebeneinandergesetzte Muster« enthielt. Clarkes Libretto basierte auf Gesprächen mit Chatwin, Zitaten aus seinen Notizbüchern, Rimbauds letztem Werk *Une saison en enfer,* Hesiod und der Bibel.

In einigen der zentralen Anliegen und visuellen Themen der Oper ist Chatwin wiederzuerkennen. Ihn faszinierte der Gedanke, daß Rimbaud aus Afrika nach Frankreich zurückkehrte, nachdem er Syphilis hatte, und jetzt an einem Tumor sterbend im Wohnzimmer seiner Mutter lag, in einem Zelt aus äthiopischen Vorhängen. Die Oper beginnt mit diesem Bild. Ihn fesselte die

Vorstellung, wie sich Djami, Rimbauds Diener und Gefährte, nachts in die Manuskripte seines Herrn vertieft: dieses Bild wurde in den zweiten Akt aufgenommen. Er hatte sich immer für Rimbauds letzten Brief interessiert, den er seiner Schwester einen Tag vor seinem Tod diktierte. Der Brief – in dem Rimbaud zu delirieren scheint, da er sich in seine Zeit als Händler in Afrika zurückversetzt glaubt, der aber auch gespenstischere Überfahrten suggeriert – bildete den Höhepunkt des ersten Akts der Oper, der mit den Worten endete: »Lassen Sie mich also den Fahrpreis der Verbindung von Aphinar nach Suez wissen. Ich bin vollständig gelähmt – ich wünsche daher, rechtzeitig an Bord zu sein. Sagen Sie mir, um wieviel Uhr ich an Bord gebracht werden muß ...«

Durch die Oper ziehen sich Episoden, die Chatwins Leben widerspiegeln; sie ist sein letzter Traumpfad. Als die notorisch strenge Madame Rimbaud an das Bett ihres Sohnes tritt, nimmt er sie als eine unheilvolle Kraft wahr:

> Laßt sie nicht herein ...!
> Sie ist voller Tod und Schatten.
> Sie will mich töten.

Als Bruce im Sterben lag, fürchtete er sich vor einer unbekannten Frau: »Haltet sie fern von mir«, stöhnte er – doch niemand wußte, wen er meinte. Er war überzeugt, Rimbauds Schwester habe in dem Glauben, der Dichter befinde sich im Delirium, versäumt, ein Gedicht aufzuschreiben, das der Sterbende ihr diktieren wollte. Bruce sollte sich in seinen letzten Monaten an Volans wenden: »Sie glauben, ich bin verrückt: du mußt mich hier rausholen. Ich bin keineswegs verrückt, ich denke nur zu schnell für sie. Sie können nicht mithalten.«

Ihn faszinierte, daß Rimbaud mit zwanzig Jahren plötzlich der Poesie entsagte, und er entwickelte seine Theorie dazu. Laut Bruce stand Rimbaud nach seinen Jünglingsjahren mit Verlaine, mit Absinth und Haschisch kurz vor einem Nervenzusammenbruch. Er hatte eine homosexuelle Beziehung mit Verlaine abgestritten, der auf ihn geschossen und ihn verwundet hatte. Er hatte sein langes, letztes, fieberhaftes Werk beendet und eine schwindelerregende Zahl von Reisen begonnen, zunächst durch Europa, später durch Ägypten, Aden, Abessinien und die somalische Wüste. Mit diesen Reisen, glaubte Bruce, wollte Rimbaud vor dem Wahnsinn davonlaufen und seine Gesundheit wiedererlangen. Er selbst glaubte, geheilt werden zu können, wenn er seine Beine wieder benutzen und gehen könnte.

»*Ich wurde eine Märchenoper*«, verkündet Rimbaud in *Eine Zeit in der Hölle*. Dieses Werk mit seinen Wüsten, feurigen Waldlichtungen, seinen Trommeln und Versengungen war für Bruce' Vorstellung von Rimbaud und die Oper über ihn entscheidend. Er sah in *Eine Zeit in der Hölle* eine Absichtserklärung, einen »Traumpfad«, in dem Rimbaud dem Absinth den Rücken kehrte und sich seine künftigen Afrikareisen ausmalte. Es ist auch eine Aufzählung physischer Erkrankungen, die durch seine Lebensumstände hervorgerufen wurden. Einige davon hatte Bruce mit ihm gemein:

> Ah! die Lunge brennt, die Schläfen sausen! Die Nacht
> rollt in meinen Augen ...
> Die Haut meines Schädels trocknet aus ...
> Unzählig sind die Wahnbilder ...
> Ich bin Meister in Zauberkünsten.

Schließlich erklärte Bruce, *er* würde die Rolle Rimbauds singen müssen.

Bruce Chatwin starb wie Arthur Rimbaud in Südfrankreich. Er hatte die letzten Wochen des Jahres 1988 mit Elizabeth in Shirley Conrans Haus in der Nähe von Grasse verbracht. Wenn sein Bett auf die Terrasse geschoben wurde, trug er, erinnert sich seine Gastgeberin, »ein Häubchen, wie man es zu früh geborenen Babys aufsetzt«. Auch Kevin Volans war anwesend, und am Samstag, dem 14. Januar, trafen George und Diana Melly mit Francis Wyndham für das Wochenende ein. Elizabeth hatte gehofft, sie könnten sie und Bruce nach London zurückbegleiten. Im Lighthouse, einem Hospiz für Aidskranke in Ladbroke Grove, war für Bruce ein Bett gefunden worden, aber es war nicht klar, ob eine Fluggesellschaft bereit war, ihn mitzunehmen. Doch er war jetzt ohnehin zu schwach, um reisen zu können.

Er sprach kaum an diesem Wochenende, und wenn ihm Nahrung zugeführt wurde, blieb sie auf seiner Zunge liegen. Wenn ihn jemand berührte, klagte er: »Du tust mir weh.« Er sagte, er fürchte sich vor einem Gesicht, das ihm immer wieder erscheine; seine Augen waren sogar im Schlaf geöffnet; hin und wieder brach ein Stöhnen aus ihm heraus. Aus Grasse kam ein Arzt, um ihn zu untersuchen; ein Homöopath aus Devon war ebenfalls zugegen. Elizabeth hatte Jasminsträuße gepflückt, und in Bruce' Zimmer wurde eine Orchidee gestellt. Seine Freunde wechselten sich an seinem Bett ab, um Elizabeth zu entlasten.

Am Sonntag morgen, als er noch friedlich schlief, wurde er auf die Terrasse gebracht, damit er in der Sonne lag. Im Verlauf dieses Sonntags wurden beängstigend viele Speisen hergestellt. Elizabeth machte Fischpastete für die Vegetarier, einen Schmorbraten für die Fleischesser, Suppe und ein gedünstetes Ei für Bruce. Shirley Conran bereitete Kohl mit Speck, Fenchelsalat und Bratkartoffeln mit Zwiebeln zu; außerdem bestellte sie ein paar Gerichte, die aus dem Restaurant am Ort hochgebracht wurden. Ein Plumpudding kochte im Wasserbad, verdampfte und verbrannte die Kasserolle.

In den frühen Morgenstunden des Montags verschlechterte sich Bruce' Zustand: Elizabeth, die neben ihm im Bett lag, hörte, wie sich sein Atem veränderte, und rief eine Ambulanz. Um halb vier wurde er auf einer Bahre aus dem Haus und die lange Treppenflucht nach unten getragen. Die Zeit im Krankenhaus verbrachte er im Koma. Er starb am Mittwoch, dem 18. Januar 1989.

In den Monaten, in denen Bruce in England in Krankenhäusern ein und aus ging, hatte er ein Gebet von David Jones bei sich. Es stand in schlichten Buchstaben auf einem weißen Pergamentpapier: »SANCTE MICHAEL ARCHANGELE DEFENDE NOS IN PROELIO UT NON PEREAMUS IN TREMENDO IUDICIO« – »Möge der heilige Erzengel Michael uns im Kampf schützen, damit wir an dem schrecklichen Urteil nicht zugrunde gehen.« Es hatte seit dem Albany an allen Orten gehangen, an denen er gewohnt hatte; jetzt hing es über seinen Krankenhausbetten. Auch hatte er sich in Oxford von einem griechisch-orthodoxen Priester unterweisen lassen. Manchmal sagte er, er wolle Mönch werden, und er hatte den verzweifelten Wunsch, das orthodoxe Kloster auf dem Berg Athos noch einmal wiederzusehen. Im Fieberwahn sprach er davon, als stille schwarze Katze zwischen den weißen Wänden eines Klosters wieder gesund zu werden. Zu seiner Beerdigung in Südfrankreich ließ Elizabeth einen griechisch-orthodoxen Priester kommen, der die Zeremonie leitete.

Sie organisierte ebenfalls eine orthodoxe Gedächtnisfeier in der Sophien-Kirche der griechisch-orthodoxen Gemeinde in der Moscow Road im Westen Londons. Am 14. Februar um 14.30 Uhr war die düstere Kirche mit dem hohen Gewölbe voll besetzt. Unter den Versammelten befanden sich viele Schriftsteller, doch es war eine religiöse Zusammenkunft, keine literarische Hommage. Priester mit schwarzen Roben und langen Bärten schritten mit schwingenden Weihrauchgefäßen durch die Kirche und sprachen von verlorenen Schafen, ewiger Ruhe und dem Ende der Schmerzen. Es gab keine Laudatio, keine Gedenkrede auf den Verstorbenen. Keiner stand auf, um sein Talent zu preisen, Geschichten zu finden und diese Geschichten zu erstaunlichen Bildern zu verdichten. Keiner sprach von seiner Gabe, anderen Menschen den Blick für Dinge zu öffnen. Keiner sagte, wie sehr ein Gespräch mit ihm die Stimmung seiner Freunde hob. Und keiner wies warnend darauf hin, daß er für den Ruhm, der ihm zu seinem Glück schon zu Lebzeiten zuteil wurde, in späteren Jahren würde zahlen müssen, als Journalisten seine Bedeutung schmälerten. Man könnte sagen, daß Bruce bei seiner Feier abwesend war, im Sinne Flauberts, der forderte, daß der Künstler in seinem Werk abwesend sein sollte. Und doch schien diese Abwesenheit die Kirche mit seinen Eigenschaften zu füllen.

Bruce Chatwin hätte der formelle, hermetische Charakter der Veranstaltung gefallen. Manche, darunter Martin Amis, betrachteten die Zeremonie als Bruce' »letzten Streich, den er seinen Freunden und den Menschen, die er liebte, spielte. Sein heterodoxer

Theismus war endlich in einer Religion heimisch geworden, die niemand von seinen Bekannten verstehen und auf die niemand ansprechen konnte.« Andere fanden ihre Theatralik – die Roben und die Weihrauchgefäße – *camp*. Manche fanden sie schön. Es war ein mysteriöser Tag – so wie Bruce mysteriös und auf seine kapriziöse Weise schwer zu fassen war. Es war ein Tag der Paradoxe, der Strenge mit hauptstädtischem Wirbel paarte. Und er brachte seine eigenen Geschichten hervor – mit ihren komischen Zufällen und ungewissen Identitäten.

Peter Eyre, der als Zeremonienmeister fungierte, war direkt von den Proben zu *König Lear* im Old Vic in die Kirche gekommen. Er spielte den Edgar und trug Kleider, in denen er sich als »armer Tom«, Edgars anderes Selbst, herumwälzen konnte, bevor er in schicker Aufmachung zum Gottesdienst kam: er trug schwarze Turnhosen, eine schwarze Weste und ein schwarzes Sweatshirt, alles von Issey Miyake. In seinem Nacken schaute der Zipfel eines weißen T-Shirts hervor, und er hatte einen Bart. In dieser Aufmachung entdeckte er eine andere Rolle für sich. Als er begann, Programme zu verteilen, erkundigte man sich bei ihm nach Möglichkeiten, zur orthodoxen Kirche überzutreten, er wurde nach einem orthodoxen Bischof gefragt und als Experte zu Rate gezogen. Der Schauspieler war zum Priester geworden.

Anderthalb Stunden vor Beginn der Gedächtnisfeier hatte Radio 4 die Nachricht verbreitet, daß der Ayatollah Khomeini die Fatwa über Salman Rushdie verhängt hatte. Rushdie, mit Bruce seit ihrer Australienreise befreundet, kam zur Feier. Als er nach ihrer Beendigung auf dem Weg nach draußen war, waren Journalisten auf dem Weg nach innen, die sich auf der Suche nach Rushdies Zügen jedes dunkelhäutige Gesicht genau ansahen: Tom Maschler wurde besonders unter die Lupe genommen. Paul Theroux gab Rushdie den Rat: »Senke den Kopf, Salman, sonst sind wir in der nächsten Woche deinetwegen wieder hier.« Martin Amis machte ihn darauf aufmerksam, daß die Fatwa eine ernste Angelegenheit sei. Einige Monate zuvor, als Bruce in einem Streit zwischen Rushdie und einem Freund als Vermittler aufgetreten war, hatte er gesagt, er habe wenig Hoffnung auf eine einfache

Beilegung des Streits. »Wir stehen vor dem Problem, daß Moslems nicht vergeben können.«

Bruce Chatwin hatte eine englische Oper schreiben wollen, in der kein Wort Englisch gesprochen wurde. In der Sophien-Kirche wurde er Teil einer solchen Oper. Die englischen Ohren der Versammelten konnten von den fremdartigen Fürbitten nur ein einziges vertrautes, ständig wiederkehrendes Wort verstehen: »Bruce.«

Danksagung

Ich bin folgenden Personen zu Dank verpflichtet: Martin Amis, Gabriele Annan, Noel Annan, Colin Anson, Eve Arnold, Murray Bail, Barbara Bailey, Sybille Bedford, Michael Berkeley, Bruce Bernard, Gloria Birkett, Georges Borchardt, Roberto Calasso, Carmen Callil, Michael Cannon, Diana di Carcaci, Pascal Cariss, Gertrude Chanler, Charles Chatwin (†), Elizabeth Chatwin, Hugh Chatwin, Margharita Chatwin (†), Anne Chisholm, Shirley Conran, Michael Crick, Robyn Davidson, Michael Davie, Hunter Davies, Yvette Day, Nell Dunn, Tisi Dutton, Stephen Edwards, Barbara Epstein, Robert Erskine, Peter Eyre, Richard Eyre, Alexis, Daniel, Louisa und Lucie de la Falaise, Magouche Fielding, Kate Foster, James Fox, Dan Frank, Dan Franklin, Benny Gannon, John Garratt, Christopher Gibbs, Sarah Giles, Sue Goodhew, Matthew Graves, Vanessa Green, Ian Hamilton, Elizabeth Hardwick, Simon Harpur, Mary Hayward, Shirley Hazzard, Derek Hill, Tim Hilton, Christopher Hitchens, Howard Hodgkin, Alan Hollinghurst, Jonathan Hope, Robert Hughes, Michael Ignatieff, Liz Jobey, Diane Johnson, Kasmin, David King, Francis King, C. R. King-Farlow, Magnus Linklater, Marcus Linell, Celia Lowenstein, Candida Lycett-Green, Lydia Livingstone, Katherine MacLean, Don McCullin, Tom Maschler, Diana Melly, George Melly, John Michell, David Miller, June Miller, Karl Miller, Teddy Millington-Drake (†), Beatrice Monti, Nicholas Murray, David Nash, Felicity Nicholson, Redmond O'Hanlon, Sarah Papineau, Stuart Piggott (†), Nicholas Rankin, Gregor von Rezzori (†), John

Richardson, Elizabeth Riddell, David Rieff, Deborah Rogers, Hannah Rothschild, Miranda Rothschild, Salman Rushdie, John Ryle, Caroline Sandwich, Richard Sennett, Elisabeth Sifton, Sunil Sethi, Susan Sontag, Francis Steegmuller (†), Michel Strauss, Jeremy Swift, Emma Tennant, Jennie Tierney, Claire Tomalin, Maggie Traugott, Penelope Tree, Patrick Trevor-Roper, Petronella Vaarzon-Morel, Hugo Vickers, Kevin Volans, Valerie Wade, Marina Warner, Cary Welch, Edmund White, Martin Wilkinson, Stella Wilkinson, Francis Wyndham.

Inhalt